청소년지도자와
평생교육사를 위한

청소년교육론

| 이복희 · 김종표 · 김윤아 공저 |

YOUTH EDUCATION

학지사

머리말

인간은 태어나면서부터 무덤에 갈 때까지 교육을 필요로 한다. 이렇듯 인간에게 있어서 교육은 평생 동안 해야 하는 것이라고 볼 수 있다. 평생의 영역에서 특히 미래의 주역이라고 할 수 있는 청소년에 대한 교육은 실로 중요하다.

아동기와 성인기의 중간 단계인 '과도기인 청소년기', 아동기의 영역에도 성인기의 영역에도 딱히 속할 수 없는 '주변인이 되는 청소년기', 신체적으로는 성숙하였지만 심리적으로는 성숙하지 못한 '미성숙한 청소년기', 이러한 발달 단계에 처해 있는 청소년들의 교육에 대하여 함께 고민하는 것은 우리의 의무이자 책임이다.

그동안 저자들이 청소년지도 및 평생교육 전공 학생들과 평생교육사 자격증 취득과정의 학생들을 가르치면서 느꼈던 것과 실천현장의 경험을 토대로 하여 청소년을 사랑하는 마음으로 이 책을 집필하게 되었다.

이 책은 전체 3부로 구성되어 있으며, 구체적인 내용은 다음과 같다.

제1부 '청소년교육의 기초'에서는 평생교육에서의 청소년교육에 대한 고찰과 청소년학의 중요성, 한국 청소년연구의 동향에 대하여 조망해 보았다. 그리고 청소년에 대한 이해를 도모하고자 청소년기의 발달과정 및 특성 등을 다루었다. 더불어 청소년지도자의 역할과 자질에 대한 논의와 청소년지도사, 청소년상담사, 평생교육사에 대하여 구체적으로 살펴보았다.

제2부에서는 '청소년교육의 실제'에 대하여 다루었다. 청소년 프로그램의 개발과 평가에 대해 살펴보고, 청소년지도 과정에 있어 체계적이고 효율적으로 지도할 수 있는 방법의 모색에 대하여 논의하였다. 또한 현장에서 바로 적용하고 청소년을 교육 · 지도하는 데 도움이 되도록 청소년 문제와 보호, 청소년문화, 청소년활동,

청소년상담, 청소년복지에 대하여 다루었다.

제3부 '청소년교육의 발전방향'에서는 청소년 정책과 제도, 청소년교육의 과제와 전망에 대하여 논의하였다. 구체적으로, 우리나라 청소년정책의 이해를 도모하기 위하여 청소년육성·보호·복지정책에 대하여 살펴보았다. 그리고 바람직한 청소년상을 위하여 가정, 학교, 사회에서의 교육방향에 대하여 고찰하였다.

이 책이 대학의 청소년 관련 전공과 평생교육사 자격증 취득과정에서의 '청소년교육개론' 교재로 활용되는 한편, 청소년의 교육, 육성 및 연구에 관심이 있는 분들과 현장에서 청소년을 지도하시는 분들에게 도움이 될 수 있기를 기대한다.

그러나 막상 탈고를 하고 보니 부족한 것이 많아 부끄러움이 앞선다. 부족한 부분은 계속 보완할 것을 약속드리며, 또한 청소년교육에 관심이 있는 많은 분의 비판과 조언을 받으면서 계속 노력할 것을 다짐한다.

이 책은 저자들이 전적으로 집필했다기보다는 여러 선행 학자와 실천현장 실무자들의 연구 업적으로부터 많은 도움을 받았다. 혹시 각종 자료들의 내용에서 잘못 인용하였거나 편집한 것이 있다면 저자들의 부주의로 인한 것이니 양해를 구한다.

끝으로 이 책이 나오기까지 도움을 주신 많은 분께 감사드린다. 먼저, 청소년기에 있어서 따뜻한 사랑과 관심이 얼마나 소중한 것인가를 다시 한 번 깨닫게 해 준 우리의 청소년에게 감사를 전한다. 그리고 이 책을 출판해 주신 학지사 김진환 사장님과 관계자 여러분께 감사드린다.

2018년 1월
저자 일동

차례

머리말 _ 3

제1부
청소년교육의 기초

제2부
청소년교육의 실제

제3부
청소년교육의 발전방향

제1부 청소년교육의 기초

제1장

청소년과 평생교육

개요

학교교육은 그동안 청소년의 사회화 과정 및 여러 교육적 측면의 기능을 수행해 왔다. 그러나 현 시점에서 급격하게 변화하는 사회의 다양한 교육적 요구를 수용하고 반영하기에는 한계를 지니게 되었다. 더군다나 학벌위주의 우리나라에서는 학교가 '지식 전쟁터'라고 지칭될 정도로 지식의 전수와 상급학교 진학이 학교의 목적이 되어 버렸다. 반면, 평생교육은 학생들에게 입시 위주의 학교교육과는 다른 개념으로 받아들여질 수 있다. 입시경쟁 구조에서 소외된 청소년들도 평생교육을 통하여 새로운 희망과 대안을 찾을 수 있을 것이다.

따라서 평생교육은 학교교육을 보완하는 역할뿐 아니라 청소년교육에 있어서 중요한 역할을 담당하게 되었다. 이 장에서는 청소년평생교육의 개념 및 필요성에 대하여 살펴보며, 청소년평생교육의 방향에 대하여 논의한다.

학습목표

1. 청소년평생교육의 의의에 대하여 설명할 수 있다.
2. 페다고지 교육의 한계점에 대하여 설명할 수 있다.
3. 청소년평생교육 방향에 대하여 제시할 수 있다.

제1절 청소년평생교육

1. 청소년평생교육

1) 청소년평생교육의 개념

청소년평생교육이란 '평생교육 체제 속의 통합적 부분으로서, 학교 외의 사회화 과정으로「청소년 기본법」의 연령인 9세에서 24세의 청소년들을 대상으로 행하여 지는 조직적인 교육활동'이라고 정의할 수 있다. 흔히 청소년평생교육은 학교에 다니지 않는 청소년들을 대상으로 하는 학교교육의 보완적 역할을 수행하는 교육으로 인식되어 왔지만, 정규학교에 다니는 청소년이라 할지라도 학교교육 이외의 평생교육에 참여하는 경우도 있다. 따라서 청소년평생교육은 '평생교육 체제 속의 통합적 부분으로서 청소년을 대상으로 행하여지는 학교교육과 학교교육 이외에서 이루어지는 조직적인 교육활동'이라고 정의할 수 있다.

학교에 다니고 있는 청소년이라 할지라도 학교의 정규교육 이외의 다양한 교육 활동에 참여하기 때문에 청소년도 평생교육 대상자라고 볼 수 있다. 예를 들면, 교육기관에서 운영하는 프로그램 등이나 정규학교를 다니지 않는 청소년들을 위한 일반교양교육, 또는 검정고시교육 등이 있다. 따라서 평생교육은 학교교육을 보완하는 역할뿐 아니라 청소년교육에 있어서 중요한 역할을 담당하게 된다. 즉, 청소년들을 건전한 성인으로 교육시키는 것이 이전에는 가정이나 정규 교육기관의 몫이었다면 점차 전 사회적인 과제로 확산되고 있다.

2) 청소년평생교육의 의의

현대의 청소년은 사회적 요구와 관심이 과거보다 증대되고 있다. 또한 성인의 준비 단계인 청소년기의 역할 및 과제가 복잡해지고 있으며, 청소년기 기간이 더욱 길어짐에 따라 청소년에 대한 새로운 인식이 필요하게 되었다. 이러한 시점에서 그동안의 청소년 사회화 교육이나 교육의 여러 측면의 기능을 수행해 왔던 학교교육이 급변하는 사회의 다양한 교육적 요구를 수용하기에는 한계를 지니게 되었다. 더군다나 학벌 위주의 우리나라에서는 학교가 '지식 전쟁터'라고 지칭될 정도로 지식의 전수와 상급학교 진학이 학교의 목적이 되어 버렸다. 또한 학교란 교육적 울타리 속에 가두는 하나의 거대한 조직으로 작용하고 있다. 이러한 때에 평생교육은 학생들에게 입시 위주의 학교교육과는 다른 개념으로 받아들여질 수 있다. 그리고 입시경쟁 구조에서 소외된 청소년들도 평생교육을 통하여 새로운 희망과 대안을 찾을 수 있을 것이다.

따라서 평생교육은 학교교육을 보완하는 역할뿐 아니라 청소년교육에 있어서 중요한 역할을 담당하게 되었다.

2. 평생교육과 페다고지

평생교육의 원리에 대하여 놀즈(Knowles)는 청소년을 대상으로 하는 학교교육에 있어서는 페다고지 원리, 성인교육에 있어서는 안드라고지 원리의 적용에 대하여 언급하였다.

20세기에 들어오면서 자본주의 발달과 함께 각 국가마다 학교기관을 체제 유지를 위한 사회적 도구로 활용하였다. 그러면서 학교교육의 통념은 페다고지(Pedagogy)였다. 원래 통념이란 상식 수준을 넘어서 사회적 지지도가 높아 오랜 기간 유지·활용되고 있는 단단한 주장이나 견해를 말한다. 통념상 학교는 공부(工夫)의 장소로서 교사 중심으로 교과의 지식과 내용을 전수해 나가는 특수집단이다. 또한 페다고지는 인간의 발달 단계상 어느 특정 시기에 배움이 가장 활달하게 이루어지는가에 집중하도록 하고, 아동이 학교에서 교사들의 가르침을 통하여 문자 해독 능력과 정보 및 지식을 축적하는 활동이 학교교육의 핵심이라고 인식하도록 만들어 놓았다. 더욱이 배움과 가르침은 학교와 같은 특정 장소에서 일어나야만 하는 행정적 행위이며, 그것을 위해서 교사를 필요로 하는 법률적인 행위라고 규정하고 있다.

학교에서의 공부는 지식을 전수받고 경쟁에서 이기는 법을 훈련받으며 사람의 높낮이를 사회적으로 선별하여 차별하는 데에 익숙하도록 제도화시켜 놓고 있다. 학교는 교육의 형식은 갖추고 있으나 탈교육적이며 비교육적인 형태가 빈번하게 일어나고 있는 장소이며, 이런 곳에서 강요당하며 진행되고 있는 것이 공부의 양태이다. 즉, 지식이 전달되고 경쟁에서 이기는 법을 훈련받는 과정에서 인간학습의 방향성을 상실한 채 급우 따돌림, 자살, 학교폭력, 체벌, 교실 붕괴 등의 현상이 만연하고 있다. 그 결과, 학교에 다니는 동안 지식을 전수받고 사회화 과정을 익혀 나가기보다는 오히려 배움에 대한 즐거움과 학습 의욕을 상실하게 되는 상황이 발생하고 있다.

이러한 교육의 통념과 학교교육 활동에 관한 인식은 변화되어야 한다. 그리고 아동기 및 청소년기라는 특정 시기와 학교라는 장소에서만 가르침과 배움의 활동이 가능하고 효과적이라는 통념을 버리고, 더 이상 학교가 배움의 유일한 장소가 아니라는 인식이 확산되어야 한다. 학교가 유일한 학습과 배움의 장소가 아니라는 인식이 기성세대는 물론 자라나는 청소년세대들에게 깊숙이 내재되어 갈 때, 그들이 학교교육을 마친 후 성인이 되어서도 계속하여 배움의 공공성을 인식하고 평생학습에 적극 참여하게 된다. 따라서 학교의 구조도 배움의 공동체로 혹은 지역 학습공동체로 재편성되어야 한다(한상길 외, 2007).

제2절 평생교육 이념에서의 청소년교육의 필요성과 방향

1. 평생교육 이념에서의 청소년교육의 필요성

평생교육 이념의 성숙은 청소년이 사회 구성원의 어엿한 주체로서 그들의 삶에서 보다 더 바람직하게 성장하고 자신이 속한 사회 속에서 자신들의 잠재력을 충분히 발휘할 수 있도록 하여야 한다는 관점에서 비롯된 것이라 할 수 있다.

학교는 공부(工夫)의 장소로서 교사 중심으로 교과의 지식과 내용을 전수시켜 나가는 특수집단이다. '공부'는 공공성과 특수성을 동시에 가진 학교가 국가에서 추진하고 지향하고자 하는 목표를 달성하는 데 기여하고자 단위학교별로 실시하는 교육활동을 의미한다. 이는 말하자면 '가르칠 활동/과제/내용/방법' 모두가 한곳에서 일어나고 있음을 의미한다. 실제로 그 지점이 바로 학교이다. 많은 사람은 이러한 학교의 특수 관념 틀 속에서 생활관 · 직업관 · 국가관을 형성해 왔다. 널리 이롭게 생활하고, 직업생활을 준비하고, 국가와 인류사회에 봉사할 줄 아는 의식체계를 가르쳐 왔다.

인간중심교육을 위해서는 교양교육을 중시해야 한다고 하지만 실제로는 직업 준비를 위한 기술교육이나 지식교육에만 함몰되어 왔음을 부인할 수 없다. 최근에는 실용주의 및 자유시장경쟁 원리의 도입이라는 정치적 영향의 굴레에 덧씌워져, 학교에서 인문 중심 분야나 교양 중심 분야의 전공 및 학과는 젊은 학생들로부터 소외받아 온 지 오래되었다. 따라서 지금의 학교는 더 이상 '공부'를 전담하는 곳도 아니다. 그리고 인간으로서 인간미를 갖추고 자율적 환경이나 분위기 속에서 창조적 행위를 통한 능력개발과 더불어 지역사회가 요구하는 문화 창달과 진리 창조에 기여하고자 '공부'하는 공공장소의 기능마저 상실해 가고 있다.

이와 관련하여 청소년을 대상으로 한 종래의 학교교육이 이러한 역할을 충분히

[그림 1-1]　학교교육

수행할 수 있어야 함에도 불구하고 그렇지 못하고 있다는 자성의 목소리가 커지면서 평생교육의 필요성이 제기되기에 이르렀다. 학교교육은 청소년들에게 주로 교과서에 포함된 관련 지식의 전달과 습득만을 지나치게 강조하여 청소년의 인지적 영역의 발달과 성숙에만 치중하는 경향이 있었다. 즉, 청소년들이 전인적인 인간으로 자라야 함에도 불구하고 그동안 학교교육은 그러한 기능을 제대로 수행하지 못해 왔던 것이다. 이러한 지적은 대표적으로 교육사회학자인 라이머(Reimer)와 이반 일리치(Ivan Illich) 등이 1970년대에 이미 제기한 바 있다.

학교교육의 기능 약화와 한계성이 부각되고 유네스코(UNESCO)를 중심으로 평생교육의 출현과 함께 전인교육이 강조되면서, 평생교육의 이념은 학교교육의 한계성을 극복할 수 있는 새로운 패러다임으로 인정되어 많은 국가에서 제도적으로 마련되기 시작하였다.

이것은 청소년교육을 학교교육에만 전적으로 의존하게 하는 지금까지의 정책에서 벗어나 사회, 가정, 지역사회 등 보다 친밀한 생활과 삶의 장면 속에서 청소년들을 지도하는 것에 관심을 기울여 나가야 함을 새롭게 인식시키는 계기가 되었다.

2. 청소년평생교육의 과제

청소년교육에 대한 평생교육적 접근은 단순한 교육 기회의 평등 실현을 넘어 수요자로서 청소년이 제공받는 교육적 경험에 주목할 필요성이 있다. 또한 청소년평생교육은 교육 시기, 장소, 형식 등에서의 유연성을 강조함으로써 학교교육이 가진 시공간적 한계를 극복하고 청소년들의 학습받을 권리를 확장하는 데 기여할 수 있다는 점에서 중요한 의미가 있다. 그러나 청소년평생교육이 제대로 뿌리내리기 위해서는 가정과 학교, 사회 모두의 변화가 필요하다.

1) 청소년평생교육의 방향
(1) 건전한 청소년문화 육성 및 수련활동 기반 확충
청소년평생교육의 방향은 '21세기 청소년상'을 설정하고, 그 실현을 위한 지원을 청소년정책의 목표로 하여 건전한 청소년문화를 육성하며, 청소년들의 활동 기반으로서 청소년 수련활동의 제반 여건을 개선하고 확충하도록 한다. 즉, 청소년들이 경쟁력 있는 문화의 주체자로서 성장하기 위해 다양한 문화활동에 접촉할 수 있는 기회를 확대하고, 참여와 경험을 통해 문화 감수성을 함양해 나갈 수 있는 여건을 제공하여 창의적인 문화주체성을 확립해 나가도록 하기 위한 정책을 추진한다. 또한 청소년들에게 다양한 문화예술활동 체험 기회를 부여하고, 청소년들이 참여하는 수련활동 프로그램 개발체제를 수립하여 청소년들의 문화 감수성을 함양시킨다. 그리고 국가 차원에서 그리고 광역권별로 중추 청소년시설을 건립·운영하는 한편, 수련시설 등 수련활동 기반을 확충하고 기존 청소년 수련시설의 운영 내실화를 지속적으로 추진함으로써 청소년들이 자발적으로 선택하고 스스로 체험하는 활동 여건을 조성한다.

(2) 청소년 정보능력 향상과 정보문화 육성
① 청소년들을 중심으로 하는 다양한 정보화 관련 활동에 대한 지원: 각종 활동 프로그램을 개발하고 첨단 멀티미디어 매체를 활용할 수 있는 활동 공간을 확대한다.
② 바람직한 정보 마인드 형성 필요: 청소년들의 정보 마인드 및 정보윤리 의식을 함양하고, 정보 이용 활성화를 위해 청소년 정보교육·정보활동 프로그램을 개발하여 운영한다.

(3) 청소년의 삶의 질 향상을 위한 복지 증진
① 청소년의 직업 및 자립 능력 향상을 증진시킨다.
② 소외·취약계층 청소년의 복지 증진 및 자활을 지원한다.
③ 청소년의 사회참여를 확대한다.

2) 청소년평생교육의 주요 정책

(1) 프로그램 중심의 건전한 청소년문화 육성

① 청소년 놀이 공간 확대 및 청소년문화 프로그램을 보급한다.

② 청소년 창작문화 예술제 등 청소년 창작문화활동을 지원한다.

③ 스스로 체험하는 문화 프로그램을 확산한다.

④ '청소년 동아리 축제' 개최 등 자율적 문화 프로그램을 확대한다.

⑤ 청소년문화의 광장 및 청소년문화의 거리 지정 운영을 확대한다.

(2) 특성화 · 차별화된 청소년수련 프로그램 개발 · 보급

① 특성화 · 차별화된 기본형 수련 프로그램을 개발 · 보급한다.

② 청소년이 원하는 프로그램에 대한 수요조사를 한다.

③ 수련 프로그램 데이터베이스 및 수련활동 정보 네트워크를 구축한다.

④ 수련 프로그램 인증제를 활성화한다.

(3) 청소년시설의 건립 확충 및 운영 내실화

① 청소년의 일상생활권 내 수련시설을 확충한다.

② 청소년수련시설의 특성화 · 전문화를 추진한다.

③ 민간 청소년수련시설의 건립을 지원한다.

④ 수련시설과 학교의 결연 · 연고제를 운영한다.

⑤ 수련시설 내 청소년활동 장비 및 기구 대여은행을 운영한다.

(4) 소외 · 농어촌 · 장애 청소년 복지 증진

① 저소득층 청소년에 대한 문화활동 참여 및 관람 지원을 한다.

② 장애 청소년 직업훈련 및 취업 지원 등 자립 지원을 한다.

 - 장애 청소년 직업훈련 및 취업 지원

 - 비인가 소규모 장애 청소년 시설에 대한 지원

 - 장애 청소년 지원을 위한 연구 및 시책 개발

(5) 부적응 청소년에 대한 사회복귀 프로그램 강화

① 가출 청소년 선도 · 보호를 위한 가출 청소년 찾아주기 운동을 한다.

② 문제 · 사회부적응 청소년 대상 '중간의 집' 개설 및 재적응 프로그램을 실시한다.

③ 가출 청소년을 위한 '청소년쉼터'를 확대 운영한다.

3) 청소년평생교육 발전방안

청소년평생교육이 진흥되기 위해서는 어느 한 주체만으로는 한계가 있다. 정부와 가정 및 학교, 사회(지역사회)의 모든 교육의 장이 통합적으로 기능을 수행해야만 청소년평생교육이 진흥될 수 있다.

(1) 가정의 역할

① 자녀들에게 학교의 학과 공부만을 강조하기보다는 취미, 특기, 창조생활을 할 수 있는 여건을 조성해 주어 그들 스스로 앞날을 개척하고 정신 · 문화세계를 넓힐 수 있게 한다.

② 가족 구성원이 가능한 한 많은 여가시간을 공동으로 갖고 함께 즐김으로써 공동체 의식과 협동 정신이 함양되도록 한다.

(2) 학교의 역할

① 입시 위주의 교육에서 탈피하여 지 · 덕 · 체가 조화되는 전인교육이 되도록 노력한다.

② 특별 및 집단 활동을 적극적으로 활성화함으로써 많은 학생이 참여활동을 통하여 독립성 · 자율성 · 창의성 · 민주성을 함양하도록 하며, 학생의 참여 폭을 확대하기 위해 학교시설을 개방하여 청소년 여가 프로그램을 활성화한다.

(3) 사회(지역사회)의 역할

① 청소년들이 여가시간을 보낼 수 있는 청소년복지시설을 대폭적으로 신설하

여 보람된 여가를 보낼 수 있도록 해야 한다.

② 기성세대 중심의 유해환경을 정화하여 건전한 청소년문화가 형성되도록 한다.

(4) 정부의 역할

① 교육 프로그램을 계획하고 정책을 수립할 때 청소년의 요구를 적극 반영한다.

② 청소년평생교육 기관 및 시설의 확충 및 현대화가 필요하다.

③ 청소년기관의 청소년지도자 배치를 확대한다.

 연구문제

1. 청소년평생교육이 왜 중요한지에 대하여 논하여 보시오.

2. 청소년평생교육이 진흥되기 위한 사회와 정부의 역할에 대하여 토의하여 보시오.

3. 청소년교육에 있어 페다고지 교육의 한계점에 대하여 제시하여 보시오.

제2장
청소년의 역사적 관점과 특성

⬤ 개요

　인간의 성장 및 발달은 개인의 생물학적 특성과 주변 환경 그리고 자유의지에 따른 선택이 결정하지만, 여기에는 또다시 수많은 변수가 작용한다. 특히 변화무쌍한 청소년 발달은 그들이 성장해 온 사회적 환경과 문화적 요소, 시대적 상황에 따라 크게 영향을 받게 된다. 이 장에서는 청소년이란 존재가 언제부터 어떻게 관심을 받게 되었는지에 대한 역사적 관점을 살펴보고자 한다. 그리고 청소년의 바른 이해를 위해 청소년기의 발달과정 및 특성 등을 알아보고자 한다.

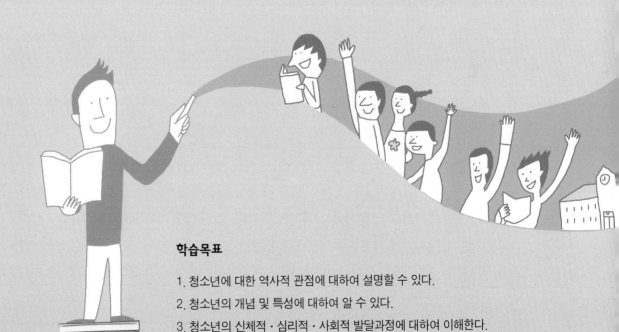

학습목표

1. 청소년에 대한 역사적 관점에 대하여 설명할 수 있다.
2. 청소년의 개념 및 특성에 대하여 알 수 있다.
3. 청소년의 신체적 · 심리적 · 사회적 발달과정에 대하여 이해한다.

제1절 청소년에 대한 역사적 관점

청소년에 대한 역사적 관점은 청소년들이 초기 희랍시대에는 어떻게 인식되었으며, 그 이후 중세와 계몽기 동안 청소년에 대한 인식이 어떻게 전환되었는지, 또 19세기 말과 20세기 초 '청소년'의 개념이 등장하게 된 배경을 김남선 등(2001)이 조망한 것을 토대로 고찰하고자 한다.

1. 청소년에 대한 역사적 관점

1) 희랍시대

초기 희랍시대에 플라톤과 아리스토텔레스는 젊은이의 본질에 대해 언급하였다. 플라톤은 『공화국(The Republic)』(B.C. 4세기/1968년 번역)에서 인간 발달(그는 '영혼'이라고 함)의 세 가지 국면을 욕망, 정신, 이상이라고 하였다. 플라톤에 따르면, 이성(가장 높은 차원)은 아동기에 발달하는 것이 아니라 우리가 오늘날 청소년기라고 부르는 연령 시기에 최초로 발달한다. 그러므로 아동기의 교육은 스포츠와 음악만으로 충분하며, 청소년기가 되면서 이성, 즉 합리적 사고를 요구하는 과학과 수학을 지도해야 한다(Santrock, 1996).

플라톤은 아동기 초기에 지적인 면이 아닌 성격적인 면이 발달되어야 한다고 믿었다. 성격 형성에서는 초기 경험의 중요성을 강조했지만, 그럼에도 후기 경험이 성격을 변화시킬 수 있음을 간과하지 않았다. 인간 발달에서 초기 경험의 중요성에 대한 주장은 오늘날까지도 이어지고 있다.

또한 아리스토텔레스는 우리가 지금 청소년이라고 부르는 연령기의 가장 중요한 측면을 선택능력의 발달이라고 주장하였다. 그리고 자기결정(self-determination)이야말로 성숙의 징표라고 하였으며, 청소년 초기의 개인들은 성숙한 사람에 비해 불안정하고 인내심과 자기통제 능력이 부족하다고 생각하였다. 그러나 21세경이 되면서 대부분의 사람은 자기통제 능력이 훨씬 더 개선된다고 믿었다. 그는 인간발달 단계의 구체적인 시기를 기술한 최초의 사람 가운데 한 사람이었다. 그가 기술한 발달 단계는 다음과 같다. ① 유아기(생의 최초 7년), ② 소년기(7세부터 사춘기까지), ③ 청소년기(young manhood, 사춘기부터 21세까지). 아리스토텔레스의 견해는 청소년기에 증가된 자기결정의 중요성을 기술하기 위해 독립성, 정체감, 직업 선택과 같은 용어를 사용하는 현대의 견해와 크게 다르지 않다.

2) 중세와 계몽기

청소년에 대한 사회의 시각은 중세기 동안 상당한 변화가 있었다. 중세기 동안 아동은 '축소된 성인(miniature adult)'으로 간주되었다. 아동과 청소년은 성인들과 똑같은 흥미를 갖고 있는 것으로 믿어졌다. 그리고 아동은 엄격하고 혹독한 훈육을 받아야 할 대상으로, 그리고 성인과 동일한 노동력으로 취급되었다. 그리하여 이들은 성인과 다른 지위 및 역할을 부여받지 못하였다(Muuss, 1989).

18세기에 장 자크 루소(Jean-Jacques Rousseau)는 청소년에 대한 보다 계몽된 견해를 제시하였다. 프랑스의 철학자인 루소는 다른 어떤 사람보다도 아이가 성인과 동일하게 취급받아서는 안 된다는 신념을 펼치는 데 주력하였다. 루소는 『에밀(Emile)』(1762/1962년 번역)에서 아이는 '축소된 성인'이 아니라 '독립된 인격체'라고 주장하였다. 루소는 12세가량이 될 때까지 아이는 성인들의 규제로부터 자유로워야 하며, 그들의 세상을 자유롭게 경험할 수 있도록 허용되어야 한다고 믿었다.

그리고 루소 역시 아리스토텔레스와 같이 아동기와 청소년기의 발달이 일련의 단계로 진행된다고 생각하였다. 루소가 제시한 발달의 4단계는 다음과 같다.

① 유아기(최초 4, 5세까지): 유아기에는 강한 신체적 욕구를 지니고 있는 만큼 동물의 습성과 가장 유사하며, 유아는 쾌락 지향적이다(쾌락과 고통에 의해 지배된다).
② 야만인기(5~12세): 이 시기에는 감각 발달이 가장 중요하다. 놀이, 스포츠, 게임 등을 통한 감각적 발달이 교육의 초점이 되어야 한다. 아리스토텔레스와 같이 루소 또한 이성은 이 시기 말경까지도 발달되지 않는다고 주장하였다.

③ 단계 3(12~15세): 이 단계에는 이성과 자기의식이 풍부한 신체적 에너지와 함께 발달한다. 루소는 12~15세의 교육이 다양한 탐색활동을 통해 호기심을 고무시키는 것이라고 주장하였다. 그는 이 시기에 들면서 오직 한 권의 책 『로빈슨 크루소』를 읽도록 권장하였다. 그것은 호기심과 탐색활동에 대한 통찰력을 제공한다.

④ 단계 4(15~20세): 개인은 이 시기에 정서적으로 성숙해지기 시작한다. 이기심 대신 다른 사람에 대한 관심이 증대된다. 덕과 도덕 역시 이 시기에 나타난다.

그리고 루소는 발달이 계층화된다는 믿음, 즉 엄격한 단계로 이루어진다는 생각을 전개하였다. 그러나 그의 청소년에 대한 생각은 사변적이었다. 19세기와 20세기의 많은 학자는 철학자들의 생각과 과학자들의 경험적 접근 간의 간격을 연결해 주는 가교 역할을 하였다.

2. '청소년'이란 용어의 유래

우리가 지금 '청소년'이라고 말하는 것에 대한 개념이 정립되기 시작한 것은 18세기에 이르러서이다.

산업혁명 이후 사회가 급격히 발전하면서 심리학자, 도시 개혁자, 교육학자들 사이에 '청소년'이라는 개념이 널리 사용되기 시작했다. 특히 1904년에 홀(G. S. Hall, 1844~1924)이 『청소년기(Adolescence)』라는 저서를 출간하면서 청소년에 대한 생각이 재정립되었다. 홀은 청소년이야말로 질풍노도를 경험하고 있는 퇴폐문제의 원인 제공자라고 주장하였던 것이다. 그는 많은 청소년이 수동적인 존재로 보이지만 내적으로 상당한 혼란을 경험하고 있다고 하였다(Santrock, 1996). 역사가들은 홀을 청소년에 대한 과학적 연구의 아버지라고 부른다.

홀은 유명한 진화론자인 찰스 다윈(Charles Darwin)의 영향을 크게 받았다. 홀은 다윈의 견해를 받아들여 청소년 발달연구에 과학적·생물학적 측면을 적용하였다. 홀은 모든 발달, 특히 유아기와 아동기의 발달은 유전적으로 결정된 생리학적 요인에 의해 통제되며, 환경은 발달에 최소한의 역할을 수행할 뿐이라고 생각하였다. 그러나 청소년의 발달은 생의 초기보다는 환경의 영향력이 더 크며, 현대적 관점에서와 같이 유전과 환경의 상호작용이 청소년의 발달을 결정한다고 믿었다. 또한 홀은 재현이론(recapitulation theory)에서 청소년기의 각 개인의 생물학적 발달과정은 인류의 발달과정을 재현한다고 보고, 개체발생(ontogeny, 개인 유기체의 발달)은 계통발생과정(phylogeny, 종의 발달)을 따른다고 하였다.

홀에 따르면 발달의 4단계, 즉 유아기, 아동기, 청소년기, 청년기(youth) 중 청소년기는 12세에서 23세까지의 연령 범위에 해당되며, '질풍노도(storm and stress)'로 특징지어진다. 질풍노도는 청소년기가 갈등과 정서 혼란으로 가득 찬 격변기임을 나타내기 위하여 홀이 명명한 개념이다. 청소년기는 질풍노도(疾風怒濤)의 시기로서 이 시기의 혼란이 불가피하다고 하였지만, 최근의 연구들은 청소년기가 다른 발달 시기에 비해 특별히 혼란스럽지 않다는 것을 밝히고 있다.

제2절 청소년의 개념과 특성

1. 청소년의 개념 및 정의

청소년에 대한 개념을 파악하고 그에 따른 정의를 내리는 것은 사실 매우 어렵다. 왜냐하면 청소년에 대한 개념과 정의가 각 시대와 학문 영역 그리고 학자에 따라 다르며, 또한 국가나 사회체제, 관련 법규에 따라서도 다르기 때문이다. 그러므로 여기에서는 어의(語義)와 학문적 접근에 따라 청소년 시기를 어떻게 구분하여 사용하고 있는지를 살펴본다.

1) 어의에 따른 정의

(1) 어원에 따른 정의

청소년기를 뜻하는 영어 단어 adolescence는 '성인의 모습으로 성장한다', 즉 '성숙된다'라는 의미의 라틴어 adolescere에서 유래되었다고 한다. 여기서 '성숙된다'의 의미는 인간이 성장 환경에서 경험이나 연습을 하지 않아도 발달 단계에 따라 규칙적으로 획득되는 신체적·심리적 변화를 의미한다. 청소년기는 신체적·심리적인 급속한 발달에 따라 미성숙한 아동의 발달 단계에서 성숙한 성인의 발달 단계로 전환하는 시기를 의미한다고 할 수 있다.

(2) 용어에 따른 정의

보통 청소년기를 나타낼 때 사용하는 용어는 과도기(過渡期), 질풍노도기(疾風怒濤期), 심리적 이유기(心理的 離乳期), 주변인(周邊人), 제2의 탄생기(誕生期) 등 매우 다양하다. 이와 같은 용어는 청소년기 특성을 나타내는 의미가 담겨 있으므로 그것을 통하여 청소년기의 성격을 엿볼 수 있다. 이 용어들 각각의 의미는 다음과 같다.

① 과도기(transitional period)

인간의 성장·발달 단계에서 청소년은 미숙한 아동기에서 성숙한 성인기로 옮겨 가는 시기의 과도기적인 상태에 속해 있는 사람이라고 할 수 있다. 청소년은 이와 같이 아동기와 성인기 사이의 과도기적 성격 때문에 신체적·생리적·심리적·사회적 측면에서 아동기와 성인기의 특성을 모두 지니게 된다.

② 질풍노도기(a time of storm and stress)

앞서 언급했듯이 질풍노도는 홀이 처음으로 사용한 용어이다. 그는 청소년기에는 거칠고 사나우며 심리적 변화가 많다고 보았으며, 이러한 경향을 나타내기 위해 이 용어를 사용하였다. 질풍노도는 청소년기에 경험하는 급격한 변화와 심리적 갈등을 가장 잘 표현하고 있다.

③ 심리적 이유기(psychological weaning period)

청소년기의 가장 두드러진 사회 · 심리적 특징으로 자아정체성의 확립과 독립의 요구에 따른 심리적 이유(離乳)가 있다. 청소년기가 되면 타인이나 외부 사물과의 종속적 관계에서 벗어나 점차 자기 내면에 눈을 뜨기 시작하여 자신의 주관적 가치 속에서 자아를 찾고 자기가치를 발견함으로써 독립적인 관계의 자아 형성을 요구한다. 이때 청소년들은 정신적 의존관계에 있는 부모로부터 이탈하여 자신의 판단과 책임에 따른 독립된 행동을 하려 한다. 이러한 자아의식(自我意識)의 발달과 독립심으로 말미암아 부모에서 친구나 또래집단으로 관심이 옮겨 가는 현상이다.

④ 주변인(marginal man)

청소년은 아동과 성인의 양쪽에서 영향을 받으면서도 그 어느 쪽에도 소속되지 못한다는 의미에서 주변인으로 불린다. 즉, 청소년은 아동과 성인 사이의 경계에 존재하는 주변인이 된다. 이것은 청소년기의 과도기적 성격과 지불유예 현상으로 인하여 발생하는 것으로 소속집단의 이동 상태를 나타내는 용어이다.

⑤ 제2의 탄생기(the second birth)

청소년기는 자기 자신의 존재에 대한 가치를 발견하기 시작하는 시기로, 생각의 범위가 넓고 깊어지며 자신의 신체적 성장과 정신적 성숙에 대한 자신감과 신비감을 갖는다. 또한 자아의식이 성장하며 자기를 객관적으로 파악하려고 노력한다. 제1의 탄생이 신체적 탄생이라면, 제2의 탄생은 정신적 탄생이라고 할 수 있다.

2) 학문적 정의
(1) 법률학적 측면

법률학적인 측면에서 청소년 관련 법규를 살펴보면 다음과 같다.

우리나라의 청소년 보호 관련 법률은 그 형태에 따라 청소년의 명칭 및 연령에서 다양한 차이를 보이고 있다. 「청소년 보호법」에서는 19세 미만을 청소년으로 규정하고 있으며, 「청소년 기본법」에서는 9~24세를 청소년의 연령으로 제한하고 있

〈표 2-1〉 각국의 청소년 연령 범주

국가명	연령층(세)	국가명	연령층(세)
가봉	7~14	스페인	30세까지
그리스	14~30	시리아	15~24
네팔[1]	40세 이하	아르헨티나	40세까지
레소토	15~45	오스트리아[3]	15/40~25/27
르완다	7~24	요르단	15~24
마다가스카르	15~30	이디오피아	14~30
미국	16~24	이란	15~30
방글라데시	15~30	이집트	18~35
벨기에	26세까지	인도	15~30
부르키아프소	7~25	자메이카	15~25
불가리아[2]	14~35	잠비아	12~35
브라질	14~24/30	중국	7~30
브룬디	21세까지	콩고	6~35
산마리노	26세까지	핀란드	29세까지
스리랑카	15~29	한국	9~24
스위스	15~34	헝가리[4]	15~35

비고: 1) 청소년연구원 규정
　　　2) 각기 다른 보고자료 응답
　　　3) 연방주에 따라 다름.
　　　4) 인력자원부 청소년국

다. 그리고 「민법」에서는 20세 미만을 미성년자로, 「소년법」에서는 20세 미만을 소년으로, 「아동법」에서는 18세 미만을 요보호 대상으로, 「영화진흥법」에서는 18세 미만을 연소자로 규정하고 있다. 이렇듯 청소년의 연령은 적용되는 법마다 다르다. 또한 청소년의 연령은 나라마다 다른데, 이를 정리하면 〈표 2-1〉과 같다.

　이처럼 청소년기를 언제로 볼 것인가에 대한 견해는 보는 시각에 따라 학자마다 그리고 나라마다 다양하다. 우선 연령을 기준으로 보면 중고등학교 시기에서 대학 졸업 시기까지로 이해되고 있는데, 각국에서는 청소년 연령 범주를 자국의 특성과 청소년층의 사회활동 등에 따라 다양하게 분류하여 적용하고 있다. 예를 들어, 미국에서는 1935년 6월 26일 루스벨트 대통령이 법령(Executive Order No. 7086)으로 청소년의 연령을 16~24세로 규정하였는데 이것이 현재까지 적용되어 오고 있다 (Chi-Sun Oh, 1998, p. 3).

한편, 우리나라의 법적 보호 연령은 〈표 2-2〉와 같다.

〈표 2-2〉 청소년 보호 관련 법률에서 청소년 명칭 및 연령 정의

법률상 명칭	연령	규정 법률	준용 법률
청소년	19세 미만	• 청소년 보호법	• 다른 법 우선 적용 규정
	9~24세	• 청소년 기본법 • 연령 정의 없이 청소년 명칭 사용 − 방송법 − 옥외 광고물관리법	• UN 권장사항 • 15~24세를 청소년으로 규정 • 청소년 기본법 − 육성 · 지원의 폭 확대 도모
소년	20세 미만	• 소년법	
아동	18세 미만	• 아동복지법	
미성년자	만 20세 미만	• 미성년자의 연령을 정의한 법률 없음. − 사유: 민법의 성년 개념을 반대로 해석 • 연령 정의 없이 미성년자 명칭 사용 − 식품위생법 − 잡지 등 정기 간행물의 진흥에 관한 법률	• 민법 − 민법 제4조(성년기): 만 20세로 성년이 된다. − 민법 제5조(미성년자의 능력) 원용
−	19세 미만	• 국민건강증진법	• 명칭 없이 연령만 규정
청소년, 미성년자, 18, 19세 미만자 혼용		• 풍속영업의 규제에 관한 법률	• 풍속영업의 종류에 따라 출입제한 연령을 상이하게 규정

이처럼 청소년에 대한 개념은 보는 시각에 따라 다양하게 구분하여 제시되고 있다.

프로이트(Freud)는 발달 특성과 심리적 특성을 중심으로 인간의 발달 단계를 구강기, 항문기, 남근기, 잠복기, 생식기의 5단계로 구분하여 설명하고 있다. 그중에서 생식기가 청소년기에 해당하며, 앞선 네 단계가 통합되는 대략 12, 13세경부터 18세 또는 20세까지로 보았다.

우리나라 「청소년 기본법」에서는 청소년을 9세에서 24세까지로 규정하고 있다. 그런데 24세가 초과하여도 대학교 4학년생까지는 청소년에 포함하기로 입법 당시 회의에서 잠정 양해하여 현재까지 이행되고 있다.

(2) 심리학적 측면

심리학에서는 청소년을 14~15세경부터 22~23세까지로 규정하고, 소년은 초등학교까지의 연령에 해당한다고 설명한다. 베르기우스(Bergius)와 로스(Roth)의 심리학적 견해에 따르면, 사춘기와 청소년의 개념은 밀접한 의미를 내포하고 있으며, 12~20세까지의 급성장 기간이 청소년 시기임을 알려 준다. 또한 오수벨(Ausubel)은 청소년을 완성적 상태가 아닌 계속적인 성장과정으로 보았다.

(3) 생물학적 측면

생물학에서는 청소년기가 육체적으로 균형 있게 발달되는 시기라고 한다. 그리고 성인으로 성장해 가는 단계로서 신체적·생리적 성숙이 나타나는 시기로 규정하고, 남자는 14~15세에서 20~22세에, 여자는 12~13세에서 18~20세에 그 성장이 멈춘다고 보았다.

(4) 사회학적 측면

사회학적인 측면에서 셸스키(Schelsky)는 그의 유명 저서인 『회의세대』에서 청소년기를 회의세대로 보고, 그 연령을 14~25세로 규정하였다. 그는 "청소년은 행동 단계에서 아동의 역할과 행동은 더 이상 갖지 않게 되지만 성인의 역할과 행동을 수행하기에는 아직 이른 단계에 있는 자이다."라고 규정하였으며, 따라서 사회기관들은 청소년에게 정치적 · 사회적 혜택을 제공하여야 한다고 주장하였다.

2. 청소년의 특성

청소년기는 아동기와 성인기 사이에서 신체적 · 생리적 · 인지적 · 사회적 · 정의적 발달이 급격하게 이루어지는 시기이다. 청소년 개인마다 성장과 발달상 차이가 있어 모든 청소년에게서 반드시 나타난다고 할 수는 없지만, 청소년들은 신체 · 생리적인 성장과 인지적인 발달, 사회적 · 정의적 성숙에서 동시적인 변화를 겪는다. 이렇듯 청소년기는 아동에서 성인으로 탈바꿈해 가는 과도기라는 점에서 '제2의 탄생기'라 부른다. 여기에서는 청소년기의 특성을 크게 네 가지 측면으로 나누어 살펴보고자 한다.

1) 신체발달

먼저, 청소년기에 뚜렷이 나타나는 생리적 현상으로는 남자는 남성으로, 여자는 여성으로 체형이 변화하며 성적 성숙이 이루어지는 제2차 성징(secondary sexual character)이 있다. 신체 발달과 성장의 여러 측면 중에 신장이나 체중, 골격, 생식기관의 발달 그리고 호르몬의 변화를 살펴볼 수 있다.

(1) 2차 성징의 발달

청소년기에는 급격한 성 호르몬의 증가로 생식기관이 발달한다. 청소년기에 주요 역할을 하는 내분비선은 뇌하수체와 성선, 부신이다. 뇌하수체는 성장 호르몬 분비와 성 호르몬 생성 자극을 하고, 성선은 사춘기 발달에 중요한 역할을 하는 주요 여성 호르몬인 에스트로겐과 주요 남성 호르몬인 안드로겐을 분비한다. 그리고 부신은 여성에게는 남성 호르몬인 안드로겐을 분비하게 하고, 남성에게는 여성 호르몬인 에스트로겐을 분비하게 하는 것으로 알려져 있다.

여성 호르몬은 여성의 사춘기에 가슴 및 자궁 발달, 골격 변화 및 음모 발달을 가져오며, 남성 호르몬은 신장의 발달과 정자 생산 및 성욕 증가를 가져온다. 여아는 일정 체중, 즉 47kg 정도에 도달하면 초경이 시작되기도 한다.

이상과 같은 신체 · 생리적 변화가 일어나면 불안이나 호기심으로 동요되기 쉬우므로 적절한 지도가 필요하다. 친구들보다 변화가 유난히 빠르거나 더디면 열등감이나 소외감을 느끼고 학업 성적이 떨어지기도 한다. 또 이성관계에 변화가 오므로 이에 대한 지도를 해야 하며 성적 비행에 대해서도 예방적인 지도를 해야 한다.

(2) 급격한 신체적 변화

청소년들은 신장과 체중의 급속한 성장을 나타내는데 이를 청소년기 성장급등 현상이라 한다. 남녀 간 차이를 보면 태어나서 7세 정도까지는 여아가 남아보다 가볍지만 9~14세까지는 여아의 피하지방 발달로 남아보다 여아의 체중이 더 무거워지며, 이는 체중 발달을 가속화시켜 초경과 연결이 된다. 일반적으로 여자의 경우는 신체적 성장이 17세 정도면 완료되는 반면에, 남자는 21세 이후까지도 성장이 계속되기도 한다.

그러나 청소년기의 신체적 변화는 성인과 같은 균형 잡힌 체형으로 성장하는 것이 아니라 각 기관들이 독자적으로 각기 다른 속도로 발달하는 것이기 때문에 청소년들의 체격은 전체적으로 균형 잡힌 상태라기보다는 아직 어색한 단계에 있다고 할 수 있다. 또한 청소년기의 신체적 변화는 개인차가 뚜렷하다. 그리고 이와 같은 개인차는 청소년들로 하여금 자기 신체에 관심을 많이 갖게 하고 타인과의 비교를 통해 자아의식을 발달시키게끔 촉진시켜 주는 역할을 하기도 한다.

(3) 신체 변화에 따른 심리적 영향

급격한 신체적 · 성적 변화는 청소년으로 하여금 어떻게 적응하고 행동해야 할지 몰라 심리적 불안감을 느끼게 한다. 또한 신체 각 부분의 불균형적 발달과 빠른 생리적 변화로 인한 불안정한 상태는 청소년의 심리에 영향을 미쳐 자신감 상실과 정서 불안과 같은 부적응 현상을 초래하게 된다. 반면에, 청소년은 자아의식의 고취와 더불어 고독을 즐기고 낭만적 · 감상적 경향을 보이기도 한다.

청소년기의 가장 두드러진 사회 · 심리적 특성으로는 자아정체감의 확립과 독립의 요구에 따른 심리적 이유 현상을 들 수 있다. 심리적 이유는 마치 어린아이가 어머니의 젖을 떼듯이 부모로부터 심리적으로 독립하는 것을 가리킨다. '자아정체감'이란 말 그대로 자기의 정체에 대한 생각으로, 간단히 말해 '나는 누구인가?'에 대한 해답이다. 청소년기가 되면 타인이나 외계 사물과의 종속적 관계에서 벗어나 점차 감추어져 있던 내면세계에 눈을 뜨기 시작한다. 자아를 찾고 자기를 발견하며, 독립적인 자아 형성을 갈구하게 된다. 따라서 이 시기에는 자신이 독특한 존재로 인식되길 원하고, 부모에게서 벗어나 독립적으로 행동하길 원한다. 이로 인하여 부모에 대한 신뢰감이나 존경심이 줄어들고, 자립적이며 독립적인 인간관계가 가능한 친구관계를 중요시하게 된다.

이때 성인에게 거부당하거나 자신의 가치 및 이상에 맞지 않는 기성세대의 가치, 제도, 관습을 강요당할 경우, 자신의 자주성을 강하게 주장하면서 자신의 세계를 찾아간다. 그러나 청소년은 아이도 성인도 아닌 중간에 위치하고 있으면서 한편으로는 기성세대에 의존하고 싶은 무의식적인 욕구를 가지고 있다. 따라서 청소년기에 올바른 자아정체감이 형성되지 못하면 자신의 존재와 역할에 대한 혼란이 일어나 자기 아닌 타인, 가령 영웅이나 스타와 같은 인물들을 맹목적으로 추종하거나 비합리적인 집단행동을 하게 된다.

[그림 2-1] 청소년기의 심리

2) 인지발달

청소년기에 나타나는 또 하나의 특성으로는 지능의 발달을 들 수 있다. 웩슬러 (Wechsler)는 지능(知能)이란 "목적을 향해 행동하고 합리적으로 사고하며 환경을 효과 있게 다루는 개인의 총체적 능력"이라고 하면서 단일의 순수 능력이 아닌 다 양한 능력의 복합체라고 정의하였다. 지능 발달은 타고난 소질과 환경적 경험의 상 호작용을 통해 이루어지며, 연령 증가에 따라 일정한 정점에 달하고 그 후 점차 하 강하게 된다. 블룸(Bloom)은 이와 같은 지능 발달이 1세부터 10세까지는 직선으로 이루어지다가 그 후 속도가 느려지고 20세를 전후로 정체 및 하강 현상을 보인다고 하였다. 그러나 기억력, 도형 지각, 지적 속도, 귀납적 추리와 같은 유동성 지능은 비교적 일찍 정점에 도달하나 사고의 유창성, 어휘력, 언어 이해력, 일반상식과 같 은 결정적 지능은 30대 후반까지도 지속적으로 발달한다고 하면서, 인간의 정신능 력은 연령에 따라 그 발달 정도가 달라짐을 보이고 있다. 청소년기는 지적 문제해 결 능력이 최고 수준에 도달하여 통찰력, 판단력은 물론 사고력으로서의 추상력과 논리성이 상당한 수준에 이르게 된다. 그러므로 학문에 대한 매진으로 위대한 학문 적 업적을 남길 수 있다. 그러나 경험적·실증적 기초의 부족과 청소년기에 나타나 는 부정적 특성으로 인해 주위 환경에 쉽게 빠져들 수 있으며, 사대 사조의 영향을 받기 쉽고, 독선과 흑백 논리 및 극단주의에 빠지기 쉽다. 한편, 청소년기에 나타나 는 인지적 발달 특성을 살펴보면 다음과 같다.

(1) 추상적 사고의 발달

청소년기에는 추상적 사고가 가능해진다. 피아제(Piaget)의 인지발달이론에 의하 면 청소년기는 형식적 사고가 가능하기 때문에 어떤 대상의 구체적 존재와는 상관 없이 형식적 논리에 따라 추상적 상징과 은유가 활발해진다. 또한 어떤 문제에 직 면했을 때, 문제의 표피적인 측면보다는 그것의 근본적인 본질에 접근하는 본질적 사고가 가능해진다. 뿐만 아니라 자신의 사고가 어떤 특징을 갖고 있으며 어떤 기 능을 하는가를 이해하기 시작한다. 따라서 자기 자신의 사고 자체를 대상으로 하여 그에 대해 다시 사고하는 것이 가능해지면서 자기성찰이나 자기반성에 깊은 관심을 갖게 되는데, 이것은 자아정체감을 획득하는 데에 많은 도움을 준다.

(2) 논리적 추리능력의 발달

청소년기에 나타나는 또 하나의 인지적 발달 특성은 논리적 사고의 발달이다. 청소년기에는 구체적 현실 경험을 통하여 일반적 결론을 도달하는 경험적 · 귀납적 사고와는 달리, 일반적 사실에서 특정한 결론을 도출해 내는 가설적 · 연역적 사고가 가능해진다. 따라서 이 시기에는 가설 설정을 통한 논리 전개가 가능해지고 추상적인 명제에 대한 추리가 가능해짐에 따라 여러 명제 간의 관계를 논리적 사고에 따라 파악할 수 있는 능력이 발달하며, 따라서 청소년들의 사고의 폭과 깊이는 더욱더 확장된다. 또한 어떤 문제에 부딪쳤을 때 이를 해결하기 위하여 그 문제와 관련된 여러 변인의 관련성을 고려하고 그것의 진위와 검증을 위해 과학적으로 추론해 나가는 조합적 사고(combinational thinking)가 발달한다.

3) 사회성 발달

청소년기에 가장 뚜렷이 나타나는 사회적 특성은 동일시의 대상이 부모에서 친구나 다른 인물로 옮겨 가는 현상이다. 이 시기에는 또래가 그들 생활의 중심이 되고, 청소년은 그들과의 집단활동을 통하여 자신의 사회적 역할과 책임감, 소속감을 갖게 된다. 따라서 친구 간의 의리를 매우 중요시하고, 또래집단의 규율과 규칙에 복종하게 된다. 또한 이성 친구에 대한 호기심이 증가하고, 부모나 동성 친구와는 다른 감정과 관계를 형성하게 된다. 이는 청소년들이 앞으로 살아 나가야 할 사회에서 다른 사람과 어우러져 사는 데 필요한 사회적 관계를 원만하게 이룰 수 있게 많은 도움을 준다. 따라서 성인들은 청소년들이 더 많은 책임의식을 갖고 행동할 수 있도록 조언자가 되어야 한다.

4) 청소년기 자아중심성

청소년들은 자신이 특별한 존재라고 보는 독특성에 대한 착각에 빠져들게 되며, 자신이 우주의 중심이 된다고 믿을 만큼 강한 자의식을 보이게 된다. 이러한 청소년기 특유의 사회·인지적 특성을 청소년기 자아중심성이라 한다. 엘킨드 (Elkind, 1978)는 청소년기 자아중심성이 개인적 우화(personal fable), 상상 속의 청중(imaginary audience)의 특성으로 나타난다고 하였다.

(1) 개인적 우화

개인적 우화란 자신이 특별하고 독특한 존재라고 생각하며, 자신의 감정이나 경험 세계는 다른 사람의 그것과 근본적으로 다르다고 믿는 것이다. 이로 인해 청소년은 자신을 불멸의 존재로 착각하여 때론 무모한 행동을 서슴지 않고 감행하기도 한다.

(2) 상상 속의 청중

상상 속의 청중이란 과장된 자의식으로 인해 자신이 타인의 집중적인 관심과 주의의 대상이 되고 있다고 믿는 것이다. 이것이 청소년에게 자신을 무대 위의 배우로 생각하여 배우처럼 과장된 행동을 하거나 또는 남이 의식하지 못하는 실수를 하고도 무척 당황해하는 특성을 갖게 한다.

제3절 청소년의 발달과정

1. 생물학적 측면

청소년기를 설명하는 생물학적 이론들은 주로 청소년기의 급격한 신체적 변화에 초점을 맞추고 있다. 왜냐하면 이러한 신체적 변화는 청소년들이 이 시기에 들어섰음을 가시적으로 보여 줄 뿐만 아니라 그에 따라 청소년들이 자신과 타인의 행동에 변화를 주기 때문이다. 청소년기의 생물학적 발달에 대한 이론으로 대표적인 것은 홀의 재현이론이다. 홀에 의하면 청소년기는 인류의 발달과정 중 역사적으로 급격한 문명화를 다시 겪게 되는 시기로 혼란이 불가피하다. 특히 그는 청소년교육

〈표 2-3〉 홀의 재현이론

발달 단계	발달 시기	발달적 특성
영·유아기 (infancy)	0~4세	유아가 동물적이고 원시적인 발달을 재현하는 시기
유아 후기 (children)	5~7세	유아의 술래잡기나 장난감, 권총놀이는 과거 인류의 동굴 생활과 수렵, 어획 활동을 재현하는 것
아동기 (youth)	8~14세	인류가 인간으로서의 특성과 야만적인 특성을 동시에 가지고 있었던 시기로, 아동이 야영 시대의 삶을 재현하는 식 (이 시기에 연습과 훈련을 통하여 읽고, 쓰고, 말하는 기술을 획득)
청소년기 (adolescence)	14~25세	인류가 야만적인 생활에서 문명으로 접어드는 시기, 제2의 탄생기, 급진적이고 변화가 많으며 안정적이지 못함.
성인기(adulthood)	25세 이상	인류의 문명적인 생활

을 강조하면서 사회에서 청소년의 요구에 대해 어떻게 반응하느냐에 따라 인류의 미래가 달라질 수 있다고 주장하였다.

이와 같은 홀의 주장은 청소년연구 분야를 보다 활성화시키고, 청소년기가 신체적·정서적·사회적 변화와 성장이 일어나는 독특한 시기라는 것을 밝힌 성과가 있지만, 청소년의 발달에서 사춘기의 호르몬과 같은 생물학적인 요인을 과도하게 강조하면서 가족과 친구의 영향 등 환경적 요인은 과소평가하였다는 비판을 받고 있다. 또한 비정상적이고 문제 있는 행동에 대한 부모나 성인의 간섭은 문제를 악화시킨다는 잘못된 견해를 가지고 있으며, 청소년기가 질풍노도의 시기로서 혼란이 불가피하다고 하였지만, 최근의 연구들은 청소년기가 다른 발달 시기에 비해 특별히 혼란스럽지 않다는 것을 밝히고 있다.

2. 심리학적 측면

청소년기의 심리적 측면을 설명하는 이론으로는 프로이트의 정신분석학이라는 조직적인 성격이론을 들 수 있다. 그의 이론은 생물학적인 기제와 본능적인 행동을 기초로 하고 있는데, 이를 통해 인간의 무의식적 행동과 성격 발달에 대한 이론을 제공하였다.

Sigmund Freud(1856~1939)

프로이트는 인간의 정신세계를 물 위에 떠 있는 빙산에 비유하여, 물속에 잠겨 있는 무의식의 세계, 물 위에 떠 있는 의식의 세계, 파도에 의해 물 표면에 떠오르기도 하고 잠기기도 하는 전의식의 세계로 나누었다. 프로이트는 특히 무의식의 본질과 기능에 관심을 두었다.

프로이트는 무의식 세계의 성격구조를 원초아(id), 자아(ego), 초자아(superego)의 세 가지로 구분하여 제시하고 있다. 원초아란 쾌락을 따르는 원초적 충동이고, 자아는 원초아의 충동을 억제하고 합리적인 방법으로 쾌락을 얻으려는 것이며, 초자아는 자아로 하여금 현실적인 목표보다는 이상적인 목표를 향하게 하는 것이다. 그리고 이러한 세 가지의 성격구조를 형성하고 움직이게 하는 것은 성적 에너지인 리비도(libido)이다.

프로이트는 태어나서부터 5세까지의 경험을 중요시한다. 그에 따르면 이 기간에 유아는 여러 단계의 심리적 · 성적 발달 단계를 거치게 되는데 이런 발달 단계는 리비도가 집중적으로 모이는 성감대의 변화에 따라 구분된다. 프로이트는 태어나서 다섯 살까지 입, 항문, 성기 등의 순서로 성감대가 바뀌어 간다고 믿고, 구강기, 항문기, 남근기 등으로 발달 단계를 구분하고 있으며, 이 시기를 성격 형성의 결정적 시기로 보고 있다. 이후 5세부터 성적으로 깨어나는 아동기를 잠복기, 다시 청소년 이후를 생식기로 구분하고 있다.

따라서 각 발달 단계에서 어떤 경험을 하느냐에 따라 개인의 성격이 형성되고, 단계별로 추구하는 성적 쾌감을 충분히 갖지 못하거나 그에 지나치게 몰두하면 고착(fixation)이 일어나 다음 단계로의 발달이 순조롭지 않다고 보았다. 구체적으로 각각의 시기에 따라 인간의 성격 발달이 어떻게 이루어지는지를 제시하면 다음과 같다.

1) 프로이트의 성격발달 단계

(1) 구강기(oral stage, 0~1세)

아기가 태어나서 처음으로 성적 쾌감을 느끼는 곳은 구강이다. 즉, 아기는 손에 잡히는 것을 입으로 가져가서 빨고, 물고, 뜯는 활동 속에서 성적인 쾌감을 느끼는 것이다. 그러나 이 시기에는 자기의 의지가 아닌 주로 어머니에 의해 활동이 이루 어진다. 따라서 이 시기에 어머니의 보살핌과 쾌감에 대한 불만족 또는 과잉만족은 성장과정에서 성격적 결함을 일으키며, 후에 지나친 흡연, 손가락 깨물기, 과음, 과식, 남을 비꼬는 것과 같은 미성숙한 성격으로 나타난다.

(2) 항문기(anal stage, 2~3세)

유아는 배변 훈련을 통해서 항문 근육의 자극을 경험하게 되고, 이러한 경험을 통해 성적 쾌감을 얻게 된다. 이때 배설에 대한 부모의 보상과 규제가 적절하지 못 하면 대소변을 더러운 것으로 생각하는 반동형성이 생겨서 지나치게 깔끔하고 지 나치게 규율을 준수하는 결벽성을 갖게 된다.

(3) 남근기(phallic stage, 3~5세)

주된 성감대가 항문에서 남근으로 옮겨진다. 이 시기의 아이들은 남녀의 신체 차이, 아기의 출생, 부모의 성(性) 역할 등에 대해서 상당한 관심을 가지게 된다. 이 로 인해 남자아이들은 어머니에 대해 성적 애정을 느끼고 아버지에게 애정을 박탈 당할까 걱정하게 되는 오이디푸스 콤플렉스(Oedipus complex)를 갖게 되며, 그리하 여 아버지가 자신의 성기를 거세하는 불안(castration anxiety)을 느끼게 된다. 반면 에, 여자아이들은 남근 선망(penis envy)을 갖게 되고, 남근이 없는 책임을 어머니 에게 돌리면서 아버지를 더 좋아하기 시작하는 엘렉트라 콤플렉스(Electra complex) 를 갖게 된다. 이와 같은 현상은 남자아이의 경우는 어머니에 대한 성적 애정을 포 기하고 아버지와 같은 남성다움을 갖기 위해 노력하며, 여자아이는 자신에게 남근 이 없다는 사실을 인정하고 어머니처럼 여성스럽게 되고자 노력하는 것을 의미한 다. 남근기는 성격 형성에 매우 중요한 단계이며, 이 시기를 잘 극복하지 못했을 때에는 성 불감증, 동성애와 같은 신경성 질환이 유발될 수 있다.

(4) 잠복기(latent stage, 6~11세)

초등학교에 다니는 시기로 성에 대한 욕구가 철저히 억압되어 심리적으로 평온한 시기이다. 그렇다고 변화가 없는 것은 아니다. 성에 대한 부분을 제외하고는 활동적인 양상이 나타나는데, 즉 가치 있는 문화의 습득, 사회적 역할의 학습, 운동능력의 배양, 논리적 사고의 함양 및 타인에 대한 배려 습득 등을 이루게 된다.

(5) 생식기(genital stage, 11세 이후)

청소년기에 해당되는 시기로 다시 성적 욕구가 생기게 된다. 그러나 이 시기의 성적 욕구는 단순한 쾌감이 아니라 진정한 사랑의 대상을 찾아 만족을 얻고자 하는 것이다. 이 시기의 청소년들은 부모와의 성적인 관계는 금기(禁忌)시된다는 사실을 알고, 부모로부터 독립하려는 욕구가 생기며, 진정한 사랑의 대상으로서의 이성(異性)을 찾게 된다. 생식기는 성격발달 단계 중 가장 긴 시기로, 청소년기에서 노년기까지의 오랜 기간을 포함하고 있다.

2) 청소년기의 심리적 특성

프로이트(1937)는 청소년기에는 본능이 고조되기 때문에 심리적으로 큰 변화가 일어나며, 이 시기는 인성(personality)이 확립되지 않았기 때문에 아동 후기에 성취되었던 정신적 균형마저 깨진다고 하였다. 그 이유로는 첫째, 청소년기에는 성적(sexual)인 관심이 높아짐에 따라 '애정의 대상'을 가족 밖에서 찾게 됨으로써 부모와의 정서적 유대를 끊으려고 하게 된다. 둘째, 인성의 취약성으로 인한 부적응과 그에 따른 불안을 극복하기 위해 억압, 부정, 투사와 전위, 합리화, 반동형성, 철회, 퇴행, 금욕주의와 주지주의와 같은 심리적 방어 태세를 취하게 된다. 셋째, 정서적·성적 관계가 가정 밖에서 이루어져 일탈행동이 우려된다(강영배 외 역, 2016).

유아기에 제1의 변화가 일어나고 청소년기에 제2의 변화가 일어난다는 점에서 청소년기의 심리적 변화는, 유아기와 청소년기의 심리적 변화의 공통적인 측면을 공유하고 있다는 것을 알 수 있다. 청소년기에 나타나는 심리적 특성을 유아기의 특성과 비교하여 구체적으로 살펴보면 다음과 같다.

(1) 심리적 변화에 따른 인성의 취약

유아기와 청소년기에 나타나는 심리적 특성의 공통점은 성숙(成熟)에 적응하기 위한 심리적 변화를 겪어야 하며, 인성(人性)이 매우 취약하다는 점이다. 또 의존적인 유아 상태에서 스스로 걸음마를 배우려는 아동 초기로의 변화는 청소년기에 나타나는 자립적인 성인으로의 변화와 유사하다.

(2) 외부세계에서의 새로운 대상 찾기

청소년기는 가족 밖에서 애정의 대상을 찾고자 하며, 이러한 청소년기의 일탈과정은 의존에서 벗어나 아동 초기의 유대관계로부터 자유로워지고자 하는 것을 뜻한다. 즉, 아동 초기에도 부모로부터 분리를 시도하지만 부모에게서 완전히 벗어나 자립을 하는 것이 아니라 자신의 마음속에서 자립을 추구하게 된다. 그러나 청소년기에는 아동기에 내재화되었던 대상을 버리고 자신을 자유롭게 하면서 외부세계에서 새로운 애정의 대상을 찾게 된다.

(3) 일탈과 퇴행

심리학자들은 위와 같은 과정을 일탈과 퇴행이라는 행동으로 설명하고 이를 청소년기에 일어나는 하나의 특성으로 보고 있다. 퇴행은 일반적으로 청소년 초기에 나타나는 것으로 아동기의 정서적 집착에서 벗어나는 개체화 과정에서 찾아볼 수 있다. 이러한 집착은 유아적인 관심과 유아적 행동양식을 다시 접해야만 포기될 수 있는 것으로 지적된다. 퇴행적인 행동의 예는 인기 있는 배우나 운동선수를 우상화하는 것에서 볼 수 있는데, 이런 현상은 유아기에 부모를 이상화했던 행동을 반영하는 것이라고 볼 수 있다.

(4) 양가적 가치관-불복종과 반항

청소년기는 사랑과 미움, 수용과 거부, 개입과 방관과 같은 양가적 가치관이 공존하면서 성인들을 대하는 태도에서 아동 초기에 나타났던 동요를 다시 보이게 된다. 이로 인하여 청소년기에는 정서적 불안, 사고와 감정의 모순, 비논리적 전환 등이 나타나게 된다. 정신분석학자들은 이와 같은 청소년들의 양가적 가치관의 특성을 불복종과 반항에 대한 논의로 전개하고 있다. 불복종과 반항의 원인은 여러 가지가 있겠지만, 그중 하나는 관계 형성에서 나타나는 사랑과 미움의 양가적인 태도로 인한 갈등이라고 할 수 있으며 이와 같은 갈등이 일탈의 과정을 촉진시킨다는 것이다.

청소년들이 반항할 때는 주로 거부와 같은 방식으로 자기 의사를 표현한다. 특히 청소년기에는 부모에 대한 반항이 많다. 이는 부모로부터 해방되고자 하는 표현이면서 동시에 부모에게 의존하려는 열망을 가지고 있다. 청소년은 해방되려는 욕망과 의존하려는 열망 사이에서 갈등을 겪게 된다. 그러므로 반항적 행동은 부모라는 대상을 없애려는 노력인 동시에 부모에게 의존하려는 열망을 충족시키려는 절충적 형태라고 볼 수 있다.

(5) 분리와 상실의 경험

청소년기의 일탈과 관련하여 반드시 고려해야 할 것은 자기가 사랑하고 의지하였던 존재와의 정서적 유대를 끊음으로써 생기는 '분리와 상실의 경험'이다. 어떤 이는 이와 같은 경험이 성인들이 사랑했던 사람과의 사별 후에 겪는 애도와 비탄의 감정과 유사한 것이라고 주장한다. 또 다른 이는 청소년이 가정 밖에서 성숙한 관계를 형성하게 될 때까지 겪어야 하는 내적 공허감으로 보기도 한다. 그런데 이러한 내적 공허감을 극복하기 위해 청소년들은 비행이나 약물 복용, 낯선 경험과 격렬한 정서적 상태 등의 욕구가 나타나게 되며, 도당(gang)이나 또래집단 속에서 안도감을 찾고자 한다. 따라서 청소년들이 이러한 분리와 상실에서 나오는 정서적 불안과 위축, 고독을 이겨 내도록 하기 위해 가족을 대체할 수 있는 건전한 사회집단을 제공함으로써 그 속에서 소속감을 느끼고, 역할을 수행하고 자아를 확인할 수 있는 기회를 제공하여야 한다.

3. 사회심리학적 측면

사회심리학은 사회적 상황 속에서 개인 행동의 본질과 원인을 이해하고자 하는 것이다. 따라서 청소년에게 일어나는 중요한 생활 사건, 사건의 발생 시기, 타인과의 관계, 문화적인 특성과 같은 사회심리학적인 요인이 인간 발달에 중요한 영향을 미친다고 본다.

사회심리학적 측면에서 청소년 발달에 관해 설리번(Sullivan)과 에릭슨(Erikson)은 다음과 같이 설명하였다.

1) 설리번

설리번(Sullivan)은 원래 정신분석 학파였는데, 탈퇴하고는 프로이트의 성격구조 중에 자아를 강조하는 독자적 이론을 정립하였다. 초기발달 단계의 생물학적 요인을 완전히 무시하지는 않으나, 인간은 타인과 상호작용을 하면서 사회적 관계를 형성하고 유지하려는 욕구를 가지고 있으며, 각 개인이 다른 사람과 어떠한 관계를 갖느냐에 따라 사회성 발달이 달라진다고 하였다. 그리고 이러한 상호작용은 연령에 따라 형태와 욕구가 달라진다고 하고, 그 단계를 영아기부터 청소년 후기까지 다음과 같은 6단계로 구분하여 설명하였다.

Harry Stack Sullivan
(1892~1949)

(1) 1단계(영아기, 0~1세)

타인과의 접촉에서 부드러운 것과의 접촉 욕구를 느끼며 주로 어머니에 의해 충족하는 시기이다.

(2) 2단계(유아기, 2, 3~6, 7세)

자신의 놀이에 성인이 참여하기를 희망하게 되고, 성인의 인정과 불인정을 이해하며 성인의 불인정에 대해 불안을 느껴 인정하는 행위만 주로 하는 시기이다.

(3) 3단계(아동 전기, 6, 7~8, 9세)

같이 활동할 친구를 필요로 하며 협동심과 경쟁심을 배우는 시기이다.

(4) 4단계(아동 후기, 8, 9~12, 14세)

친밀한 동성 친구를 갖고 싶은 욕구가 나타나며 그 관계가 깊어지는 시기이다.

(5) 5단계(청소년 전기, 12, 14~17, 18세)

성적인 접촉 욕구, 이성 친구와의 애정적 관계 형성 욕구가 나타나지만 이러한 다양한 욕구를 제대로 융합해야 하는 어려움이 있는 시기이다.

(6) 6단계(청소년 후기, 17, 18~20세)

성인 사회에 통합되려는 욕구가 발생하고, 초기 청소년기에 경험하는 혼란이나 스트레스가 어느 정도 안정을 찾으며, 다양하고 광범위한 분야에 대한 관심이 확장되고 각 욕구 간의 평형이 이루어지는 시기이다.

2) 에릭슨

Erik H. Erikson(1902~1994)

에릭슨(Erikson)은 정신분석학의 영향을 받았으나 프로이트가 심리성적 관점으로만 인간의 발달을 해석하려는 것에 반대하였다. 인생 초기의 경험이 중요하기는 하지만 성장과정에서 인간의 사회적 관계에도 초점을 두어야 한다고 하며 인간의 발달 특성을 밝히고 있다. 그는 인간의 일생을 8단계로 구분하고 각 단계에서 습득하여야 할 과업을 대칭적으로 제시하였다. 그리고 그 과업을 습득할 때에는 정상으로 간주하고 반대로 습득하지 못하였을 때에는 이상이 있는 것으로 설명하면서 각 단계에서 필연적으로 겪게 되는 위기가 있다고 설명하였다.

에릭슨은 청소년을 주변인으로 보며 청소년기는 아동도 성인도 아닌 시기이고, 청소년의 사회적 역할이 명확하게 정의되어 있지 않기 때문에 청소년의 중요한 발달과업으로 자아정체감의 획득을 강조하였다. 여기서 자아정체감이란 자신에 대한 생각이나 평가를 말하는 것으로, 청소년기는 자아정체감 형성에 결정적인 시기이다. 에릭슨이 제시한 인간의 사회심리적 발달 단계에 따른 시기와 각 발달 단계의 특성은 다음과 같다.

(1) 영아기: 기본적 신뢰감 대 불신감(basic trust vs. mistrust, 0~1세)

어머니와의 사회적 관계가 중심이 되는 시기이다. 이 시기에 어머니로부터 생리적 · 심리적 욕구를 일관성 있게 적절히 충족해 나가면 어머니에 대한 신뢰감이 형성된다. 그러나 그렇지 않으면 어머니에 대한 불신감이 형성되고, 이로 인하여 다른 상황의 행동에도 그 불신감은 계속 연결된다. 따라서 이 시기에 형성된 기본적인 신뢰감은 장차 모든 사회적 관계의 적응에 결정적인 영향을 미치게 된다.

(2) 유아기: 자율성 대 수치심과 회의감(autonomy vs. shame and doubt, 2~3세)

유아는 서로 상충되는 몇 가지의 충동을 느끼게 되고, 그것을 충족시키려는 자율적 의지를 갖게 된다. 배변의 통제, 보행, 자기 신체의 탐색 등이 활발하게 이루어지며, 자기주장도 나타나게 된다. 이때 부모가 유아의 자발적인 행동에 대해 칭찬을 하거나 신뢰를 표현하여 용기를 주면 유아의 자율성 신장에 긍정적 영향을 주게 되지만, 지나치게 엄격하게 배변 훈련을 하거나 사소한 실수에 대해 벌을 주게 되면 유아는 수치심을 느끼거나 자신의 능력에 대한 회의감을 갖게 된다.

(3) 유아 후기: 주도성 대 죄책감(initiative vs. guilt, 4~5세)

유아에게 목표 지향적인 행동과 경쟁적인 행동이 나타나며 그것은 자기 행동을 스스로 주도하려는 시도로 보인다. 그러나 부모나 다른 성인에게 그러한 행동을 제지 또는 금지당하게 되면 그로 인하여 유아는 자기 주도적인 활동을 하는 것에 대해 죄책감을 갖게 된다.

(4) 아동기: 근면성 대 열등감(industry vs. inferiority, 6~11세)

아동은 인지적 측면에서나 사회적 측면에서 유용한 지식과 기술을 습득하게 되며 이를 근거로 자아(self)가 형성된다. 아동은 친구나 학교생활을 통하여 여러 가지 지식과 기술을 열심히 배우고 익히고자 노력하는데, 이러한 노력이 근면성의 기초가 된다. 따라서 교사는 아동의 긍정적인 자아개념을 발달시키기 위해, 아동이 높은 성취와 성공을 경험할 수 있도록 학습환경을 계획하고 적절한 과제를 부여해야 한다. 그러나 이러한 근면성이 결핍되어 많은 과제에서 실패를 경험하게 되면 아동은 열등감과 부적절감(feeling inadequacy)을 갖게 된다.

(5) 청소년 전기: 정체감 대 역할 혼미(identity vs. role confusion, 12~18세)

흔히 말하는 청소년기로, 청소년이 부모로부터의 심리적 독립을 경험하게 되고 신체적으로 성숙함에 따라 자기라는 존재에 관심이 고조되는 시기이다. 에릭슨은 이것을 자아정체감이라 하였는데, 이는 자기 존재, 위치, 능력, 역할과 책임 등을 의식하게 되는 것이라 하였다. 그러나 이 시기에 이러한 자아정체감이 제대로 형성되지 못하면 자신에 대한 회의와 고민 혹은 방황을 하게 되어 혼란에 빠지기 쉽다.

(6) 청소년 후기: 친밀성 대 고립감(intimacy vs. isolation, 19~24세)

자기의 존재, 자신의 문제에 주된 관심을 가졌던 청소년들이 이 시기가 되면 관심의 방향이 직업 선택, 배우자 결정 등 자기 자신 이외의 문제로 쏠리게 된다. 이 시기에 청소년들은 직업적 관계에서든 혹은 배우자와의 관계에서든 타인과의 공유된 정체감(shared identity)을 찾기 위해 이러한 관계를 통하여 친밀감을 갖게 된다. 따라서 자기 역할에 대한 혼란 없이 자기 자신에 대한 확실한 정체감을 가졌던 청소년들은 이 시기에 타인과 친밀한 관계를 형성할 수 있으나, 그렇지 못한 청소년들은 다른 사람들과 만족한 관계를 맺지 못하게 되어 자기 자신에게만 관심을 갖는 고립감에 빠지게 된다.

(7) 성인기: 생산성 대 침체성(generativity vs. stagnation, 25~54세)

중년기에 해당되는 시기로, 일반적으로 가정도 확대되어 다음 세대를 형성하고 지도하는 데 보다 큰 관심을 갖게 될 뿐만 아니라 직업적 성취 혹은 예술적 성취를 이루기 위해 노력하게 된다. 생산성은 바로 이와 같은 일에 대한 창조(creativity)와 생산(productivity)을 의미하는 것이다.

그러나 이 시기에 이르러서도 그러한 창조적 노력이나 생산적 노력을 하지 못하고 자기의 욕구 충족에만 노력을 집중하게 되면 이것이 이 시기의 위기가 되며 침체성에 빠지게 된다.

(8) 노년기: 통합성 대 절망(integrity vs. despair, 54세 이상)

인생의 마지막 단계인 노년기로서 사람들은 심신이 노쇠해지고 사회적으로 은퇴 및 배우자와의 사별을 경험하게 된다. 이러한 자기 자신과 외부 현실의 변화를 잘 이해하고 수용할 수 있는 사람은 통정성을 가진 사람으로 본다. 그러나 이러한 현실적 변화와 필연적 변화를 이해하지 못하며 그것을 적절히 수용하려 하지 않고 저항할 때에는 절망감에 빠지게 된다.

4. 인지발달적 측면

정신분석이론이 청소년의 무의식적 사고의 중요성을 강조한다면 인지발달이론은 청소년의 의식적인 사고를 강조한다. 프로이트가 정신분석이론을 대표한다면 피아제는 인지발달이론을 대표한다고 할 수 있다.

피아제는 스위스의 심리학자로서 자신의 독특한 연구방법을 통해 인간의 인지발달에 관한 이론을 체계화하였다. 그에 의하면 출생 직후의 영아는 능동적인 생물적 유기체이다. 그런데 유기체는 환경과의 끊임없는 상호작용을 통해서 자기 자신은 물론 외부세계에 대한, 그리고 자기 자신과 외부세계 간 관계에 대한 지식을 얻는다는 것이다.

피아제에 의하면 인간의 인지 구조가 발달하는 데는 생득적 요인인

Jean Piaget(1896~1980)

내적 성숙과 더불어 환경적 요인인 출생 후의 경험과 학습이 크게 작용한다. 환경적 요인은 사물을 대상으로 하는 지적 활동 등의 물리적 경험과 사람들과의 상호작용 등의 사회적 요인으로 구성된다. 이처럼 성숙, 물리적 경험, 사회적 요인이 발달을 결정하는 주요 요인이기는 하지만 이들 요인을 적합한 방식으로 통합하고 조정하는 개인의 내재적 능력이 더욱 중요하다. 피아제는 이를 '평형화'라고 불렀는데, 이는 인간이 자신의 인지구조를 형성하고 재구성하는 인지발달의 핵심 기능이다.

1) 평형과 도식

피아제의 연구 중심에는 '평형(equilibrium)'이라는 개념이 존재한다. 인간에게는 질서와 체계를 유지하려는 본능적이고 선천적인 욕구가 있는데, 피아제는 이것을 평형에 대한 욕구라고 불렀다. 따라서 이러한 평형의 욕구에 따라 개인은 삶에서의 경험을 구조화시켜 조직하려는 경향이 있는데 이것이 도식(schema)이다. 즉, 도식은 우리가 세계를 이해하고 반응하기 위해 사용하는 지식, 절차, 관계 등을 뜻한다.

2) 동화와 조절

도식을 형성하고 평형을 유지하기 위한 방법으로는 동화(assimilation)와 조절(accommodation)이 있다. 동화는 새로운 정보 혹은 새로운 경험을 접할 때, 그것을 이미 자신이 갖고 있는 도식에 적용하여 이해하는 것을 의미하고, 조절은 새로운 정보 혹은 경험을 인식하기 위해 기존의 도식을 수정하는 것을 의미한다.

피아제에 의하면 인지발달이란 모순 없는 새로운 지식은 동화시키고 기존의 도식에 적절하지 않은 지식은 도식을 변경하면서 끊임없이 확장시키는 과정이라고 설명한다.

3) 피아제의 인지발달 4단계

피아제는 인간의 인지발달을 4단계로 설명하는데, 이 단계들은 불연속적인 것이 아니라 발달과정에 대한 설명을 위하여 발달의 흐름을 편의상 나누어 놓은 것이다. 이것은 인간이 한 단계에서 갑자기 다음 단계로 도약하는 것이 아니라 서서히 계속적으로 발전한다는 것을 의미한다.

(1) 감각운동기(sensorimoter stage, 0~2세)

발달의 첫 단계에서 영아들은 시각·청각 등의 조절감각과 운동능력에 초점을 둔다. 그들의 사고는 자신의 신체적 행동에 대해 주변의 세계가 어떻게 반응하는가에 제한되어 있다. 감각운동기의 영아들은 기억 속의 사물에 대한 어떤 표상도 가지고 있지 않으며 모방력을 발전시키는데, 이 시기에 발전되는 모방력은 이후의 관찰학습을 위한 토대를 형성하는 데 중요한 기능을 하게 된다.

(2) 전조작기(preoperational stage, 2~7세)

유아들은 이 단계를 거치면서 언어발달이 급속히 이루어지고 상징적 사고의 발달과 개념획득 능력에 있어서 빠른 성장을 보인다. 또한 이 단계에서 유아들은 다양한 개념을 형성한다. 그러나 나무, 집, 빵과 같이 물질로 존재하거나 현재 상황과 연결된 개념들은 비교적 쉽게 습득하지만 추상적인 개념의 습득은 여전히 한정되어 있다.

(3) 구체적 조작기(concrete operational stage, 7~11세)

이 단계에서는 주변의 세계를 인식하는 아동의 능력이 상당히 진전된다. 아동은 구체적 조작기에 걸쳐 전조작기에 결핍된 것들을 습득하게 된다. 즉, 자기중심적 사고는 타인에 대한 관심으로 전환되고, 또한 이러한 능력의 습득으로 구체적인 사물에 대한 논리적인 조작을 할 수 있게 된다. 단순한 지각에 의해서가 아닌 추론을 토대로 결론에 도달하게 되는 능력을 발전시키는 것이다.

이 단계의 주된 특성은 수와 물질의 특성과 관련해 배열과 분류의 능력이 발달한다는 것이다. 단지 이때의 논리적 사고는 실제적이고 물질적인 것에 한정되어 있다고 할 수 있다.

(4) 형식적 조작기(formal operational stage, 11세~청소년기, 성인기까지)

이 단계에서 청소년들은 가설을 세워 사고하며, 현실적인 것뿐만 아니라 비현실적인 것에 대해서도 추론할 수 있게 된다. 추상적인 문제를 체계적으로 사고하고 그 결과를 일반화할 수도 있다. 삼단논법의 이해가 이루어지고, 과학적 사고가 가능해진다. 또한 문제 상황에서 현재의 경험뿐 아니라 과거, 미래의 경험까지 유추하여 사용 가능하고 이를 통해 통제 혹은 제어를 할 수 있다.

5. 사회학적 측면

청소년에 대한 이해에 있어 심리학적 측면에서는 청소년의 내적 요인에 관심을 두고 있다면, 사회학적 측면에서는 사회와 개인의 외적 환경요인에 관심을 두고 있다. 사회학적인 측면에서 대두되는 개념은 '사회화'와 '역할' 그리고 '또래집단'이다.

1) 사회화

사회화란 인간이 그 사회에서 통용되는 가치, 이념, 규범, 도덕, 질서, 생활양식, 문화 등을 받아들임으로써 사회적 환경에 적응해 나가는 과정이라고 할 수 있다. 이러한 사회화 과정에는 각 개인의 역할에 부합되는 행동이나 기대에 대한 규정이 포함되어 있으며, 개인은 이와 같은 역할에 따른 수행능력을 가정, 학교, 사회에서 배우게 된다. 아동기에는 개인의 역할이 대체로 타인에 의해 부과되지만 청소년기를 거쳐 성숙해 감에 따라 개인은 보다 많은 역할의 기회를 가지게 된다.

2) 역할 변화와 역할 갈등

청소년기는 정체성이 형성되는 시기이기 때문에 역할구조와 밀접한 관련이 있다. 그 이유는 첫째, 청소년기는 권위 있는 대상으로부터의 독립, 또래집단에의 참여, 타인의 평가에 대한 민감한 반응 등이 사회적 · 문화적 환경에서 역할 전이와 역할 단절을 야기한다. 둘째, 변화와 불확실성으로 타인에 대한 의존성이 커지게 된다. 셋째, 전학, 진학, 취업 등에 따른 환경 변화가 청소년들에게 새로운 관계를 정립하게 하고 새로운 역할에 따른 기대와 재평가를 요구하여 사회화 과정을 가속화시킨다.

이와 같은 역할 변화는 청소년들에게 새로운 변화를 요구하는데 그에 잘 적응하지 못할 때는 역할 갈등이 일어나게 된다. 즉, 상반되는 두 기대를 충족시킬 수 없는 역할의 부조화로 인하여 어려움을 겪게 된다. 예를 들면, 십 대 청소년을 둔 부모가 자녀에게 지나치게 높은 기대를 갖는 경우나 지나치게 자녀를 어린아이로 취급하는 경우를 들 수 있다. 청소년기에 일어나는 이와 같은 여러 가지 변화는 청소년의 직접적인 환경 속에서, 특히 영향력 있는 주변 사람들이 갖고 있는 기대가 일관성이 없거나 또는 적합하지 못할 때 영향을 받게 된다.

3) 또래집단

청소년기의 사회화에 있어 또한 중요한 것은 또래집단이다. 청소년들은 아동기와는 달리 어른들의 조정이나 영향권에서 벗어나 또래집단에서 탈출구를 찾고자 한다. 청소년들은 단순하고 직접적인 아동기의 사회화 과정과는 달리 스스로 자아와 정체성 발달의 문제를 자생적인 사회화 속에서 다루게 된다. 순응적이고 헌신적인 행동은 이 기간에 일시적으로 정지되는데 이는 지도자 없이 또래들끼리의 활동을 통해서 얻은 자율성 때문이며, 이러한 자율성은 성숙되기 위한 선행 요건이기도 하다(류동훈, 이승재, 2005, p. 46).

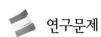 연구문제

1. 청소년의 정의에 대하여 토론하고 의견을 제시하시오.

2. 청소년기를 구분함에 있어서의 한계점과 문제점에 대하여 논하시오.

3. 청소년 발달에서의 심리적 특성에 대하여 토의하시오.

제3장

청소년지도자

개요

청소년을 바르게 육성하기 위해서는 그들을 맡아 지도할 청소년지도자에 대한 바른 이해가 필요하다. 이 장에서는 청소년지도자의 정의를 살펴보고, 청소년지도자에게 요구되는 역할과 자질에 대하여 논의해 보고자한다.

학습목표

1. 청소년지도자의 정의에 대하여 설명할 수 있다.
2. 청소년지도자의 유형을 분류할 수 있다.
3. 전문성과 과학성을 갖춘 청소년지도자가 되기 위해서 필요한 역할과 자질
   에 대하여 알 수 있다.

제1절 청소년지도자의 개념과 유형

1. 청소년지도자의 정의

청소년을 바르게 육성하기 위해서는 그들을 맡아 지도할 청소년지도자들의 역할이 무엇보다 중요하다고 볼 수 있다. 그러면 '청소년지도자'란 누구를 말하는가?

아직 우리나라에서는 청소년지도자에 대한 일정한 개념이 정립되어 있지 않고 어떤 사람을 청소년지도자로 지칭할 수 있는지에 관해서도 의견이 일치하지 않고 있다. 넓게는 학부모, 교사, 이웃 어른 등 청소년의 교육에 관심을 갖고 지도하는 대부분의 성인을 청소년지도자로 볼 수 있을 것이다.

보다 좁은 의미에서 청소년지도자는 '청소년을 주된 대상으로 삼아 그들을 만나는 사람으로서 청소년 관계의 전문 지식을 습득한 전문 직업인 또는 자원봉사자로서 청소년활동 분야에 종사하는 사람'(유네스코청년원, 1985) 또는 '청소년 관계의 전문 지식을 습득한 전문 직업인으로서 청소년을 주요 대상으로 삼는 청소년활동 분

[그림 3-1] 청소년활동 지도자

야에 종사하는 사람' 등으로 정의되고 있다. 청소년지도자의 또 다른 정의로는 '일반적으로 청소년들 속에서, 청소년들과 더불어, 청소년들을 위해 청소년활동을 전개하는 사람'이 있다(한준상, 1999).

2. 청소년지도자의 유형

청소년을 주된 대상으로 삼는 것은 어떤 관계를 의미하며, 또 청소년 관련 전문직에는 어떤 종류의 직업이 포함되는가? 또한 청소년 관련 전문 지식이란 어떤 지식을 말하며 청소년활동 분야는 어떤 분야인가?

이와 같은 질문에 대한 답이 어느 정도 정확히 제시되지 않고서는 청소년지도자가 누구인지에 관해서 여전히 애매함이 남게 되고 그 명확한 의미를 파악하기가 힘들게 된다. 그동안 청소년지도자에 관한 개념상의 혼란은 전문 직업인으로서의 청소년지도 담당자에 관한 적절한 명칭과 그에 상응하는 업무, 역할 등이 제대로 규정되지 않았다는 것이 주요 원인이라 할 수 있다. 또한 청소년지도자에 대한 합리적 분류 기준이 없고 청소년 업무의 성격 및 영역이 불분명한 것은 청소년지도의 현황이나 실태를 파악하기 어렵게 한다.

청소년지도자라 함은 「청소년 기본법」에 의한 청소년지도사 및 청소년상담사와 청소년시설 · 단체 · 관련기관 등에서 청소년 육성 및 지도 업무에 종사하는 자를 총칭한다.

한국청소년개발원(2003)은 "청소년의 건전한 성장과 발달을 책임지고 지도하는 사람, 청소년들을 일상생활 속에서 접하면서 활동을 제공하고 도움을 주는 사람"까지 청소년지도자에 포함하여 정의하였다.

국가 전문 자격인 청소년지도사 자격증 소지자는 2016년까지 총 4만 2,193명이 배출되었으며, 청소년상담사 자격증 소지자도 1만 1,453명을 넘어서고 있다.

청소년지도자는 [그림 3-2]에서와 같이 청소년지도사, 청소년상담사, 청소년일반지도사, 청소년자원지도사로 분류할 수 있다.

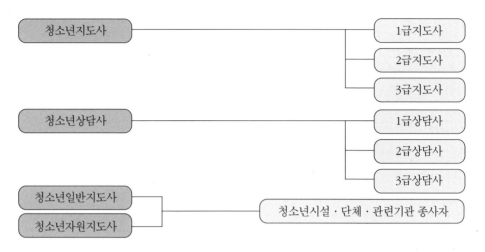

[그림 3-2] 청소년지도자의 분류

출처: 여성가족부(2016).

제2절 청소년지도자의 역할과 과제

1. 청소년지도자의 역할

청소년지도자의 역할과 과제에 대한 부분에서는 앞 절에서도 언급하였지만 청소년지도자에 대한 개념 정립이 매우 중요하다. 아직 우리나라에서는 청소년지도자에 대한 일정한 개념이 정립되어 있지 않은 실정이며, '청소년 관계의 전문 지식을 습득한 전문 직업인 또는 자원봉사자로서 청소년활동 분야에 종사하는 사람' 또는 '청소년 관계의 전문 지식을 습득한 전문 직업인으로서 청소년을 주요 대상으로 삼는 청소년활동 분야에 종사하는 사람'과 같은 유네스코청년원(1985) 등의 정의가 있다고 하였다. 또한 청소년지도자의 다른 정의로 '일반적으로 청소년들 속에서, 청소년들과 더불어, 청소년들을 위해 청소년활동을 전개하는 사람'이 있다고 하였다(한준상, 1999).

청소년지도자가 청소년지도를 잘하기 위해서는 어떠한 역할을 수행해야 하는

가를 생각할 수 있는데, 제프(Jeff, 1987)는 청소년지도자의 역할을 지도 업무 내용과 관련하여 사회사업가로서의 역할, 교육자로서의 역할, 지역사회 지도자로서의 역할 그리고 사업가로서의 역할로 규정하였다. 위슨과 라일랜드(Wison & Ryland, 1949) 역시 청소년지도 업무 영역과 관련하여 청소년 봉사 업무를 담당하는 역할, 지도감독과 관련된 역할, 행정 업무와 관련된 역할, 기관 간의 조정 업무와 관련된 역할을 제안하였다.

최윤진(1993)은 청소년지도의 기본 원리, 즉 개별성, 자율성, 창의성, 다양성에 기초하여 지도자의 역할을 전문가(professional)로서의 역할, 촉진자(facilitator)로서의 역할, 비판적 분석가(critical analyst)로서의 역할, 예술가(artist)로서의 역할의 네 가지로 제안하였다. 또한 한상철(2004)은 청소년지도자의 역할을 다음과 같이 구분하여 설명하였다.

첫째, 전문가로서의 역할이다. 청소년지도자는 자신이 맡은 지도활동에 대한 전문적인 지식과 기술을 습득한 전문가이어야 한다. 이를 위해서 전문적이고 체계적인 교육과 훈련을 받아야 하며, 필요한 자격도 습득하여야 한다. 그 밖의 모든 역할은 전문가로서의 역할을 수행하기 위한 하위 역할이라고 할 수 있다.

둘째, 프로그램 설계자 또는 개발자로서의 역할이다. 청소년지도자는 청소년들의 특성과 요구를 분석하고, 그에 기초하여 지도목표를 설정하고, 학습 경험을 선정 및 조직하며, 평가하는 것과 같은 전체 지도과정을 보다 체계적으로 설계하고 실제 프로그램을 개발할 수 있는 전문가이어야 한다.

셋째, 촉진자로서의 역할이다. 여기서 촉진자라 함은 청소년의 개인적 성장을 지원하고, 그들의 문제해결과 의사결정 과정을 조력하며, 합리적인 사회적응 과정을 촉진시켜 주는 역할을 의미한다. 다시 말하면, 청소년들의 개별성과 자율성 그리고 다양성을 존중함으로써 그들의 잠재역량을 최대한 활성화시키는 역할이다.

넷째, 지역사회 지도자로서의 역할이다. 청소년의 문제행동이나 심리적 부적응에 대해 과거에는 청소년의 개인적인 성격 결함이나 개인의 생활사적 문제와 관련하여 원인을 찾고자 하였지만, 최근에는 사회의 구조적 문제와 관련하여 그 원인을 탐색하는 경향이 높아지고 있다. 따라서 지역사회 지도자로서의 역할이 중요시되고 있다.

다섯째, 과학자 및 예술가로서의 역할이다. 청소년지도자는 과학자와 예술가의 특성을 통합하고 조화할 수 있는 사람이어야 한다. 과학자에게는 객관적이고 분석적인 안목과 합리적인 태도 그리고 경험적이고 귀납적인 연구방법 등을 요구하고 있는 반면, 예술가에게는 창의성과 즉흥성, 조화성, 다양성을 요구하고 있다. 청소년지도자는 과학자로서의 객관적이고 분석적인 태도와 더불어 예술가로서의 직관적이고 창의적인 태도를 함께 조화시켜 나갈 수 있어야 한다.

2. 청소년지도자의 자질과 과제

청소년지도자의 자질은 현장에서 그들이 담당하는 역할이 매우 다양하기 때문에 쉽게 규정하기에는 많은 어려움이 있다. 그러나 일반적으로 청소년지도자가 갖추고 있어야 할 자질에 대해 포괄적으로 언급하고자 한다.

청소년지도자는 먼저 교육자가 갖추어야 할 자질을 가지고 있어야 한다. 특히 교육자로서의 인격과 교양은 물론 친절성, 봉사성, 협동성을 소유하고 있어야 한다. 그들의 활동 분야를 생각할 때 특별히 요구되는 자질의 영역을 찾아보면 다음과 같다.

- 청소년 특성과 지도에 관한 지적 전문성
- 지역사회 특성에 관한 전문성
- 청소년활동 계획, 실행 및 평가에 대한 전문성
- 청소년에 대한 관심과 애정
- 청소년지도에 관련된 연구와 정보 수집에 대한 열성
- 의사소통 능력
- 사회의 발전에 대한 책임감
- 청소년지도요원으로서의 긍지와 자부

  따라서 청소년지도자의 일반적인 자질은 성숙한 판단력, 성실성, 변화에의 민감성, 상상력 등으로 요약할 수 있을 것이다.

① 성숙한 판단력: 지도자는 먼저 자신의 위치에 맞는 경험과 교육의 기본적인 자질을 갖추어야 한다. 경험은 그가 지각하고 있는 범위 내에서 문제를 해석하고 영역을 설정하고 문제를 해결해 나가게 하며, 교육은 훌륭한 판단력과 의사결정을 가져오는 데 필요한 기본적 훈련 지식의 배경을 이룬다. 이러한 경험과 교육의 조화가 성숙한 판단력을 제공해 준다.

② 성실성: 지도자의 가장 중요한 자질의 하나는 성실성이다. 성실성은 다른 사람과 함께하는 목표에 대해 기꺼이 지키려 하는 책임감을 포함한다. 성실성은 또한 긍정적이고 바람직한 결과를 가져오기 위해서 자신의 바른 생각을 행동으로 실천할 수 있는 능력을 말한다.

③ 변화에의 민감성: 지도자는 변화를 재빨리 감지할 수 있는 능력의 개발이 필요하다. 때때로 그 추이가 분명하게 드러나기도 하지만, 많은 경우 변화는 모호하게 나타나 중간에 알아차릴 수 없거나 그에 대처할 수 없을 만큼 지난 후에야 그 중요성을 인지하게 될 때도 있다. 조직원의 욕구가 바뀌게 되면 그에 맞춰 성격, 내용, 교육·훈련까지 모든 분야의 변화가 뒤따라야 한다.

④ 상상력: 조직의 끊임없는 성장은 새로운 문제와 도전을 찾아내고 해결해 나가고자 하는 창의력에 달려 있다. 지도자가 문제를 창의적으로 해결하는 것은 그의 상상력을 얼마나 동원할 수 있는가에 달려 있으며, 이는 현재의 상황에서부터 계획과 정책을 수립하는 데 필요한 능력이다.

  교육자의 가장 중심이 되는 역할은 행동 변화를 위한 학습활동 지도인데, 이것은 일방적인 가르침만을 의미하는 것이 아니라 더 넓고 깊은 의미로 이해되어야 한다. 청소년들에게 학습활동을 해야겠다는 동기를 부여하고, 그들 스스로 학습 경험을 할 수 있는 환경을 조성해 주며, 그에 필요한 정보나 자료를 스스로 입수할 수 있는 능력을 길러 주어야 한다. 청소년 스스로 미래를 설계할 수 있도록 지도하여야 하며, 평생토록 스스로 학습해 나갈 자세를 확립해 주어야 한다.

지도자는 항상 지도에 충실을 기하기 위한 연구활동을 통하여 자신의 실력과 자질을 더욱 함양하여 나가야 하며, 청소년들이 성공적으로 사회에 진출할 수 있도록 진로지도 활동과 추후활동을 수행하여야 할 것이다. 또한 지도자는 청소년들이 갖고 있는 가정, 친구, 이성 등의 문제와 신상에 관한 개인적인 문제 등을 상담하고 자문하는 활동도 전개해야 한다.

청소년지도자의 과제는 무엇보다도 자기성장(self-growth)이다. 청소년지도자의 역할 수행은 지도자로서의 개인적인 성장을 전제로 하지 않고서는 불가능하다. 어떤 분야의 지도자도 일차적으로 자신의 인격 개발이 선행되어야 하겠지만, 특히 청소년지도자는 대상의 특수성과 지도 내용 및 방법의 특수성으로 인하여 지도자의 인격과 관련된 개인적 성장이 무엇보다 중요시된다. 자기성장이란 자기 자신의 신체적인 면과 정서적인 면 그리고 사회적인 면을 정확하고 객관적으로 이해하는 것(understand)과 있는 그대로의 자신을 수용하는 것(acceptance) 그리고 자신의 모든 것을 진실하게 개방하는 것(disclosure)을 포함한다. 자기성장이 이루어진 사람은 일차적으로 참 만남(encounter)의 관계를 형성할 수 있고, 생산적이고 합리적으로 행동할 수 있으며, 자신의 모든 잠재성을 완전히 가능하게 할 수 있다.

[그림 3-3] 청소년지도자의 활동 모습

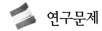 **연구문제**

1. 청소년지도자의 중요성에 대하여 논의하시오.

2. 현행 청소년지도자 양성체제의 문제점에 관하여 토의하시오.

3. 바람직한 청소년지도자 육성을 위해 요구되는 청소년지도자의 자질에 대하여 논하시오.

제4장

청소년지도사, 청소년상담사, 평생교육사

개요

　청소년을 적정하게 육성하기 위해서는 그들을 맡아 지도할 청소년지도사, 청소년상담사 그리고 평생교육사에 대한 바른 이해가 필요하다. 이 장에서는 청소년지도사, 청소년상담사, 평생교육사의 정의와 이들에게 요구되는 역할과 자질에 대하여 논의해 보고자 한다. 그리고 국가공인 자격인 우리나라 청소년지도사, 청소년상담사, 평생교육사의 양성체제와 배치에 대하여 살펴보기로 한다.

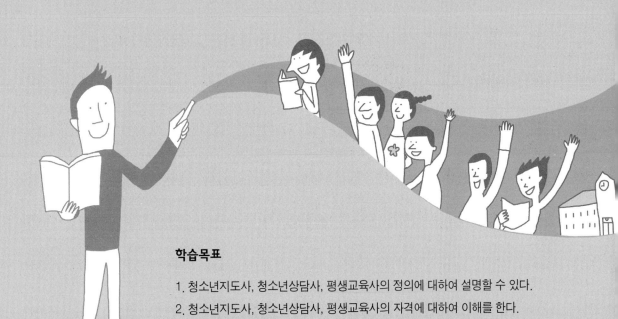

학습목표

1. 청소년지도사, 청소년상담사, 평생교육사의 정의에 대하여 설명할 수 있다.
2. 청소년지도사, 청소년상담사, 평생교육사의 자격에 대하여 이해를 한다.
3. 전문성과 과학성을 갖춘 청소년지도사와 청소년상담사가 되기 위해서 필요한 역할과 자질에 대하여 알 수 있다.

제1절 청소년지도사

여기에서는 청소년지도자를 대표한다 할 수 있는 국가공인 자격인 청소년지도사에 대하여 구체적으로 살펴보기로 한다.

1. 청소년지도사의 양성

1) 청소년지도사 양성체계

청소년지도사 양성계획에 따라 1993년부터 2016년 8월까지 1급 청소년지도사 1,615명, 2급 청소년지도사 2만 9,369명, 3급 청소년지도사 1만 1,209명의 총 4만 2,193명의 국가공인 청소년지도사가 배출되었다.

청소년지도사 양성을 위해서 국가청소년위원회의 주관으로 한국청소년정책연구원에 위탁하여 자격검정을 실시한다. 또한 국립청소년수련원에서 자격검정에 합격한 자에 대한 소정의 의무연수를 실시한 후 수련시설 및 청소년단체에 배치 및 활용하는 형태로 진행된다(국가청소년위원회, 2006). 청소년지도사 자격검정 과목은

〈표 4-1〉 청소년지도사 자격검정 과목 및 방법

구분	검정 과목	검정 방법	
1급	청소년연구방법론, 청소년인권과 참여, 청소년정책론, 청소년기관 운영, 청소년지도자론	주·객관식 필기시험	
2급	청소년육성제도론, 청소년지도방법론, 청소년심리 및 상담, 청소년문화, 청소년활동, 청소년복지, 청소년프로그램 개발과 평가, 청소년문제와 보호	객관식 필기시험	면접 (3급 소지자는 면접시험 면제)
3급	청소년육성제도론, 청소년활동, 청소년심리 및 상담, 청소년문화, 청소년지도방법론, 청소년문제와 보호, 청소년프로그램 개발과 평가	객관식 필기시험	면접

출처: 청소년 기본법 시행령.

〈표 4-1〉과 같으며, 청소년지도사 자격검정의 합격 기준은 필기시험 매 과목 40점 이상, 전 과목 평균 60점 이상이다.

또한 2008년 1월부터는 2급 지도사의 경우 대학졸업(예정)자 또는 이와 동등 이상의 학력이 있는 자로서 2급 청소년지도사 자격검정에 필요한 과목 모두를 전공과목으로 이수한 자, 3급 지도사의 경우 전문대학 졸업(예정)자 또는 이와 동등 이상의 학력이 있는 자로서 3급 청소년지도사 자격검정에 필요한 과목 모두를 전공과목으로 이수한 자는 해당 급수의 청소년지도사 자격검정 필기시험을 면제한다. 자격검정에 합격한 자를 대상으로 실시하는 연수는 30시간 이상으로 하며, 자질과 전문성을 함양할 수 있는 내용으로 구성된다(여성가족부, 2016b).

2. 청소년지도사의 응시자격

급격한 사회 변화에 따라 심각해지고 있는 청소년문제를 적극적으로 해결하고 체계적인 청소년활동을 제공하기 위해서는 청소년수련 활동에 대한 전문 지식과 지도기법 및 자질을 갖춘 청소년지도자의 양성이 필요하다. 청소년지도자의 체계적이고 전문적인 양성을 위해 「청소년 기본법」에서는 청소년지도사 양성 및 배치에 관한 내용을 규정하여 1993년부터 국가공인 청소년지도사를 양성해 오고 있다. 청소년지도사는 1, 2, 3급으로 구분되며, 청소년 관련 분야의 경력·기타 자격을 갖춘 자로서 자격검정에 합격하고 소정의 연수를 마친 자에게 국가자격을 부여한다. 청소년지도사는 청소년활동(프로그램, 사업)을 전담하여 청소년의 수련활동, 지역·국가 간 교류활동, 동아리활동, 봉사활동, 예술활동 등을 지도한다. 청소년지도사의 등급별 자격검정에 응시할 수 있는 자격 기준과 자격검정의 과목 및 방법은 〈표 4-2〉와 같다.

〈표 4-2〉 청소년지도사 자격검정의 등급별 응시자격 기준

등급	응시자격 기준
1급 청소년지도사	2급 청소년지도사 자격 취득 후 청소년활동 등 청소년육성업무 종사 경력이 3년 이상인 사람
2급 청소년지도사	1. 대학 졸업(예정)자 또는 이와 같은 수준 이상의 학력이 있는 사람으로서 2급 청소년지도사 자격검정에 필요한 과목 모두를 전공과목으로 이수한 사람 2. 2005년 12월 31일 이전에 대학을 졸업하였거나 이와 같은 수준 이상의 학력을 취득한 사람으로서 별표1의 2에 따른 과목을 이수한 사람 3. 대학원의 학위과정 수료(예정)자로서 2급 청소년지도사 자격검정에 필요한 과목 모두를 전공과목으로 이수한 사람 4. 2005년 12월 31일 이전에 대학원의 학위과정을 수료한 사람으로서 별표 1의 2의 규정에 따른 과목 중 필수영역 과목을 이수한 사람 5. 대학 졸업 또는 이와 같은 수준 이상의 학력이 있다고 다른 법령에서 인정받은 후 청소년활동 등 청소년육성업무에 종사한 경력이 2년 이상인 사람 6. 전문대학 졸업 또는 이와 같은 수준 이상의 학력이 있다고 다른 법령에서 인정받은 후 청소년활동 등 청소년육성업무에 종사한 경력이 3년 이상인 사람 7. 3급 청소년지도사 자격 취득 후 청소년활동 등 청소년육성업무에 종사한 경력이 2년 이상인 사람 8. 고등학교 졸업 또는 이와 같은 수준 이상의 학력을 인정받은 후 청소년활동 등 청소년육성업무에 종사한 경력이 8년 이상인 사람
3급 청소년지도사	1. 전문대학 졸업(예정)자 또는 이와 같은 수준 이상의 학력이 있는 사람으로서 3급 청소년지도사 자격검정에 필요한 과목 모두를 전공과목으로 이수한 사람 2. 2005년 12월 31일 이전에 전문대학을 졸업하였거나 이와 같은 수준 이상의 학력을 취득한 사람으로서 별표 1의 2에 따른 과목을 이수한 사람 3. 전문대학 졸업 또는 이와 같은 수준 이상의 학력이 있다고 다른 법령에서 인정받은 후 청소년활동 등 청소년육성업무에 종사한 경력이 2년 이상인 사람 4. 고등학교 졸업 또는 이와 같은 수준 이상의 학력이 있다고 다른 법령에서 인정받은 후 청소년활동 등 청소년육성업무에 종사한 경력이 3년 이상인 사람

출처: 청소년 기본법 시행령.

3. 청소년지도사의 배치 기준

「청소년 기본법」에 따르면 일정한 기준에 따라 청소년지도사를 청소년시설과 단체에 배치하여야 한다. 청소년시설별 청소년지도사 배치 기준은 다음과 같다.

〈표 4-3〉 청소년시설의 청소년지도사 배치 기준

배치 대상		배치 기준
청소년 수련 시설	청소년수련관	1급 청소년지도사 1명, 2급 청소년지도사 1명, 3급 청소년지도사 2명 이상을 두되, 수용인원이 500명을 초과하는 경우에는 500명을 초과하는 250명당 1급, 2급 또는 3급 청소년지도사 중 1명 이상을 추가로 둔다.
	청소년수련원	1) 2급 청소년지도사 및 3급 청소년지도사를 각각 1명 이상 두되, 수용정원이 500명을 초과하는 경우에는 1급 청소년지도사 1명 이상과 500명을 초과하는 250명당 1급, 2급 또는 3급 청소년지도사 중 1명 이상을 추가로 둔다. 2) 지방자치단체에서 폐교시설을 이용하여 설치한 시설로서 특정 계절에만 운영하는 시설의 경우에는 청소년지도사를 두지 않을 수 있다.
	유스호스텔	청소년지도사를 1명 이상 두되, 숙박정원이 500명을 초과하는 경우에는 2급 청소년지도사 1명 이상을 추가로 둔다.
	청소년야영장	1) 청소년지도사를 1명 이상 둔다. 다만, 설치·운영자가 동일한 시·도 안에 다른 수련시설을 운영하면서 청소년야영장을 운영하는 경우로서 다른 수련시설에 청소년지도사를 둔 경우에는 그 청소년야영장에 청소년지도사를 별도로 두지 않을 수 있다. 2) 국가, 지방자치단체, 그 밖에 공공법인이 설치·운영하는 청소년야영장으로서 청소년수련거리의 실시 없이 이용 편의만 제공하는 경우에는 청소년지도사를 두지 않을 수 있다.
	청소년문화의집	청소년지도사를 1명 이상 둔다.
	청소년특화시설	2급 청소년지도사 및 3급 청소년지도사를 각각 1명 이상 둔다.
청소년단체		청소년회원 수가 2천 명 이하인 경우에는 1급 청소년지도사 또는 2급 청소년지도사 1명 이상을 두되, 청소년회원 수가 2천 명을 초과하는 경우에는 그 초과하는 2천 명마다 1급 청소년지도사 또는 2급 청소년지도사 1명 이상을 추가로 두며, 청소년회원 수가 1만 명 이상인 경우에는 청소년지도사의 5분의 1 이상은 1급 청소년지도사로 두어야 한다.

출처: 청소년 기본법 시행령.

제2절 청소년상담사

청소년지도사와 마찬가지로 청소년지도자를 대표한다 할 수 있는 국가공인 자
격인 청소년상담사에 대하여 구체적으로 살펴보기로 한다.

1. 청소년상담사의 양성

청소년상담사의 경우, 여성가족부의 주관으로 한국청소년상담복지개발원과 한
국산업인력공단에 위탁하여 자격검정을 실시하고 자격검정에 합격한 자에 대하여
는 실무능력 향상을 위해 100시간 이상 의무 연수를 실시하며, 청소년상담복지센터
와 청소년쉼터 등 청소년복지시설에 배치·활용된다. 청소년상담사 자격검정 과목
과 방법은 〈표 4-4〉와 같다. 청소년상담 관련 이론과 실제적인 실무를 익힐 수 있도
록 구성되어 있으며, 1급·2급·3급 모두 5과목으로 구성되어 있다. 자격연수 형태
는 급별 책무에 맞는 질적 교육을 위하여 이론, 세미나, 실습 등으로 구성되어 있다.

〈표 4-4〉 청소년상담사 자격검정 과목과 방법

등급	검정 과목		검정 방법	
	구분	과목		
1급 청소년상담사	필수	• 상담자 교육 및 사례지도 • 청소년 관련 법과 행정 • 상담연구방법론의 실제	필기 시험	면접 시험
	선택	• 비행상담, 성상담, 약물상담, 위기상담 중 2과목		
2급 청소년상담사	필수	• 청소년상담의 이론과 실제 • 상담연구방법론의 기초 • 심리측정 평가의 활용 • 이상심리	필기 시험	면접 시험
	선택	• 진로상담, 집단상담, 가족상담, 학업상담 중 2과목		

3급 청소년상담사	필수	• 발달심리 • 집단상담의 기초 • 심리측정 및 평가 • 상담이론 • 학습이론	필기 시험	면접 시험
	선택	• 청소년이해론, 청소년수련활동론 중 1과목		

출처: 청소년 기본법 시행령.

2. 청소년상담사의 응시자격

청소년상담사 자격증은 상담 관련 분야를 전공하고 상담실무 경력이나 기타 자격을 갖춘 자로서 자격검정에 합격하고 소정의 연수를 마친 자에게 부여하는 국가공인 자격증이다. 청소년상담사는 국가 차원의 청소년상담 관련 기관인 한국청소년상담복지개발원, 시·도 및 시·군·구 청소년상담복지지원센터, 초·중·고·대학의 학생상담소, 청소년수련관, 사회복지관, 청소년쉼터, 청소년관련 복지시설, 경찰청이나 법무부 등 청소년업무 지원부서, 사설 청소년상담실, 아동·청소년 대상 병원, 일반 청소년 관련 사업체, 근로청소년 관련 사업체 등에서 청소년상담 업무에 종사한다. 청소년상담사 자격검정의 등급별 응시자격 기준은 〈표 4-5〉와 같다.

〈표 4-5〉 청소년상담사 자격검정의 등급별 응시자격 기준

등급	응시자격 기준
1급 청소년상담사	1. 대학원에서 청소년(지도)학·교육학·심리학·사회사업(복지)학·정신의학·아동(복지)학 분야 또는 그 밖에 여성가족부령으로 정하는 상담 관련 분야(이하 "상담관련분야"라 한다)의 박사학위를 취득한 사람 2. 대학원에서 상담관련분야의 석사학위를 취득한 후 상담 실무경력이 4년 이상인 사람 3. 2급 청소년상담사로서 상담 실무경력이 3년 이상인 사람 4. 제1호 및 제2호에 규정된 사람과 같은 수준 이상의 자격이 있다고 여성가족부령으로 정하는 사람

2급 청소년상담사	1. 대학원에서 상담관련분야의 석사학위를 취득한 사람 2. 대학 또는 다른 법령에 따라 이와 동등한 학력을 인정받는 기관에서 상담 관련분야 학사학위를 취득한 후 상담 실무경력이 3년 이상인 사람 3. 3급 청소년상담사로서 상담 실무경력이 2년 이상인 사람 4. 제1호부터 제3호까지에 규정된 사람과 같은 수준 이상의 자격이 있다고 여성가족부령으로 정하는 사람
3급 청소년상담사	1. 대학 및 「평생교육법」에 따른 학력이 인정되는 평생교육시설의 상담관련 분야의 학사학위를 취득한 사람 2. 전문대학 또는 다른 법령에 따라 이와 동등한 학력을 인정받는 기관에서 상담관련분야 전문학사를 취득한 사람으로서 상담 실무경력이 2년 이상 인 사람 3. 대학 또는 다른 법령에 따라 이와 동등한 학력을 인정받는 기관에서 학사 학위를 취득한 후 상담 실무경력이 2년 이상인 사람 4. 전문대학 또는 다른 법령에 따라 이와 동등한 학력을 인정받는 기관에서 전문학사학위를 취득한 후 상담 실무경력이 4년 이상인 사람 5. 고등학교를 졸업하고 상담 실무경력이 5년 이상인 사람 6. 제1호부터 제4호까지에 규정된 사람과 같은 수준 이상의 자격이 있다고 여성가족부령으로 정하는 사람

출처: 청소년 기본법 시행령.

3. 청소년상담사의 배치 기준

청소년상담사 양성계획에 따라 2015년까지 총 13회의 청소년상담사 자격검정이
있었으며, 청소년상담사 1급 383명, 2급 3,306명, 3급 7,764명으로 총 1만 1,453명
의 청소년상담사가 배출되었다.

〈표 4-6〉 청소년상담사의 배치 기준

배치 대상 청소년시설	배치 기준
「청소년복지 지원법」 제29조에 따라 특별시·광역시· 도 및 특별자치도에 설치된 청소년상담복지센터	청소년상담사 3명 이상을 둔다.
「청소년복지 지원법」 제29조에 따라 시·군·구에 설 치된 청소년상담복지센터	청소년상담사 1명 이상을 둔다.
「청소년복지 지원법」 제31조에 따른 청소년복지시설	청소년상담사 1명 이상을 둔다.

[그림 4-1] 청소년지도사와 상담사의 활동 모습

청소년지도사와 마찬가지로, 청소년상담사는 국가 및 지방자치단체가 청소년단체 또는 청소년복지시설에 배치된 청소년상담사에 대하여 예산 범위 안에서 그 활동비의 전부 또는 일부를 보조할 수 있다(「청소년 기본법」 제23조). 청소년상담사 자격증 취득 이후 전문가로서의 윤리성과 직무 수행에 요구되는 새로운 지식 함양을 위하여 「청소년 기본법」 제24조의2에서는 청소년상담사가 자질 향상을 위해 정기적으로 보수교육을 받도록 규정하고 있다.

제3절 평생교육사

1. 평생교육사의 개념

평생교육에 관계하는 사람을 광의의 개념으로 "평생교육 학습에 어떤 책임을 가지고 있는 자"라고 할 때는 우리 주위에 사회교육자 또는 평생교육자로 불리는 사람들이 대단히 많을 수 있다(Knowles, 1980, p. 26). 전문적 평생교육자로서 이 직업에 평생 동안 일하는 사람들이 있는 등 다양한 직업과 직무에 종사하는 사람들이 광의의 평생교육자로서 분류될 수 있다.

협의의 평생교육사는 놀스(Knowles)가 분류한 대로 평생교육을 전문적이고 평생직업으로 삼고 일하는 사람 그리고 더라(Douglah)와 모스(Moss)가 분류한 행정가, 상담자, 자문가, 프로그램 운영자 등 평생교육법에서 '평생교육 담당자로서 평생교육 활동에 전념하는 사람'을 말한다고 규정할 수 있다. 「평생교육법」에서는 "평생교육사는 평생교육의 기획·진행·분석·평가 및 교수 업무를 수행한다."라고 규정하여 종전의 사회교육법에서의 협의의 전문요원 개념에서 광의의 평생교육자 개념을 도입하고 있다(김용현, 김종표, 2015).

2. 평생교육사의 자격기준

평생교육사의 등급별 자격요건을 규정하고 있는 「평생교육법 시행령」(2007. 12. 14. 전부개정, 2014. 1. 28. 일부개정)을 소개하면 다음과 같다.

1) 적용대상자
• 2009년 3월 이후 대학(원) 신입생, 편입생
• 고졸학력자로 2009년 8월 9일 이후 학점은행제상 학위 취득자
• 재학 당시 평생교육 관련 과목을 한 과목도 이수하지 않고 졸업한 자로서, 2008년 1학기부터 시간제등록으로 개설된 관련 과목 이수자
• 2008년 1학기부터 학점은행기관에서 운영하는 평가인정 학습과목 이수자

2) 등급별 자격기준
평생교육사의 등급별 자격 기준은 〈표 4-7〉에서와 같다.

〈표 4-7〉 평생교육사 등급별 자격 기준

등급	자격 기준
1급	평생교육사 2급 자격증을 취득한 후, 교육부장관이 정하는 평생교육과 관련된 업무(이하 "관련 업무"라 한다)에 5년 이상 종사한 경력이 있는 자로서 진흥원장이 운영하는 평생교육사 1급 승급과정을 이수한 자
2급	1. 「고등교육법」 제29조 및 제30조에 따른 대학원에서 교육부령으로 정하는 평생교육과 관련된 과목(이하 "관련 과목"이라 한다) 중 필수과목을 15학점 이상 이수하고 석사 또는 박사학위를 취득한 자. 다만, 「고등교육법」 제2조에 따른 학교(이하 "대학"이라 한다)에서 필수과목을 이수한 경우에는 선택과목으로 필수과목 학점을 대체할 수 있다. 2. 대학 또는 이와 같은 수준 이상의 학력을 인정할 수 있는 기관, 「학점인정 등에 관한 법률」에 따라 평가인정을 받은 학습과정을 운영하는 교육훈련기관(이하 "학점은행기관"이라 한다)에서 관련 과목을 30학점 이상 이수하고 학위를 취득한 자 3. 대학을 졸업한 자 또는 이와 같은 수준 이상의 학력이 있다고 인정되는 자로서 다음 각 목의 어느 하나에 해당하는 기관에서 관련 과목을 30학점 이상 이수한 자 　가. 대학 또는 이와 같은 수준 이상의 학력을 인정할 수 있는 기관 　나. 법 제25조 제1항에 따른 평생교육사 양성기관(이하 "지정양성기관"이라 한다) 　다. 학점은행기관 4. 평생교육사 3급 자격증을 보유하고 관련 업무에 3년 이상 종사한 경력이 있는 자로서 진흥원이나 지정양성기관이 운영하는 평생교육사 2급 승급과정을 이수한 자
3급	1. 대학 또는 이와 같은 수준 이상의 학력을 인정할 수 있는 기관, 학점은행기관에서 관련 과목을 21학점 이상 이수하고 학위를 취득한 자 2. 대학을 졸업한 자 또는 이와 같은 수준 이상의 학력이 있다고 인정되는 자로서 다음 각 목의 어느 하나에 해당하는 기관에서 관련 과목을 21학점 이상 이수한 자 　가. 대학 또는 이와 같은 수준 이상의 학력을 인정할 수 있는 기관 　나. 지정양성기관 　다. 학점은행기관 3. 관련 업무에 2년 이상 종사한 경력이 있는 자로서 진흥원이나 지정양성기관이 운영하는 평생교육사 3급 양성과정을 이수한 자 4. 관련 업무에 1년 이상 종사한 경력이 있는 공무원 및 「초·중등교육법」 제2조 제1호부터 제5호까지의 학교 또는 학력인정 평생교육시설의 교원으로서 진흥원이나 지정양성기관이 운영하는 평생교육사 3급 양성과정을 이수한 자

출처: 평생교육법 시행령.

3. 평생교육사의 양성기관

평생교육사 양성과정은 주로 대학에서 운영되었으나, 2007년 「평생교육법」이 전부 개정됨에 따라 대학 외 기관에서도 평생교육사 양성과정을 운영할 수 있게 되었다. 대학 외 양성형태인 국가평생교육진흥원의 승급과정, 지정양성기관의 양성과정, 학점은행기관의 양성과정을 통해 이수한 자는 교육부 장관 명의로 자격증이 발급된다. 그중 지정기관의 양성과정은 현직 종사자 대상과정이었으나 시간제등록 대학 및 학점은행기관 등 성인학습자 대상 양성과정이 개설되면서 2010년 8월을 기점으로 운영이 종료되었다.

4. 평생교육사 양성 관련 교과목

평생교육사 양성에 필요한 교과목은 〈표 4-8〉에서 보는 바와 같이 「평생교육법 시행규칙」에 제시하고 있다.

〈표 4-8〉 평생교육사 양성 교과목

과정	구분	과목명	비고
양성 과정	필수 필수	평생교육론, 평생교육방법론, 평생교육경영론, 평생교육프로그램개발론	• 과목당 3학점 • 평균 80점 이상의 학습 성적
		평생교육실습(4주 이상)	
	선택 선택	아동교육론, 청소년교육론, 여성교육론, 노인교육론, 시민교육론, 문자해득교육론, 특수교육론, 성인학습 및 상담(1과목 이상 선택하여야 함)	
		교육사회학, 교육공학, 교육복지론, 지역사회교육론, 문화예술교육론, 인적자원개발론, 직업·진로설계, 원격(이러닝, 사이버)교육론, 기업교육론, 환경교육론, 교수설계, 교육조사방법론, 상담심리학(1과목 이상 선택하여야 함)	

출처: 평생교육법 시행규칙.

1) 과목의 이수

먼저 필수과목은 평생교육실습을 포함하여 15학점 이상 이수하여야 한다. 그리고 과목당 학점은 3학점으로 하고, 학습성적은 평균 80점 이상이어야 한다고 규정하여 평생교육사의 질을 확보할 수 있도록 규정하고 있다.

2) 평생교육 실습

평생교육사의 현장적응력 향상을 위하여 평생교육실습을 평생교육사 양성과정에 포함·운영하고 있다. 평생교육사가 되고자 하는 자는 4주간의 평생교육실습을 이수하여야 한다. 아울러 평생교육실습을 실시할 수 있는 기관은 다음과 같다.

① 평생교육법 시행령 제69조 제2항에 따라 문해교육 프로그램으로 지정받은 기관
② 평생교육법 제19조부터 제21조까지의 규정에 해당하는 평생교육기관(국가평생교육진흥원, 시·도 평생교육진흥원, 시·군·구 평생학습관)

5. 평생교육사의 배치

「평생교육법」에서 정의하고 있는 평생교육기관은 다음과 같이 「학원의 설립·운영 및 과외교습에 관한 법률」에 의한 평생직업교육학원 및 그 밖의 다른 법령에서 평생교육을 주된 목적으로 하는 기관도 평생교육기관으로 명시하고 있다.

「평생교육법」 제2조 제2호에 따른 평생교육기관

제2조(정의) 이 법에서 사용하는 용어의 정의는 다음과 같다.
2. "평생교육기관"이란 다음 각 목의 어느 하나에 해당하는 시설·법인 또는 단체를 말한다.
  가. 이 법에 따라 인가·등록·신고된 시설·법인 또는 단체
  나. 「학원의 설립·운영 및 과외교습에 관한 법률」에 따른 학원 중 학교교과교습학원을 제외한 평생직업교육을 실시하는 학원
  다. 그 밖에 다른 법령에 따라 평생교육을 주된 목적으로 하는 시설·법인 또는 단체

「평생교육법」에 의한 평생교육기관의 평생교육사 배치 현황을 살펴보면, 총 기관 대비 평생교육사 배치기관 비율은 69.7%이고, 기관당 평생교육사 소지자 수는 0.99명으로 나타났다. 2007년에는 「평생교육법」이 일부 개정됨에 따라 평생교육사 의무배치 규정이 마련되었다. 그러나 규정 미준수에 따른 처벌조항이 없고, 의무배치 규정 이전에 설치된 평생교육 기관에는 평생교육사 배치가 권고사항이었던 이유로 배치율은 60%에 머물러 있다.

평생교육사 자격취득자들의 주요 재직기관은 사업장부설 평생교육기관 배치비율(92.3%)이 가장 높게 나타났고, 원격형태(70.0%), 평생학습관(69.8%), 학교부설 평생교육기관(69.7%) 순으로 나타났다.

〈표 4-9〉 평생교육사 배치 대상 기관 및 배치 기준

배치 대상	배치 기준
1. 진흥원, 시·도 평생교육진흥원	• 1급 평생교육사 1명 이상을 포함한 5명 이상
2. 장애인평생교육시설	• 평생교육사 1명 이상
3. 시·군·구 평생학습관	• 정규직원 20명 이상: 1급 또는 2급 평생교육사 1명을 포함한 2명 이상 • 정규직원 20명 미만: 1급 또는 2급 평생교육사 1명 이상
4. 법 제30조에서 제38조까지의 규정에 따른 평생교육시설(학력인정 평생교육시설은 제외한다), 「학점인정 등에 관한 법률」 제3조 제1항에 따라 평가인정을 받은 학습과정을 운영하는 교육훈련기관 및 법 제2조 제2호 다목의 시설·법인 또는 단체	• 평생교육사 1명 이상

출처: 평생교육법 시행령.

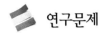 연구문제

1. 청소년 지도사와 상담사, 평생교육사의 중요성에 대하여 논의하시오.

2. 현행 청소년 지도사와 상담사, 평생교육사의 양성체제의 문제점에 관하여 토의하시오.

3. 바람직한 청소년 지도사와 상담사, 평생교육사의 육성을 위한 국가와 사회의 역할에 대하여 논하시오.

제2부 청소년교육의 실제

제5장

청소년 프로그램 개발과 평가

개요

  청소년지도자는 청소년활동 현장에서 필요한 프로그램을 개발하는 프로그래머의 역할도 수행하여야 한다. 청소년교육과정의 요구를 분석, 설계 및 개발하는 것은 청소년이 건전하고 능력 있는 한 인간으로서 성장하고 발달할 수 있도록 지원을 하는 데 있어서 중요한 역할이라 할 수 있다.

  이 장에서는 청소년 프로그램의 개념과 특성에 대하여 살펴보고 또한 프로그램 개발 절차에 대하여 구체적으로 살펴보고자 한다.

학습목표

1. 청소년 프로그램 개발 의의에 대하여 알 수 있다.
2. 청소년 프로그램 개발 절차에 대하여 설명할 수 있다.
3. 청소년 프로그램을 개발하여 현장에 적용할 수 있다.

제1절 청소년 프로그램 개발의 의의

1. 청소년 프로그램이란

청소년 프로그램의 개념을 이해하기 위해서는 먼저 프로그램의 의미를 알아야한다. 프로그램(program)이란 용어는 일상에서 쉽게 접할 수 있다. 그렇지만 그 의미는 형식과 내용에 따라 다르게 이해되고 있어 혼란스럽다. 청소년지도사가 활동하고 있는 현장에서도 프로그램이란 용어는 상황에 따라 다양한 의미로 사용되고 있는 것이 현실이다. 청소년지도 현장에서는 갖가지 형태의 프로그램이 활용되고 있다. 청소년지도의 영역이 다양한 것처럼 프로그램 또한 다양하다. 그러나 프로그램이란 용어는 일상생활에서 많이 사용되는 것만큼 그 정의가 명확하지는 않다. 프로그램이라고 하면 흔히 어떤 행사가 이루어질 때 앞으로 진행될 내용을 순서대로 나열한 일정계획표나 컴퓨터를 작동시키는 데 필요한 소프트웨어를 연상하는 경우가 많다. 연극이나 영화, 음악회 등 각종 공연장에서 공연 내용을 소개하거나 설명하기 위해 배포되는 작은 책자를 떠올리기도 한다(박성희, 1994). 이러한 의미로 볼 때, 프로그램이란 어떤 활동의 진행과정을 시간적 순서에 따라 구체적으로 나열한 진행 순서표나 사전계획표라 할 수 있다.

그러나 프로그램의 실제 개념은 그 이상의 포괄적인 의미를 내포하고 있다. 즉, 프로그램은 활동 내용이나 순서만이 아니라 일정한 활동들을 구체적으로 실행하기 위해 필요한 경험의 총체를 뜻한다. 다시 말하면, 특정 활동이 이루어지는 총체적인 환경으로서 활동 내용 자체와 함께 활동 목적과 목표, 활동 대상, 과정, 방법, 장소, 시기, 조직, 매체 등의 모든 요소를 포함한다.

프로그램은 일상적인 교육 용어인 '교육과정(curriculum)'이나 '코스(course)'와 유사하지만, 규범적이고 필수적인 성격을 띠고 있는 후자와는 다르게 이해된다. '카페테리아 커리큘럼(cafeteria curriculum)'이라는 용어는 청소년 프로그램의 속성을 학교교육의 커리큘럼과 비교하여 잘 제시해 주고 있다. 청소년 프로그램은 규범적이고 필수적인 성격보다는 선택적이고 융통성이 강한 성격을 띠고 있다(김진화, 정지웅, 1997, p. 36).

프로그램이란 용어를 철학적인 입장에서 개념적으로 분석하면 다섯 가지 형태(mode), 즉 ① 체제(system), ② 계획과정에서 동사의 기능을 수행하는 기획(planning), ③ 기획을 통해 완성된 결과로서의 계획(plan), ④ 문서(document), ⑤ 수행(performance)이나 활동(activity)으로 사용된다(Long, 1987, p. 185).

이처럼 프로그램은 사전적인 의미에서 다차원적인 개념(multidimensional concept)으로 이해된다. 이러한 속성은 프로그램이 ① 하나의 활동(activity)이며, ② 동시에 순서(order)와 계속성(continuity)을 가지고 있으며, ③ 한 개 이상의 아이템(items)이나 사건(event)으로 구성되어 있으며, ④ 모든 아이템과 사건은 교육목표를 가지고 있으며, ⑤ 활동과정에서 하나의 사건과 다른 사건들이 상호 관련되어 있음을 암시한다.

그럼 이제 청소년 프로그램의 개념을 일상적 의미, 교육적 의미, 통합적 의미로 나누어 구체적으로 살펴보자.

첫째, 일상적 의미에서 프로그램이란 용어는 인간의 실존적 가치를 무시한 채, 단순히 앞으로 진행될 절차, 사건, 순서, 활동만을 강조한다(김진화, 2001). 예를 들어, 방송 프로그램, 행사 프로그램, 컴퓨터 프로그램 등을 떠올리면 그 의미를 쉽게 짐작할 수 있다. 일상생활에서 프로그램이란 용어는 흔히 접할 수 있다. 그렇지만 그 의미는 형식과 내용에 따라 약간씩 다르게 이해되고 있어 혼란스럽다. 보통 프로그램이란 앞으로 행할 활동을 순서대로 나열해 놓은 계획서와 거의 같은 의미로 쓰는 경우가 많다. 간단하게는 어떤 행사의 식순도 프로그램이요, 음악회의 발표내용을 순서대로 나열한 것도 프로그램이다. 좀 더 복잡하게는 어떤 활동을 시간과 장소에 따라 내용과 방법까지 밝혀 한눈에 볼 수 있도록 제작해 놓은 것을 프로그램이라 한다. 또한 일정한 목적을 가진 비정규적인 활동이나 행사를 프로그램이라 하기도 한다. 이처럼 프로그램은 그 내용과 형식에 있어서 매우 다양하다.

둘째, 교육적 의미에서 프로그램이란 용어는 흔히 커리큘럼(교육과정)이라 하며, 합리주의와 논리실증주의의 전통에 근거하여 학습자가 배우고 습득해야 할 것을 외부에서 전문가가 사전에 계획하여 마련한 체계화된 교육내용(지식, 정보, 기술, 교과)을 강조하는 경향이 지배적이다(김진화, 2001). 다시 말해, 교육적 의미에서 프로그램은 단순히 시간 순서에 따라 진행될 사건이나 활동만을 뜻하지 않고, 학습자의 참여와 실존적 가치를 인정하는 그 이상의 의미가 함축되어 있다. 일정한 목표를 향해 학습자의 행동이 변화하도록 사전에 체계화시켜 놓은 교육내용(지식, 정보, 기술, 교과)을 강조한다.

셋째, 통합적 의미에서 프로그램이란 용어는 교육내용, 교육방법, 교육활동, 교육매체가 하나로 통합된 교육적 실체로 규정된다(김진화, 2001). 다시 말해, 학습내용(지식, 정보, 대상, 원리 등)을 포함하는 것은 물론이고, 학습 목적과 목표, 대상, 활동 및 학습과정, 활동 및 학습방법, 장소, 시기, 학습자 조직, 매체 등의 모든 요소가 유기적인 네트워크를 형성하고 있는 하나의 시스템으로 간주한다.

이러한 맥락에서 볼 때, 한마디로 청소년 프로그램이란 청소년의 건전한 발달과 사회 적응을 조력하기 위한 목적으로 실시되는 다양한 청소년지도 활동이나 청소년이 참여하는 활동을 효율적이고 매력적으로 실현하기 위해 필요한 교육적 경험과 환경의 집합이라고 볼 수 있다.

[그림 5-1] 청소년 수중탐험활동 프로그램

이상의 여러 가지 관점을 종합해 볼 때, 청소년 활동이나 행사의 단순한 일정표를 프로그램이라고 말할 수는 없다. 최소한 청소년지도의 목표와 내용, 방법, 평가의 각 요소가 체계적으로 설계되어 있고, 이에 따라 청소년들의 학습 경험을 조력할 수 있는 다양한 환경적 자원과 지도 및 평가 전략이 구체적으로 안내되어 있는 일련의 계획표를 프로그램이라고 할 수 있을 것이다(김진화, 2001).

2. 프로그램 개발의 성격과 특성

1) 프로그램 개발의 성격

청소년지도사가 프로그램 개발의 기본 성격을 잘 이해하고 있으면 프로그램을 개발하는 과정 중에 다양한 조치를 취하는 데 큰 도움이 될 수 있다.

첫째, 프로그램 개발이란 청소년기관의 적응기제이며, 혁신기제로서 청소년기관의 변화창출 전략이다. 구체적으로 청소년기관에서 행해지는 프로그램 개발은 사회 변화에 대한 청소년기관의 교육적 대응이며, 동시에 청소년기관이 새로운 변화 창출을 주도하기 위한 교육적 대안이라 할 수 있다. 청소년기관은 끊임없이 변화하는 사회의 변화 양상과 청소년의 요구 및 필요에 적응하여야 하는데 이러한 교육적 적응기제는 바로 그 청소년기관이 가지고 있는 교육 프로그램이다. 또한 청소년기관은 단순히 변화에 대해 수동적으로만 대응하지 않고 새로운 변화를 창출하는 데 적극적인 노력을 기울여 나가야 할 것이다.

둘째, 청소년학 분야에서 프로그램 개발은 청소년 개개인의 행동 변화뿐만 아니라 청소년집단의 변화를 지향하고, 심지어는 청소년을 둘러싼 지역사회 및 환경을 변화시키는 목적을 가지고 있다. 변화를 촉진하기 위해서 청소년이 가지고 있는 기존의 지식과 기술뿐만 아니라 청소년의 마음, 태도, 신념을 변화시키는 데 초점이 맞추어진다.

셋째, 프로그램 개발은 계속적인 집단적 의사결정과정이다. 프로그램을 개발하는 과정에 참여한 경험이 있는 청소년지도사라면 이러한 지적에 대해 쉽게 동의할 것이다. 프로그램 개발의 범위를 어느 정도까지 할 것인가? 프로그램 개발에 참여하게 될 청소년 대표는 몇 명 정도로 할 것인가? 요구분석을 통해 파악된 것들 중에서 우선순위를 어떻게 결정하여 그 요구를 프로그램에 포함시킬 것인가? 프로그램을 운영하기 위해 그 활동 전략은 어느 정도까지 구체화시킬 것인가? 프로그램 결과에 대한 평가 준거를 무엇으로 할 것인가? 이와 같은 일련의 사안을 결정하는 것이 연속적인 의사결정 과정임에 틀림없다. 따라서 프로그램 개발에 관여하는 청소년지도사는 각 단계에서 바람직한 결정을 내리기 위해 의사결정의 원리를 잘 알고 있어야 할 것이다.

넷째, 프로그램 개발은 청소년의 요구와 필요를 확인하고 분석하기 위해 청소년단체 및 청소년기관과 청소년 대표가 참여하는 공동의 노력(collaborative effort)이다. 청소년지도사는 청소년의 자발적인 참여를 유도하기 위해 각별한 노력을 기울여야 하지만, 가장 우선시되어야 할 것은 프로그램을 개발하는 동안 청소년을 참여시켜 프로그램에 청소년의 요구와 필요를 반영하고 개발된 프로그램에 그들의 자발적인 참여를 촉진해 나가는 것이다.

다섯째, 프로그램 개발은 여러 계층의 사람들이 복잡한 절차와 단계에 공동으로 참여하는 집단활동으로서 하나의 체제(system)로 간주될 수 있다. 즉, 체제란 프로그램 개발과 관련된 다양한 개념과 과정으로 구성된 각 부분들이 하나의 통합적인 전체를 형성하기 위해서 상호 관련되어 있고 질서정연하게 연결되어 있는 것을 뜻한다. 실제로 프로그램 개발과정에서는 ① 프로그램 기획, ② 프로그램 설계, ③ 프로그램 운영, ④ 프로그램 평가 및 개정과 같은 주요 하위과정들이 있으며, 이 하위과정 속에는 또한 다양한 조치가 포함되어 있다. 따라서 청소년지도사는 프로그램 개발이 총체적인 체제(holistic system)라는 것을 인식하고 있어야 할 것이다.

여섯째, 프로그램 개발은 청소년단체 및 청소년기관이 성장하고 발전하는 데 필요한 정보와 전략을 획득하는 피드백 수단이다. 청소년단체와 청소년기관은 프로그램 개발을 해 나가는 과정에서 환경의 변화에 적응하고, 조직의 혁신과 재생을 경험하게 된다.

2) 프로그램 개발의 특성

프로그램 개발은 실천 지향적이고 경영 관리적인 성격을 포함하고 있어 그 과정에서 협동적 성격과 체제적 성격 등이 부각되는 다원적인 특성을 나타낸다. 프로그램 개발이 가지고 있는 몇 가지 특성에 대해 살펴보자.

첫째, 일반적으로 청소년지도에서 프로그램 개발의 기본 단위와 주체는 청소년단체와 청소년기관 등 조직체이다. 학교교육이 교육부의 주관하에 행정체제와 관리체제를 갖는 것과 달리, 청소년지도에서는 기관 및 조직체를 기본 단위로 하여 독립적으로 프로그램을 개발한다.

둘째, 청소년단체 및 청소년기관이 학교교육 기관에 비해 대체로 소규모에 여건이 열악하지만, 프로그램 개발은 학교교육과는 다르게 청소년 기관 및 단체를 중심으로 보다 역동적으로 이루어진다.

셋째, 프로그램 개발에서 청소년지도사는 그 역할이 학교교육 현장에 종사하는 교사보다 월등히 크다. 학교교육 현장에서 교사가 단순히 국가에서 이미 개발된 교육과정을 전달하는 역할만을 수행하는 데 반해, 청소년지도사는 프로그램의 내용을 선정하고 조직한다. 이러한 맥락에서 볼 때, 청소년지도에서 프로그램 개발은 그 활동의 잠재력이 상대적으로 매우 크다고 할 수 있다.

넷째, 청소년지도에서 프로그램 개발은 청소년 기관 및 단체의 성격, 프로그램의 유형, 프로그램의 단위, 참여자의 형태, 프로그램 개발자의 성향에 따라 다른 양상을 보인다(한국청소년개발원, 2005).

제2절 프로그램 개발 절차

프로그램 개발이란 이상적인 교육행위의 조직과 운영을 기본으로 하는 실천활동으로, 대상 고객집단과 기관 간의 공동의 노력을 통해 정보와 자원을 획득하고, 일정한 절차에 따라 적절한 순서대로 프로그램을 구성하고, 개발된 프로그램을 고객에게 제공하여 최종적으로 그 효과를 평가한 후 프로그램을 개정하는 일련의 과

정을 의미한다. 여기에서는 프로그램 개발 절차에 대하여 구체적으로 살펴보고자
한다.

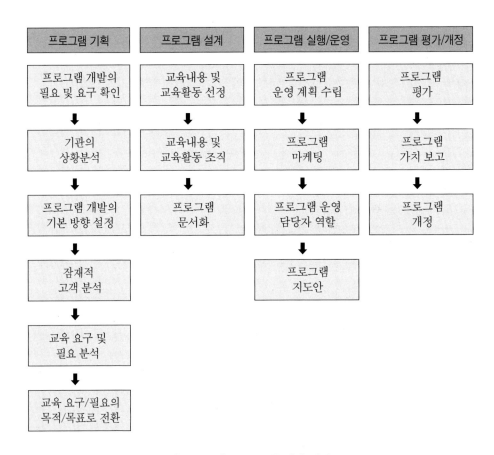

[그림 5-2] 프로그램 개발 절차

1. 1단계: 프로그램 필요성 검토 및 추진 여부 결정

1) 프로그램의 필요성 검토와 추진 여부 결정

이 단계에서는 실시하고자 하는 교육 프로그램의 주제와 필요성, 목적을 명료화
하고, 이와 유사한 프로그램이 타 청소년기관에서 현재 어떤 형태로 진행되고 있는
지 그 특성을 분석하는 작업이 선행되어야 한다.

이러한 작업이 필요한 이유는 타 청소년기관에서 이루어지고 있는 유사 프로그램과의 차별성을 찾고, 프로그램 진행 시 예상될 수 있는 장애요인들을 미리 찾아서 극복하고자 하는 데 있다. 〈표 5-1〉에 제시되어 있는 자료분석표를 이용하면 이 단계에서의 작업이 보다 쉽게 진행될 수 있을 것이다.

2) 타 기관의 유사 프로그램 분석

〈표 5-1〉 유사 프로그램 분석을 위한 워크시트

검토 항목	분석 결과
프로그램의 주제	
프로그램이 필요하다고 느끼게 된 이유	
프로그램의 최종 목적	
기존의 유사 프로그램 존재 여부	○○ 기관의 ◇◇◇◇ 프로그램 △△ 기관의 □□□□ 프로그램
유사 프로그램의 특성	프로그램 대상: 프로그램 내용 구성: 프로그램 진행 시간: 프로그램 진행 방법: 강사: 수강료: 홍보 방법: 문제점: 보완점:
유사 프로그램을 통한 문제 해결의 가능성 검토, 수정과 보완의 필요성 탐색	프로그램 실시 시기 및 시간: 전문강사 섭외: 프로그램 중도탈락자 관리: 수강료 수준: 홍보 방법: 활용 가능한 인적 자원: 활용 가능한 물적 자원:

예상되는 장애요인	예시: 프로그램 개발에 대한 기관의 입장 재정적 자원 외부 재정 지원자들의 프로그램 우선순위에 대한 입장 프로그램에 대한 고객 및 지역사회의 관심 프로그램 우선순위에 대한 기관 내 행정가들의 입장 프로그램 우선순위에 대한 프로그래머의 시각

타 기관에서 이미 실시하고 있는 유사한 기존 프로그램에 대한 분석은 실시 대상 및 홍보방법, 시간, 교육비, 강사의 특성 그리고 프로그램 실시상의 문제점과 보완점 등을 중심으로 이루어지도록 한다.

3) 프로그램 개발 역할 분담 체크

프로그램 추진 여부가 결정되면 다음 단계로는 프로그램 개발에서의 역할 분담을 실시한다. 프로그램 개발의 제 단계 활동을 담당할 책임자와 가(draft)기획 완성일, 최종 완성일 등을 중심으로 역할 분담 작업이 이루어져야 한다.

2. 2단계: 상황 분석 및 고객 분석

1) 지역사회 환경 및 잠재적 고객 분석

상황 분석은 지역사회 환경과 고객에 대해 연구, 분석, 해석 및 판단을 하는 것을 의미한다. 예를 들면, 하나의 프로그램을 개발하여 서울에서도 운영하고 제주도에서도 운영한다면 그 프로그램은 참여 청소년들에게 만족을 주지 못할 것이다. 서울이라는 지역사회 환경과 제주도라는 지역사회 환경은 차이가 있다. 또한 서울에 거주하는 청소년들과 제주도에 거주하는 청소년들의 생각과 특성은 다를 수 있다. 그러므로 분석을 통하여 서울 청소년들을 대상으로 한 프로그램과 제주도 청소년들을 대상으로 한 프로그램이 서로 다르게 개발되어야 한다.

이때 어떤 방법을 사용할 것인지, 누가 참여하게 될 것인지, 참여자들의 역할과 책임은 무엇인지, 참여자들의 조직화 방법, 고객과 지역사회 연구 분석방법 등의 문제를 결정하는 작업이 이루어진다. 프로그램 고객에 대한 분석은 먼저 잠재적 고객집단에 대한 매핑 작업에서 시작된다. 연령, 성별, 사회경제적 상태, 문화 등을 고려하여 목표집단의 특성을 분석하고, 그들 간의 유사점과 차이점을 찾는다. 이와 아울러 프로그램을 실시하는 데 있어서 도움을 줄 수 있는 위원회를 조사해야 하는데, 이때 기존의 위원회가 없을 때에는 새롭게 위원회를 구성하는 작업이 필요하다.

〈표 5-2〉 지역사회 환경 및 잠재적 고객 분석표

목표집단의 특성	분석내용
학교별	초등학교, 중학교, 고등학교, 대학교
성별	남: 여:
학업성적	상 · 중 · 하:
가정경제적 수준	
주거문화	일반 주택: 아파트:
잠재적 고객집단들 간의 유사점	• 종교 • 학교 • 학년 • 학업수준 • 가치관 • 문화
잠재적 고객집단들 간의 차이점	• 종교 • 학교 • 학년 • 학업수준 • 가치관 • 문화
목표집단의 과거 유사한 교육경험 여부	

2) 자문위원회 구성

일반적으로 프로그램 개발과정에 도움을 줄 위원회를 구성할 때는 그 지역의 시장, 학교 교장, 지방의 유지 등을 선택하는 경우가 많다. 물론 이러한 경우 인사들로부터 실질적인 도움을 받을 수 있지만 너무 바쁜 사람들로 채워짐으로써 적극적인 참여를 기대하기 어려울 수 있다. 따라서 위원회를 조직할 때에는 기관에 대해 열정적이고 상징적인 이미지를 가진 사람들로 구성하는 것이 필요하다.

고려해야 할 몇 가지 요소를 제시하면 다음과 같다.

- 잠재적 집단의 개인적 특성(연령, 성별)
- 위원회로서 요구되는 역할(내용 및 과정 전문가, 리더, 프로그램 참여자)
- 잠재적 집단의 지리적 위치

3. 3단계: 요구조사

1) 청소년교육 요구조사의 의의

청소년교육 프로그램은 청소년의 요구가 반영된 것이어야 그 가치를 인정받을 수 있다. 따라서 과학적이고 체계적으로 학습자의 요구를 분석하여 프로그램의 목표를 설정하고 내용을 구성해야 한다.

2) 요구조사 기획 시의 고려사항

요구조사를 기획할 때 고려해야 할 것은 요구조사의 범위와 시기, 요구조사 방법과 자료수집 방법, 자료수집 장소이다. 요구조사의 범위로는 실시할 프로그램의 특성과 관련하여 연령, 성별, 학력수준, 경제적 수준, 문화적 수준 등을 고려한다. 요구조사의 시기는 일반적으로 프로그램 실시 전 4~5개월 정도가 적당하다. 자료수집 방법으로는 흔히 방문 혹은 직접 회수 등을 사용하며, 자료수집 장소는 개발될 프로그램의 잠재적 고객을 가장 쉽게 그리고 가장 많이 접할 수 있는 곳으로 결정한다.

3) 요구조사 방법

요구조사 방법으로는 질문지법, 면접법, 관찰법, 델파이, 비형식적 대화 등이 있다. 이 중에서 질문지법에 대해 살펴보겠다.

질문지법이란 필요한 사항을 알아보기 위하여 만든 일련의 문항을 체계적으로 조직하여 작성한 방법을 말한다.

① 체크리스트형

어떤 한 문제에 10여 개 이상의 항목을 제시하고, 응답자에게 해당되는 항목을 모두 표시하도록 하는 방법이다. 이러한 형식의 결과 처리방법은 대개 표시된 항목의 합계를 수량화해서 비교하는 것이다.

〈예시〉

배우기를 원하는 항목에 모두 체크하시오.

• 리더십에 대해 알고 싶다. ( )
• 청소년 약물남용 예방 재활 프로그램에 대해 알고 싶다. ( )

---

② 선택형

한 문항에 두 개 이상의 답지를 주고 그 가운데서 응답자로 하여금 적당한 답지를 선택하도록 하는 방법이다. 이때 주의할 것은 주어진 질문에 어떤 답들이 나올 수 있는지 충분히 조사하여 될 수 있는 한 여러 가지 가능한 반응의 답을 제시해 주는 것이다. 적당한 답이 없어 억지로 선택하지 않도록 해야 한다. 또한 선택지 옆에 '기타'란을 두어서 응답자가 자유롭게 반응할 수 있도록 하는 것도 한 방법이다.

③ 평정척도형

정해 놓은 척도에 반응하도록 만든 질문지 형식을 말한다.

〈예시〉

　다음의 척도를 기준으로 여가활동에 대한 여러분의 참여도를 평가하고자 합니다. 해당되는 번호에 ○표를 해 주시기 바랍니다.

매우 가끔 한다=1, 가끔 한다=2, 보통이다=3, 자주 한다=4, 매우 자주 한다=5

1. 동년배 친구들에 비해 오락, 취미, 레크리에이션 등 여가활동에 많이 참가하는 편이라고 생각하십니까?

　　　　1　-　2　-　3　-　4　-　5

④ 자유반응형

주어진 질문에 자유롭게 반응할 수 있도록 되어 있는 문항 형식을 의미한다. 이 방법은 폭넓은 의견이나 태도를 알아볼 수 있기는 하지만 많은 의견을 요약하는 데 시간과 노력이 많이 든다. 또한 질문 내용이 애매하면 불성실한 반응이나 무응답이 나올 염려가 있기 때문에 응답자가 표현능력이 높고 성실하게 반응할 것임을 확신할 수 있을 때에 한해서 사용하도록 한다.

자아성장 프로그램 설문지

　이 설문지는 청소년들에게 올바른 자아상을 심어 주기 위한 자아성장 프로그램 개발에 사용되는 것입니다. 설문내용은 프로그램 개발 목적으로만 사용될 것이므로 솔직하게 응답해 주시기를 부탁드립니다. 감사합니다.

○○ 청소년수련관

다음 각 문항의 해당하는 _____에 표 하십시오.

1. 성별: _____ ① 남 _____ ② 여
2. 연령: _____ ① 15세 _____ ② 16세
3. 가정의 경제적 수준: _____① 상 _____② 중-상 _____③ 중 _____④ 중-하 _____⑤ 하
4. 청소년상담기관[한국청소년상담원, 각 지역의 청소년상담실, YMCA 등]이 있다는 것을 알고 있습니까?

_____ ① 예 _____ ② 아니요

5. 본인은 상담기관[한국청소년상담원, 각 지역의 청소년상담실, YMCA 등]에 방문한 적이 있습니까?

    _____ ① 예(5-1번 문항으로 가시오) _____ ② 아니요(6번 문항으로 가시오)

5-1. 있다면 어떠한 문제로 방문하셨습니까?(이 중에서 한 가지만)

    _____ ① 학업성적 _____ ② 친구문제 _____ ③ 가정문제 _____ ④ 성격문제
    _____ ⑤ 진로문제 _____ ⑥ 이성문제 _____ ⑦ 기타 _____

6. 현재 자신이 겪고 있는 고민은 무엇입니까?

    _____ ① 학업성적 _____ ② 친구문제 _____ ③ 가정문제 _____ ④ 성격문제
    _____ ⑤ 진로문제 _____ ⑥ 이성문제 _____ ⑦ 기타 _____

7. 본인의 고민을 주로 누구와 의논하십니까?

    _____ ① 아버지 _____ ② 어머니 _____ ③ 친구 _____ ④ 형제, 자매
    _____ ⑤ 선생님 _____ ⑥ 상담기관 _____ ⑦ 없다 _____ ⑧ 기타 _____

8. 본인은 가출충동을 느낀 적이 있습니까?

    _____ ① 느낀 적이 있다 _____ ② 느낀 적이 없다

9. 본인은 자신의 꿈을 이루기 위해 무엇이 가장 중요하다고 생각하십니까?

    _____ ① 현실에 충실하고 성실히 생활하는 일
    _____ ② 확고부동하고 명확한 목표관
    _____ ③ 어려움이나 위기상황에 대처할 수 있는 능력
    _____ ④ 올바른 가치관
    _____ ⑤ 기타 _____

10. 청소년을 대상으로 한 교육 프로그램에 참여해 보셨습니까?

    _____ ① 예 _____ ② 아니요

11. 본인이 원하는 자아성장 프로그램이 어떤 프로그램으로 이루어지길 원하십니까?(우선순위별로 표시해 주십시오)

    _____ ① 친구와 가족 간의 관계형성을 위한 프로그램
        (서로 별칭 짓기, 30초간 자기소개 SPEECH 등)
    _____ ② 자기를 이해하고 발견함으로써 미래를 설계할 수 있는 프로그램
        (50년 후의 나, 나는 어떤 사람인가 등)
    _____ ③ 자신의 문제를 찾고 해결하며 자신을 발전시킬 수 있는 프로그램
        (나의 장단점 살피기, 나를 알아맞히기, 자기인상 나누기 등)
    _____ ④ 친구들 간의 고민을 들어 봄으로써 서로의 관계를 형성할 수 있는 프로그램
        (도란도란 학습, 동그라미 학습, 사랑의 재판소, 추억 사진첩, 수평 나누기 등)

12. 자아성장 프로그램의 교육기간은 어느 정도가 적정하다고 생각하십니까?

    _____ ① 1주일 _____ ② 2주일 _____ ③ 3주일 _____ ④ 4주일

13. 당신은 자아성장 프로그램에 참여하고 싶은 마음이 있습니까?

    _____ ① 있다 _____ ② 없다

14. 자아성장 프로그램에 거는 기대나 바라는 점을 적어 주십시오.

_____

_____

_____

_____

_____

[그림 5-3] 요구분석 질문지 예시

4. 4단계: 우선순위 결정과 목표 설정(확정 요구의 목표로 전환)

우선순위 결정이란 요구분석을 통하여 얻게 되는 수많은 아이디어(요구)를 실시 기관의 한정된 자원(시간, 예산 등)과 여건을 고려하여 일정한 기준에 따라 순위 결정을 하는 것을 의미한다.

실시기관의 활용 자원과 역량, 예산이 어떤 수준인가에 따라, 수많은 아이디어 중에서 우선적으로 개발해야 할 것을 위계화시켜 순차적으로 결정해 나가는 작업이 이루어지게 된다.

1) 우선순위 결정을 위한 과정
(1) 1단계: 우선순위 결정에 참여할 사람을 누구로 할 것인지를 결정한다
잠재적 고객(프로그램 참여자), 지역사회의 영향력 있는 지도자, 프로그램 실시기관의 관리자, 경영자 등을 중심으로 결정한다.

(2) 2단계: 우선순위 결정을 위한 평가 준거를 개발, 결정한다
다음의 준거 1, 2 가운데서 선택하여 적용할 수 있다.

① 준거 1

- 가장 중요한 것(6개월 내에 해결되어야만 하는)
- 매우 중요한 것(내년도 안에 해결되어야만 하는)
- 중요한 것(2차년도 안에 해결되어야만 하는)
- 보통 수준의 것(다루어져야 하기는 하지만 최우선 순위의 욕구가 먼저 해결된 후 시간이나 자원의 여유가 있을 때)
- 중요하지 않은 것(다루어질 필요가 없는)
- 필요하지 않은 것

② 준거 2

- 모든 아이디어 중 최상위 5%
- 모든 아이디어 중 상위 20%
- 모든 아이디어 중 중간 50%
- 모든 아이디어 중 하위 20%
- 모든 아이디어 중 최하위 5%

〈표 5-3〉 평가 준거의 다양한 범주

중요한 준거	준거의 의미
관심을 보이는 사람들의 수	제시된 아이디어에 대해 잠재적 학습자들이 얼마나 관심을 보여 줄 것인가
목표에 대한 기여도	제시된 아이디어가 조직의 목표 달성에 얼마나 기여하는가
즉시성	각 프로그램의 아이디어가 어느 정도로 급하게 요구되는가의 정도
도구적인 가치	다른 아이디어에 미치는 긍정적 · 부정적 영향의 정도
자원의 지원 가능성	프로그램 수행을 위해 필요한 인적 · 물적 자원과 재정적 지원의 가능성 정도

(3) 3단계: 우선순위 차트에 평가 준거에 따라 아이디어를 기록한다

우선순위 차트는 우선순위 결정에 참여한 개인의 수에 따라 우선순위를 결정할 때 매우 유용하게 사용된다.

(4) 4단계: 각각의 아이디어에 대한 우선순위의 점수를 합산하여 가장 높은 점수대의 아이디어를 채택하게 한다

〈표 5-4〉 아이디어 우선순위

프로그램 아이디어	관심을 보이는 사람의 수	목표에 대한 기여도	즉시성	자원의 지원 가능성	합계
여가활용	4	4	4	4	16
금연	4	3	3	3	13
리더십 개발과정	5	4	5	5	19
효과적인 의사소통	2	1	1	2	6

2) 우선순위를 중심으로 목표 설정

우선순위의 결정이 이루어지면 프로그램의 목표를 결정한다. 목표는 프로그램 활동에서 기대되는 결과로, 궁극적으로 행동의 결과가 되며 도달하고자 하는 상태나 지위로 진술한다.

요구의 우선순위가 결정되면 확정된 요구를 교육목표로 설정하고 이를 명료화하는 작업이 이루어져야 한다.

〈예시: 청소년교육 지도자과정 프로그램 개발〉

확정된 요구: 요구분석을 통하여 청소년교육기관 실무자들이 가장 필요로 하는 교육내용을 우선순위에 따라 결정함.

• 1순위: 청소년학에 대한 전반적인 이해
• 2순위: 청소년지도 방법
• 3순위: 청소년교육 프로그램 개발

• 4순위: 청소년교육 기관 및 시설 운영방법
• 5순위: 상담기법

➡ 프로그램 목표 설정(요구를 중심으로 교육목표를 명료화)

1. 청소년의 특성과 우리 사회의 청소년문제를 이해하여 성공적인 청소년기 적응을 모색하게 하는 전반적인 청소년학을 이해할 수 있다.
2. 우리나라 청소년교육의 정책 및 관련법규에 대한 접근을 통하여 청소년교육과 청소년복지의 관계, 청소년교육 시설 및 기관의 신고와 운영체계를 이해한다.
3. 청소년교육기관의 유형과 청소년교육시설 운영에 대한 제반적인 접근을 통하여 청소년교육시설의 운영과 관리에 대해 이해한다.
4. 청소년교육 지도자로서 갖추어야 할 자질과 역할에 대한 바른 이해를 통하여 보다 나은 자질개발을 도모하고자 하며, 이와 아울러 청소년교육 지도자로서 자원봉사자의 역할과 의의에 대한 이해를 통하여 새로운 영역으로서 자원봉사자에 대한 탐색과 활동을 도모한다.
5. 다양한 교육방법과 매체사용법을 학습하여 효과적인 교육을 할 수 있다.
6. 청소년상담에 필요한 기초적 지식을 습득하여 청소년과 효과적인 대화를 할 수 있는 이론적 기반을 갖춘다.

5. 5단계: 교육내용 및 교수방법 선정

교육목표가 결정되면 그것을 성취하도록 도와줄 수업 형태나 방법을 결정한다. 이때 학습자의 현재 능력과 의도된 교육적 결과를 관련시켜 이를 토대로 어떤 수업방법이 최대의 효과를 나타낼 것인지를 분석해야 한다.

1) 교육내용의 구성

교육내용의 구성은 교육 목적과 목표를 어디에 두느냐에 따라 달라진다. 선행단계에서 정한 교육목적을 달성하기 위하여 교육목표는 어느 정도로 할 것이며, 구체적으로 어떤 내용들로 구성할 것인지가 결정된다. 교육목표 수준에 도달하기 위해서는 무엇을 알고, 무엇을 할 수 있어야 하며, 어떤 마음가짐이 필요한지를 결정한다. 이에 따라 세부적인 교육내용과 제목이 결정된다.

목적(학습 후 기여)

목표(목적을 위한 단계)

내용(목표를 위한 단계)

2) 교육방법의 선정

내용이 정해진 다음에는 학습자에게 그것을 어떻게 습득시킬 것인가를 정해야 한다. 일반적으로 교육내용에 따른 최상의 교육방법을 다음과 같이 보고 있다.

〈표 5-5〉 최적의 교육방법

내용		최적 방법
지식	기억	게임, 기억법
	이해	강의, 토의, 사례연구, 견학
기능	신체	시범, 비디오 등 시각자료, 실습, 실제상황 설정 연습
	지적(정신적)	강의, 사례연구, 과제해결, 실습, 작업연습, 프로그램 학습
	사회	시범, 시청각, 실제상황 체험, 역할극
태도	인정	집단적인 제도변경, 환경조작, 장기간 체험(사례연구)
	충성, 헌신	
	순응	

〈표 5-6〉 내용에 따른 효과적인 교육방법 순위

구분	지식 습득	태도 변화	문제해결	대인기능
사례연구	4	5	1	5
토의식	1	3	5	4
강의식(질문)	8	7	7	8
게임	5	4	2	3
영화	6	6	9	6
프로그램 학습	3	8	6	7
역할연기	2	2	3	1
감수성훈련	7	1	4	2
TV 강의	9	9	8	9

6. 6단계: 자원 배분

자원 배분 활동 단계에서는 프로그램 운영 시 필요한 인적·물적 자원의 배분과 수강료 선정, 교육예산 검토 작업 등이 이루어져야 한다.

1) 인적/물적 자원 배분

효과적인 자원 배분을 하기 위해서는 사용 가능한 인적·물적 자원의 목록을 작성하는 것이 좋다.

〈표 5-7〉 인적/물적 자원 배분 목록표 예시

과목명	교육내용	인적 자원	물적 자원
○○○○ 1		예) • 외부강사 관련전공자로 강의 경력 3년 이상의 전문가	예) • 교육장소 • 주강의실 • 보조강의실 • 교수기자재

		예)	
○○○○ 2		• 외부강사 관련 시설 운영자로 실무경력 5년 이상, 유사 프로그램 강의 경력 3년 이상인 자	
○○○○ 3			
○○○○ 4			
○○○○ 5			
○○○○ 6			

2) 수강료 선정

일반적으로 개인별 참가비 책정은 손익분기점 분석방법을 사용하는 것이 편리하다.

- 손익분기점 분석방법=(B−A)/C
  - 총 수입내역(A): 조직 내부 지원금, 조직 외부 지원금
  - 총 지출내역(B): 강사료, 시설 사용료, 광고비
  - 최소참가 예상인원(C)

〈예시〉
- 총 수입내역(A): 조직 내부 지원금: 500,000원
                  조직 외부 지원금: 500,000원
- 총 지출내역(B): 강사료: 600,000원
                  시설 사용료: 300,000원
                  홍보비: 200,000원
                  소모품 및 교재복사비: 100,000원
                  다과비: 100,000원
- 최소 참가 예상 인원(C): 50명
- 총 지출내역(1,300,000)−총 수입내역(1,000,000)/50=6,000원
- 수강료 책정: 6,000원+α

---

3) 교육예산 검토

예상 경비를 산정할 때에는 첫째, 전체 예산과 맞아야 하고, 둘째, 낭비 요소가 없도록 해야 한다. 교육 담당자는 원가를 의식하는 것의 중요성을 알고 있으면서도 그에 대해서 소홀하기 쉽다.

경비는 다음의 항목들을 중심으로 산정하는 것이 일반적이다.

- 예산 측정 워크시트(1)

계획예산

과정명:

예산 항목	계획 예산	%	집행 세부 내역
식비			○○○○×○식×○명
숙박비			○○○○×○실×○일
강의장			○○○○×○명×○일
단체복			○○○○×○명
승용차(강사)			○○○○×○회
차량(버스)			○○○○×○회
교육기자재 사용료			
강사비			○○○○×○H
교재비			○○○○×○권
문구류 외			○○○○×○명
음료다과비			○○○○×○명
시청각교재비			
총계			
1인당 교육비			

- 예산 측정 워크시트(2)

예산 항목	개발 비용	운영 비용	평가 비용
강사비 • 강사 • 보조강사			

교수매체 구입 및 사용비 • 교재비 • 매뉴얼 • 핸드아웃 • 컴퓨터 프로그램 • 아티클 • 기타			

시설 운영비
• 강의실
• 실습실
• 편의시설(휴게실)
  직원(강사)용
  수강생용			

음식 및 다과 • 식사 • 음료 • 과자류			
교통비 • 강사			
장비			
기타			

7. 7단계: 프로그램 마케팅

1) 프로그램 마케팅의 개념

프로그램 마케팅이란 프로그램을 잠재적 고객들에게 어떻게 가장 효과적으로 제공할 수 있느냐에 대해 연구하고 분석하고 판단하는 포괄적인 개념을 의미하는 것이다. 프로그램 마케팅은 프로그램을 판매하는 것과 학습자를 모집하는 것의 두 가지 활동을 포함한다.

청소년교육 프로그래머들에게 있어서 마케팅의 문제는 청소년 학습자들로 하여금 가치가 있다고 느낄 수 있게 하는 '프로그램의 교환 가치'를 생산하는 데 있다. 이때 초점을 둘 것은 홍보 부분으로 그 대상을 누구로 할 것이며 기간과 방법은 어떻게 할 것인지를 결정하는 일이다.

2) 홍보기법의 종류와 특성

일반적으로 프로그램 마케팅에서 홍보는 우편물, 신문 및 잡지 광고, 방송매체, 전화, 구두, 팸플릿, 이벤트 홍보 등의 방법으로 이루어진다. 기법의 특성과 주의사항을 간단히 소개하면 다음과 같다.

① 인터넷 및 SNS: 홈페이지나 전자우편(이메일), SNS 등을 통한 기법이다. 청소년들은 컴퓨터를 접하는 시간이 많아 쉽게 관심을 유도할 수 있으며, 이미 어느 정도의 관심이 있는 청소년일 경우에는 전달 내용이나 방법에 따라 보다 많은 관심을 자극할 수 있다는 장점을 가지고 있다.

② 신문 및 잡지 광고: 신문이나 잡지의 대중성으로 인하여 지방 신문을 통한 프로그램 홍보가 보편화되고 있다. 그러나 광고 비용이 많이 든다는 단점이 있다.

③ 방송매체: 방송매체는 청소년들의 머릿속에 오래 남는다는 특성을 갖고 있기는 하지만 다시 반복하여 듣기 어렵다는 한계점을 갖고 있기도 하다.

④ 전화: 문자메시지 등 SNS를 이용한 홍보가 늘어나는 추세이다.

⑤ 구두: 가장 효과적인 홍보방법이다. 직접 얼굴을 보고 대화를 나누는 가운데 프로그램을 홍보해야 하므로 설득력 있는 홍보자가 필요하다.

⑥ 팸플릿: 시각적인 도안과 세련된 문구를 가미할 경우, 구두 홍보보다 더 높은 홍보 효과를 얻을 수 있다.

3) 홍보지 작성

① 홍보지를 작성할 시에는 모집과정, 대상, 교육내용, 교육기간, 접수기간, 제출
서류, 수강료 등을 명시한다.

- 팸플릿이나 브로슈어를 받아 보았을 때 가장 처음 보이는 면에는 모집과
정의 특성을 가장 잘 드러내는 문구와 그에 적절한 그림으로 제시한다.
- 다음으로, 팸플릿을 펼쳤을 때 보이는 내부의 면에는 모집 대상, 교육내용,
기간, 접수기간, 제출 서류, 수강료 등을 제시한다. 프로그램에 대한 고객
의 관심을 높여 주기 위해서는 지면의 한 부분을 할애하여 교육 내용과 시
간, 강사명 정도를 언급하는 것이 효과적이다.
- 마지막 지면에는 기관을 찾아오는 방법(차량 서비스)이나 접수문의(상담)에
대한 문구를 제시한다.

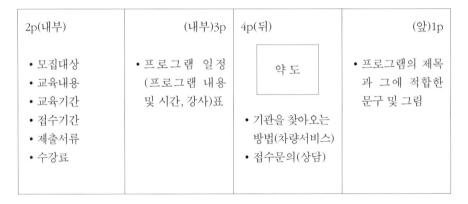

[그림 5-4] 홍보지 예시

② 프로그램 참여 시 얻게 되는 혜택이 있을 경우, 간결한 문구로 팸플릿의 하단
에 제시한다.

③ 팸플릿이나 브로슈어의 색상은 눈에 띌수록 효과적이기는 하나 자칫 촌스러
워질 수 있으므로 색상 선택에 주의를 기울여야 한다. 특히 홍보지의 색상
과 톤을 어떻게 선택하느냐에 따라 기관과 프로그램의 질이 달라 보일 수 있

기 때문에 색상과 톤의 선택은 민감한 부분이다. 보색을 사용하여 눈에 띄도록 하는 것도 효과적이기는 하지만, 최근에는 원색을 피하는 경향이 있다. 색상의 선택은 4~5가지 정도가 가장 적절하다. 1~2가지 정도의 색을 사용할 경우, 경비 절감의 효과는 얻을 수 있지만 홍보지의 단조로움을 피할 수 없기 때문에 실패의 가능성이 높다.

④ 문구를 작성할 시에는 간결하면서도 독특한 카피를 사용하도록 한다. 우리가 TV 광고를 한 번 보고 나면 잘 잊지 않듯이, 기억에 남는 독특하고도 간결한 카피를 만들어 내는 것이 중요하다.

8. 8단계: 평가 및 보고서 작성

1) 프로그램 평가의 개념

프로그램 평가란 프로그램의 효과성이나 목적 달성 여부에 대해 판단하고, 참여자가 프로그램을 어떻게 평가하는지, 그들이 내용을 이해했는지, 프로그램이 적절한 시기에 이루어졌는지에 대해 판단하며, 목적 달성에 대한 참여자의 반응을 토대로 프로그램의 질과 적합성을 판단하는 것을 의미한다.

2) 평가의 종류

평가는 일반적으로 프로그램 실시 전이나 진행 중에 그리고 프로그램 종료 후에 실시한다. 프로그램 실시 전이나 진행 중에 이루어지는 평가의 경우에는 지원체제, 집단 의사결정과정의 문제, 스케줄, 장소 등의 이슈를 중심으로 프로그램 운영 전반에 내재된 문제들을 평가한다. 반면에, 프로그램 종료 후에 이루어지는 평가에서는 교육 참여의 동기와 목적, 교육내용 및 교육방법, 교사의 자질, 교육생의 수, 장소, 시기, 시간, 교재·교구, 수업 분위기, 교육 효과에 대한 전반적인 의견을 묻는다.

(1) 교육 담당자에 의한 평가

① 업무수행 평가

과정 운영의 입안에서부터 프로그램 담당자 자신이 느낀 것을 정리한다. 계획의 옳고 그름, 운영 실시는 어떤가, 프로그램 지원 및 참가자의 반응 등을 겸허하게 받아들여 여러 종류의 방법으로 정리 평가를 한다.

② 교육내용의 평가

프로그램 수행 중간중간에 현재의 상황을 피드백하고 개선 및 궤도 수정을 한다. 이때 프로그램의 관찰, 참가자의 의견 청취, 강사의 강의 상황 관찰, 진행 상황 점검, 일지 보고서 등 다양한 측면으로 정보를 수집한다.

③ 지도자 평가

교육 효과는 지도자의 지도방법에 달렸다고도 할 수 있다. 기관 내 지도자의 경우 그 지도내용이나 개선에 대한 연구나 지도가 기관 내에서 가능하므로 필요한 자료를 종합해 놓는다.

외부의 일반 지도자의 경우, 평가를 하여 그 지도자를 활용할 것인가, 어떤 주문과 의뢰를 할 것인가, 교재는 어떻게 준비할 것인가를 결정해야 한다. 따라서 참여자의 반응과 프로그램 담당자의 방청 평가가 매우 중요한 역할을 한다.

(2) 참가자에 의한 평가

교육 평가에서 주로 사용하는 방법은 설문지이다. 참가자에게 설문지를 작성하게 할 때 교육에 대한 기대 수준이 높은 사람이나 젊은 사람은 낮게 평가하는 경향이 있다. 또 부족한 내용의 강의라도 강사의 화술이 좋으면 높은 평가를 하는 경향이 있다. 따라서 결과 평가에 있어서는 충분한 고려를 하는 것이 중요하다.

〈표 5-8〉 일반적인 평가 설문지 항목

설문 항목		
• 기대감	• 만족도	• 이해도
• 현실성	• 목표에 대한 달성도	• 효과 정도
• 강사에 대한 반응	• 교과에 대한 반응	• 기타 제안, 건의사항

(3) 지도자에 의한 평가

지도자의 의견, 감상은 교육 평가에서 중요하다. 따라서 프로그램 담당자는 가능한 한 강사의 입장에서 지도상의 장애, 커리큘럼상의 문제, 준비 상황, 수강 태도, 그 외 프로그램 전반에 대한 요망, 의견을 청취해야 한다. 그러나 대부분의 지도자가 자신의 강의에 대한 학습자의 평가를 긍정적으로 하는 경향이 있음을 감안해야 한다.

(4) 검토회에 의한 평가

과정이 끝나면 가능한 한 빨리 스태프에 의한 검토회를 가져야 한다. 검토회에서는 각종 평가 결과와 문제점을 집약하고 다음 교육을 위해 방책을 세운다. 이때 지도자나 전문가의 의견을 들을 수 있다면 더욱 좋다.

 연구문제

1. 청소년교육 프로그램 개발에 있어서의 한계점에 대하여 논하시오.

2. 프로그램의 현장 적용 시 예상되는 문제점에 대하여 토의하시오.

3. 청소년 프로그램 개발의 단계별 특징에 대하여 논하시오.

제6장

청소년지도 방법

개요

청소년지도 방법은 청소년지도의 이념과 목표, 내용을 실현하는 구체적인 방안으로 청소년지도 자체로 여겨질 만큼의 중요성을 지닌다. 청소년지도는 이론보다는 체험활동이 중요하기 때문에 청소년을 지도하는 데 있어서 방법이 그만큼 중요하다고 볼 수 있다. 이 장에서는 청소년지도 과정에 있어 상황에 따라 체계적이고 효율적으로 지도할 수 있는 방법을 모색하기 위해 청소년지도의 의미, 청소년지도 방법의 기본 원리, 기초적 과정, 기법 등을 살펴본다.

학습목표

1. 청소년지도 방법의 개념과 기본 원리 등을 알 수 있다.
2. 청소년지도 방법의 이론적 기초과정에 대하여 논의할 수 있다.
3. 청소년지도 기법에 대하여 설명할 수 있다.

제1절 청소년지도 방법의 기초적 이해

1. 청소년지도

청소년지도 방법을 이해하기 위해서는 청소년지도에 대한 이해가 먼저 이루어져야 하므로 우선 청소년지도에 관하여 살펴본다.

1) 청소년지도

(1) 청소년지도의 의미와 변천

청소년지도에 대한 관심이 동서양을 막론한 보편적인 현상임을 누구나 알고 있을 것이다. 일찍부터 근대교육의 뿌리가 내렸고, 학교교육과 청소년지도의 관련성에 주목하기 시작한 서구 유럽에서는 청소년지도에 관한 이론적 · 실제적 경험을 많이 축적해 오고 있다. 청소년지도의 개념은 다음 세 가지의 의미를 가진다.

- 청소년에게 스스로 자기의 문제를 해결하는 데 필요한 자기결정의 공간과 시간 활용의 능력을 길러 주는 것이다.
- 청소년지도는 자기결정과 더불어 자존감과 자기성취감을 경험하게 해 주는 것이다.
- 청소년과 청소년 그리고 청소년과 지도자 간의 인간적 유대감을 경험하게 만드는 것이다.

(2) 청소년지도의 개념적 변화 유형

청소년지도의 이론가이자 실업가인 영국의 알렉스 스미스(Alex Smith) 경은 청소년지도의 개념적 변화를 다음과 같이 네 가지 유형으로 나누었다.

① '보충적 사회교육' 개념으로서의 청소년지도

학교로부터 정규적인 보살핌을 받지 못하는 불우한 청소년들에게 주목해서 그들을 회원으로 가입시키고, 회원으로서 자기 역할을 하게 함으로써 그들을 건실하게 육성하려는 발상이다.

단체에 가입시킨다는 것은 곧 사회에 대한 책임의식을 강조함으로써 성장하도록 하려는 의도로, 소속감과 충성심을 매개로 하여 청소년들의 자아 발달, 사회성 발달 그리고 시민적 자질을 기르려는 청소년지도 유형이다. 이는 주로 영국에서 제2차 세계대전 이전에 활용되던 청소년지도 방법인데, 불우 청소년을 일반 청소년의 주류(mainstream)집단에 가담하게 하려는 것이 그 직접적인 의도이다.

② '자기통제력 및 사회성 증진'에 강조를 두는 청소년지도

이런 유형의 청소년지도는 청소년들이 사회에서 일으키는 여러 가지 비행과 부적응 그리고 범죄를 청소년 개인의 정신·심리적 특성의 결핍이나 왜곡으로 파악하고 그것을 개선하려는 발상에서 나온 것이다. 청소년 개개인이 사회에서 겪고 있는 문제를 보다 훌륭하게 지적·정서적 그리고 기술적으로 해결할 수 있도록 무장시키고 준비시키는 것이다.

청소년지도의 측면을 비행과 범죄 및 문제 청소년의 지도에 중점을 둔 것이라고 볼 수 있는데, 제2차 세계대전 이후 영·미·독·불·일 등에서 청소년문제가 급증함에 따라 그 해결책으로 이 개념이 성행했다.

③ '사회적 예민성 증진'에 강조를 두는 청소년지도

청소년들을 이 사회의 성실한 시민으로 육성한다는 것으로, 청소년들로 하여금 사회가 가지고 있는 구조적인 문제에 주목하게 하고 그런 문제들을 해결하는 연습을 하게 함으로써 능동적 사회 개선의 전위(pioneer)로 키우자는 것이다.

개인이 가진 그리고 개인이 부딪히는 사회적·개인적인 문제들의 뿌리는 사회적 구조와 관련되어 있어서 개인의 결단과 변화만으로는 고치기 어렵고 사회 자체가 바뀌어야 한다는 기본 전제가 깔려 있다. 청소년들은 이런 상황을 인식하고 그

런 구조적인 문제에 예민해야 하며, 이를 개선하려는 의지와 기술을 습득해야 한다는 것이다. 그래서 사회문제에 대한 내적 · 외적 병리 현상에 청소년들이 예민하게 반응하고 대처할 수 있는 능력을 기르기 위한 프로그램들이 강구되고 있다.

④ '지역사회 참여 경험 확대'에 강조를 두는 청소년지도

이것은 1970년대 이후부터 서구 유럽의 선진국 청소년지도자들 사이에서 중요시되고 있는 청소년지도 유형으로, 주로 영국에서 시작되어 오늘날까지 청소년지도의 표준적인 유형으로 인정받아 오고 있다.

청소년지도의 궁극적이고 가장 기본적인 의미를 '청소년들로 하여금 건설적이면서 비판적인 안목을 가지고 그들이 살고 있는 사회적 상황에 참여하여 실제로 살아보는 경험을 제공하는 것'으로 규정하고 있다.

청소년들은 자신의 삶을 사회 혁신의 일반적인 '에이전트(agent)'로 파악하기보다는 자신과 관계를 맺고 있는 지역사회와의 연관하에 파악한다. 이 지도방법은 그런 지역사회에 대한 적극적인 경험을 통해서 공동체의 의미를 파악하고 참여하게 하는 '시민'의 육성에 관심이 있다. 그리고 청소년들의 자발성, 책임성을 강조하며, '지역사회 공동체 속의 가치 있는 개인'을 주된 목표로 한다.

이상과 같은 청소년지도의 개념 변화는 우리나라의 경우에도 적용될 수 있는 것으로 다음과 같이 정리해 본다.

- 1950~1960년대에는 학교교육의 보충수단으로서 청소년지도의 개념이 유행하였다.
- 1970년대 이후에는 부적응 청소년(가출, 비행, 범죄 청소년) 선도에 관심이 컸으며, 그러한 청소년을 대상으로 하는 시설이 많이 생겼다.
- 1980년대에 들어오면서부터 사회 일부에서 '청소년선도'의 개념이 불순시되고, 오히려 '사회적 비판의식'을 고양시키려는 시도가 일어나기도 하였다.
- 1990년 이후 요즈음에 이르러서는 다양하고 새로운 모습의 청소년지도 활동이 전개되고 있다. 그것은 청소년들의 긍정적 문화에 주목하고, 선도 · 계도 ·

인도 차원이 아니라 보다 조화롭고 바람직하게 자신의 삶을 향유할 수 있도록 연습시키고 체험시키려는 '수련·교류·문화 활동'의 시도가 많아지고 있다 (청소년지도사학교, 2005).

2) 청소년지도 방법의 개념

넓은 의미의 청소년지도 방법이란 청소년지도의 목적을 달성하기 위한 모든 계획적인 활동을 의미하지만, 넓은 의미로는 그 내용을 하나로 정리하기가 불가능할 정도로 매우 다양하고 복잡하다. 이 개념은 기획, 시설, 장소, 활동 등 청소년지도를 위해 고안되고 동원되는 모든 수단과 행위를 포함한 일체의 운영을 의미하기 때문에 그 범위가 너무 포괄적이고 광범위하여 실제적이지 못하다. 청소년지도 방법을 좁은 의미로 정의하면, 청소년지도자가 청소년을 보다 효율적으로 지도하기 위하여 의도적으로 행하는 활동이다. 이 지도방법은 지도활동에 동원되는 전략, 기술 등을 포함하는 개념으로, 청소년지도 방법론 속에는 지도기법(supervised techniques)이 포함된다고 인식할 수 있다. 교육방법론에 나오는 개념을 거의 그대로 적용하여 청소년지도 방법론으로 설명하는 경우도 있으나, 그것은 바람직하지 않다고 본다. 그 이유는 첫째, 교육방법론에서의 지도방법은 주로 학교라는 장소에서 지도하는 것인 데 반하여, 청소년지도는 장소가 주로 외부이기 때문이다. 둘째, 학교에서는 학교급별, 학년별 또는 연령별에 따른 교육과정이 법령으로 정해져 있고 그 내용을 어떻게 지도할 것인가가 중요한 데 반하여, 청소년지도에서는 학교급별, 학년별 또는 연령별로 정해진 교육과정이 없기 때문이다.

지도기법이란 청소년활동을 촉진하기 위하여 활동과정과 활동과업들을 처리하는 수단이나 수완을 의미한다. 즉, 지도기법은 청소년들이 활동을 보다 쉽게 그리고 효율적으로 수행할 수 있도록 지도하기 위한 기술 또는 전략을 말한다. 지도기법에는 조직행동의 전략, 커뮤니케이션 기법, 리더십 기술, 집단역동 기법 등이 있다. 이러한 지도기법은 활동현장에서 이루어지는 청소년지도자와 청소년 간의 직접적인 관계 형성에 기초하며, 지도방법들을 주어진 상황에 효과적으로 잘 활용할 수 있도록 청소년지도자의 전문적인 교육과 훈련이 요구된다.

2. 청소년지도 방법의 이론적 기초과정

청소년지도는 청소년들이 성인기(adulthood)에 접어들어 일의 세계(working life)로 성공적으로 전이할 수 있도록 하는 전반적인 제 과정이라 할 수 있다(Evans & Haffenden, 1991, p. 3). 여기에서 제 과정이란 청소년들이 보다 더 효과적으로 전이과정에 성공할 수 있도록 도와주고 촉진시키는 방법이라 할 수 있다. 이러한 방법들은 교수-학습과정, 협동학습과정, 커뮤니케이션 과정, 집단역동과정, 리더십 과정, 경험학습과정, 참여과정, 상담과정, 봉사학습과정 등을 포함한다.

1) 교수-학습과정

교수-학습과정(teaching-learning process)은 청소년과 청소년지도자 사이의 관계를 형성하는 기초적인 과정이라 볼 수 있을 것이다. 교수-학습과정의 의미를 이해하기 위해 선행적으로 인식하고 있어야 할 것은 교수의 의미와 학습의 개념이다.

교육이란 교수-학습과정을 통하여 교육 대상자들에게 학습 경험을 부여함으로써 교육목표에 도달하게 하는 활동이다. 학습 경험이 이루어지게 하기 위한 교육자의 활동이 교수(teaching)이며 학습자의 활동이 학습(learning)이므로 교수와 학습은 통합된 하나의 활동이라고 보아야 할 것이다.

학습 경험(learning experience)이란 자발적이고 능동적이며 역동적인 상호작용의 과정으로서 교육 대상자가 이 경험을 가질 때 비로소 교육목표에 도달할 수 있다. 따라서 청소년지도에서도 청소년들이 학습 경험을 가질 때 비로소 청소년지도의 목표에 도달할 수 있다. 경험이란 자아를 둘러싸고 있는 환경(인적·물적·문화적)과의 상호작용을 의미한다. 여기에서 자아란 학습자를 의미하며, 인적 환경이란 교사, 청소년지도자, 자원지도자 등을 말한다. 그리고 물적 환경이란 청소년지도가 이루어지는 청소년수련 기관, 단체 및 시설이 가지고 있는 제반 시설을 의미하고, 문화적 환경이란 자연과학 및 사회과학으로서 교육내용을 말한다.

상호작용이란 [그림 6-1]에서 볼 수 있는 바와 같이 인간의 오각을 통한 작용으로서 인간의 두뇌에 주어진 자극을 인지(awareness)하여 관심을 가지고 그것을 평

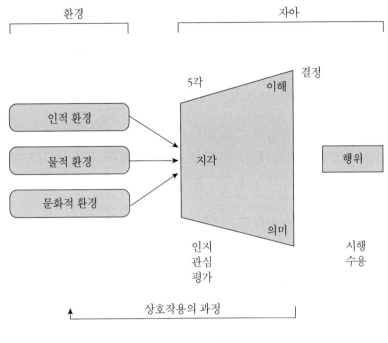

[그림 6-1] 교수-학습과정

가(evaluation)하여 의미와 뜻을 부여하고 마침내 어떤 결정을 이루어 내는 과정을 의미한다. 상호작용이란 머릿속에서 주어진 자극을 사고하고 통찰하며 판단하는 과정이다. 일반적으로 이러한 상호작용의 결과로서 어떤 행위(action)가 유발되는 데, 처음에는 시행(trial)을 하고 마지막에는 수용(adoption)을 하게 된다. 학습 경험 이란 경험 중에서 교육목표에 도달하는 데 필요한 모든 경험을 말한다. 경험이라 하여 모두 유익한 것은 아니므로 그중에서도 학습목표 도달에 도움이 될 때만이 의미 있는 학습 경험이 된다 할 수 있다.

　교수는 교육자가 지식과 정보를 학습자에게 전달하는 활동이라 할 수 있으나, 이보다 더 넓고 깊은 의미로 이해되어야 한다. 학습자로 하여금 여러 가지 유인물이나 사회적 현상에서 필요한 정보와 지식을 스스로 얻어 내도록 도와주는 과정과 학습자가 스스로 연구하는 과정을 포함한다. 다시 말하여, 교수는 교육목표를 의식한 하나의 계획적인 행동 변화과정으로 지식과 정보를 이야기하는 것에서 끝나는 것이 아니라 그것들을 제공함으로써 그들의 행동을 변화시킬 때 비로소 가치가 부여되는 것이다.

이 외에도 학습에 대한 인식을 진작시키고 그들 스스로 그들의 미래를 설계하여 그것을 성취하는 데 필요한 학습을 하도록 도와주는 과정까지도 포함시켜야 하며, 교수의 과정을 통하여 청소년지도자와 청소년 사이에 서로 아끼고 사랑하는 친교의 관계, 다시 말하여 마음과 마음이 만나는 유기적인 인간관계가 조성되는 과정까지도 포함시켜야 한다.

교수가 교육목표를 향한 교육자의 활동이라면, 학습이란 교육목표를 향한 학습자의 활동이다. 학습이란 학습자 스스로 훌륭한 지식, 태도, 기술 등을 가지기 위하여 의도적으로 활동하는 과정이다. 학습은 가르침만을 통해서 주어지는 것이 아니고 피교육자 스스로 책과 유인물 등을 통해서 연구할 때, 어떤 사물과 현상을 관찰할 때, 어떤 특정 사항을 경험할 때도 이루어지는 것이다.

또한 학습에서 우리는 학습활동 자체에도 관심을 가져야 하나 결과적으로 행동적 변화가 일어나도록 할 때 학습의 가치가 나타난다. 학습의 결과란 반드시 눈에 보이는 것은 아니지만 학습자에게 어떤 변화가 유발되어 그의 개성과 특성에 어떤 영향을 주게 될 때 학습이 진행되었다고 볼 수 있다.

학습이란 학습자 스스로의 의사결정과정이며 선택과정이다. 그의 경험을 통해서 그리고 그의 동기에 따라서 그가 어떻게 할 것인가를 여러 가지 가능한 것 중에서 하나 혹은 그 이상 선택하는 과정이다. 그러므로 학습에서는 개인차를 전제하지 않을 수 없으며 획일적인 결과를 초래할 수도 없고 또 모방보다는 독창적이고 창조적인 과정이 주어져야 한다.

또한 학습이란 학습자의 이전 경험과 새로운 경험을 결부시키고 통합하는 과정이다. 반드시 새로이 주어지는 경험만이 중요한 것이 아니라 이전에 주어진 경험과 학습자 자신에 대한 연구도 필요하다. 현대와 같이 사회 변화가 급변할 때에는 가급적 기초 지식과 기본 원리에 대한 경험이 많아야 새로운 경험과 통합이 쉽게 이루어질 수 있을 것이다.

인간의 모든 행동양식은 유전과 학습의 어느 하나 또는 복합적 상호작용의 결과로부터 유래한다고 볼 수 있다. 학습이론에서는 인간의 행동이 대부분 후천적으로 학습된다고 보고 있다. 반면에, 유전된 행동은 어느 정도 고정화되어 있어 그것을 변화시키는 것이 매우 어렵다. 후천적으로 학습된 행동은 계속적인 학습에 의하여 변화 및 수정될 수 있다. 개인의 행동이 얼마나 유전에 기인하고 있으며 얼마나 후천적으로 학습된 것인가는 주로 개인의 연령과 경험에 달려 있다.

이와 같이 교수–학습과정은 인간의 행동이 후천적으로 학습되어 변화될 수 있다는 전제를 바탕으로 하는데, 이는 청소년지도의 과정에서도 동일하다.

2) 협동학습과정

협동학습(cooperative learning)이란 학습자들이 공유하고 있는 목표를 성취하기 위해 함께 노력하는 것을 말한다. 청소년지도 과정에서는 기존의 학교교육에서 주로 사용되어 왔던 개별학습(individual learning)과는 달리 청소년들이 다른 사람과 더불어 주어진 목표를 해결해 나가는 접근방식이 주로 활용된다.

대개의 경우 청소년의 학습목표는 협동적 · 경쟁적 혹은 개인적 노력을 촉진시키기 위해 구조화된다. 학습이 이루어지는 협동적 상황과 대비되는 것으로, 경쟁적 상황은 모든 사람이 도달해야 할 목표에 접근할 수 있는 것이 아니다. 오직 한 사람이 또는 일부만이 그 목표에 도달해야 하기 때문에 다른 사람을 밀쳐 내야 한다. 따라서 상호 의존적인 노력이 배제된다. 이러한 접근방식은 잘못된 제도하의 후진국형 학교교육에서 주로 활용되는 것으로, 집단보다는 개인의 성취에 더 많은 관심이 기울여진다. 그러나 청소년지도에서는 청소년들이 동료들과 더불어 추구해 나가도록 하는 방법을 강조한다.

이러한 협동학습이 이루어지기 위해서는 다음과 같은 몇 가지 요소가 필요하다.

첫째, 협동학습을 구조화시키는 데 가장 우선적이고 중요한 요소는 긍정적인 상호의존성(positive interdependence)이다. 긍정적인 상호의존성은 집단의 구성원들이 모든 구성원의 성공 없이는 어떠한 성공도 이룰 수 없다는 공동체의식을 강조한다.

둘째, 협동학습이 가지고 있는 또 다른 요소는 상호작용의 촉진과 대면관계의 선호이다. 청소년들이 함께 목표에 도달하기 위하여 정보와 자원을 공유하고, 서로를 격려하고, 지원하고, 칭찬하고, 조력하는 과정이 필요하다.

셋째, 개인 및 집단의 책무성(accountability)이다. 집단은 목표를 성취하기 위해 나름대로 책무성을 가지고 있어야 하고, 집단의 각 구성원도 이러한 목표에 도달하기 위하여 자신의 역할에 최선을 다할 책임을 가지고 있어야 한다.

넷째, 협동학습이 이루어지기 위해서는 대인 및 소집단 기술이 필요하다. 협동학습은 청소년들이 소집단을 형성하여 효과적으로 기능하기 위해 팀을 중심으로 학습이 이루어지기 때문이다. 따라서 리더십, 집단 의사결정, 신뢰 구축, 커뮤니케이션, 갈등 관리 등의 사회적 기술(social skill)이 요구된다.

다섯째, 집단화 과정(group processing)이다. 집단화 과정은 구성원들이 자신들의 공통 목표를 보다 더 잘 성취하고, 효과적이고 긴밀한 상호협조 관계를 유지할 것인가를 토의하는 과정에서 발생한다. 실제로 청소년지도 과정에서 이러한 집단화 과정은 청소년들에게 교육적으로 매우 큰 효과가 있다.

3) 커뮤니케이션 과정

청소년지도의 실천과정은 청소년지도자와 청소년 상호 간의 의사소통 전달과정(communication process)으로 파악될 수 있다. 청소년과 청소년지도자가 대등한 입장에서 서로의 생각, 정보, 혁신사항 등을 대화로 교환하며 토의하는 경우가 많기 때문에 청소년지도자들은 커뮤니케이션의 분위기에 익숙하게 대처해 나가야 한다.

청소년지도를 할 때는 지도과정을 너무 제한적이고 계획적인 수업행위나 지시행위와 그 결과만으로 볼 수 없다. 청소년지도는 청소년들이 경험하는 커뮤니케이션의 결과라 할 수 있으므로 커뮤니케이션이 이루어지지 않고서는 청소년지도는 불가능하다(오치선, 1996, p. 50).

과정이란 시간에 따라서 연속적인 변화를 보이는 어떤 현상 또는 그 연속적인 작용이라고 할 수 있다. 커뮤니케이션은 역동적이고 연속적이며, 계속 변화하고 요소들 간 상호작용이 이루어진다는 것이다.

커뮤니케이션을 과정으로 볼 때 커뮤니케이션 현상을 보다 깊이 이해할 수 있을 뿐만 아니라 커뮤니케이션의 효과도 제고할 수 있다. 또한 커뮤니케이션을 과정으로 이해할 때 커뮤니케이션 요소들은 상호작용하며 서로에게 영향을 미친다. 피드백을 통해서 커뮤니케이션의 결과와 효과를 기대할 수 있고 수신자의 커뮤니케이션 결과에 대한 반응을 통해서 정보원은 보다 효과적인 커뮤니케이션을 구상할 수 있는 계기를 마련해 준다.

커뮤니케이션 과정은 커뮤니케이션을 구성하는 각 요소들 사이에서의 상호작용을 의미하며 시간에 따라 연속적인 변화를 보이는 어떤 현상 또는 연속적인 작용으로서 시작과 끝에 고정된 절차가 없이 순환적으로 이루어진다.

4) 집단역동과정

청소년지도 과정은 대부분 집단활동을 통해 이루어진다. 이러한 경우 청소년지도는 집단 내부에서 발생하고 외부에서 주어지는 여러 가지 힘의 상호작용으로 이루어지게 된다. 따라서 청소년지도 과정은 집단역동과정(group dynamics process)으로 이해되기도 한다.

청소년들은 무리 지어 집단을 형성하게 되는데 취미, 성격, 기대 등의 의견이 맞아야 집단으로서의 활동을 유지하게 된다. 또한 집단 외부에서도 집단활동에 영향을 미치는 사람과 단체가 많으므로 집단 구성원이나 지도자들은 의식하지 않을 수 없다. 이와 같이 청소년을 둘러싸고 있는 집단 내외적으로 많은 힘이 여러 가지 방향과 형태로 상호작용하고 있는데 이것을 집단역동이라고 한다.

집단 내부에서 발생하는 여러 가지 힘의 상호작용을 집단의 내적 역동성(internal group dynamics)이라 하며, 집단 외부에서 집단으로 주어지는 힘들의 작용을 집단의 외적 역동성(external group dynamics)이라 한다. 집단의 내적 역동성은 청소년 개개인이나 청소년 개개인과 다른 사람 간의 상호작용을 통해 파생되는 에너지나 힘으로서 정적인 행동과 반대되며 행동으로 나타나는 추진력을 의미한다. 이처럼 집단역동은 집단 구성원들로 하여금 집단 내에서 이루어지는 상호작용에 민감하도록 도와줄 뿐만 아니라 집단 내에서의 보다 효과적인 상호작용을 통해 집단의 발전과 생산성을 높여 준다.

실제로 청소년지도 현장에서는 많은 경우 집단활동을 활용하여 청소년들에게 새로운 경험을 제공하고 전인적인 변화를 추구한다. 그러므로 청소년지도자가 집단역동에 대한 지식과 그 원리에 대해 이해하는 것은 매우 중요하다. 청소년지도자들이 집단역동을 적절히 활용하게 되면 전체 집단과 구성원인 청소년 모두에게 긍정적인 결과를 가져올 수 있다. 즉, 청소년집단지도 전문가가 집단활동을 활용하여 청소년들을 돕게 된 것은 집단 속에서 발생하는 사회적 힘이 집단을 구성하고 있는 청소년 개개인들을 변화시키도록 작용하기 때문이다. 집단은 집단 구성원이 목적을 달성하도록 격려하는 힘을 가진다.

청소년지도를 위한 집단역동에 주로 활용되는 방법은 브레인스토밍, 역할연기, 소시오메트리, 감수성훈련, 심포지엄, 세미나, 배심토론, 소집단 원탁토론, 소집단 분과토의 등이다.

5) 리더십 과정

반 린든(van Linden)과 퍼트먼(Fertman)은 청소년기가 리더십 발달을 위한 결정적 시기라고 주장하고 있다. 청소년기에 리더십을 개발하는 것은 자기존중감(self-esteem)을 강화시키고(김현수, 오치선 역, 1994, p. 15), 위험행동(risky behavior)을 예방하며 성공적인 성인기를 위한 출발점으로서의 역할을 수행한다. 그러나 많은 청소년은 리더 역할을 수행할 기회를 거의 제공받지 못하고 있다. 성인을 위한 전통적 리더십 모델이 독특한 발달 욕구를 가지고 있는 청소년들에게 부적절하게 적용되는 경우가 허다하다는 것이다. 린든과 퍼트먼(van Linden & Fertman, 1998)은 『청소년 리더십(Youth Leadership)』이라는 책에서 청소년기 발달이론에 근거를 둔 리더십 모델(leadership model)의 설정을 처음으로 시도하였다.

청소년지도 과정에서는 청소년지도자가 어떻게 리더십을 발휘하느냐에 따라 청소년들의 행동이 달라지게 된다. 실제로 많은 청소년지도 현장에서 청소년지도자의 리더십은 청소년들의 행동에 큰 영향을 미치게 된다. 청소년들을 향해 적절치 못한 리더십을 발휘하는 경우에는 청소년지도에 실패할 수밖에 없다. 따라서 청소년지도자들은 청소년지도 과정이 리더십을 발휘하는 것이라는 관점에서 적절하게 행동해 나갈 필요가 있다.

청소년지도자들에게 있어 리더십은 청소년들을 잘 지도하고 이끌어 나가는 과정에서 반드시 필요한 요소이다. 청소년지도자는 학교 교사들과는 다른 권위를 인정받고 있는 것이 현실이다. 따라서 청소년들이 청소년지도자들의 의도에 맞게 자발적으로 행동할 수 있도록 하기 위해서는 리더로서의 적절한 능력을 발휘하는 것이 바람직하다.

6) 경험학습과정

경험학습(experiential learning)은 인식론과 듀이(J. Dewey)의 경험론에 토대를 둔 것으로, 학교 밖에서 이루어지는 청소년지도와 관련된 많은 프로그램에서 하나의 대안적인 방법론으로 제기되고 있다. 그것은 지식 위주의 인지적인 행동 변화와는 달리 청소년들의 경험과 체험을 바탕으로 한 행동 변화과정을 중요시하는 접근방법이다.

경험학습이란 한 개인이 활동에 참여하고 그러한 참여를 통해 자신이 경험한 것을 비평적으로 되돌아보고 자신의 행동을 분석하고 새로운 통찰력을 얻어 일상생활에 적용해 나가는 것을 의미한다(van Linden & Fertman, 1998, p. 132).

따라서 청소년지도과정에서 경험학습은 개인이 활동에 참여하고, 자신의 참여와 활동 경험을 비평적으로 돌이켜 보고, 그것이 기억할 만큼 유용하고 중요한지를 판단하고, 이를 토대로 또 다른 활동을 수행하기 위해 이전의 경험을 통하여 형성된 정보를 활용하는 접근방법을 말한다.

경험학습의 핵심적인 단계는 소위 'Do-Reflect-Apply' 과정으로 다음과 같이 설명된다.

첫째, 행함(Do) 단계는 청소년들이 계획된 활동에 참여하고 경험을 갖게 되는 것을 말한다. 여기에서 경험은 청소년들이 능동적이고 자발적인 참여를 통해 획득할 것을 전제로 한다.

둘째, 반성적(Reflect) 숙고 단계는 청소년들이 활동에 참여하는 과정에서 자신들이 경험한 것이 무엇이며, 어떠한 일이나 사건이 일어났는가를 기술하여 다른 사람과 공유하고 새로운 지식과 기술을 습득하기 위해 경험하고 공유된 것을 처리하는 것을 말한다. 청소년들은 자신이 학습한 것이 무엇인지를 서로 공유할 때 비로소 자신의 행동에 자극을 받아 바람직한 방향으로 변화하게 된다(김현수, 오치선 역, 1994, pp. 55-56).

셋째, 적용(Apply) 단계는 청소년들이 위의 두 단계를 거치면서 획득한 경험을 보다 넓은 세계로 확대하고 일반화시키는 것을 말한다. 즉, 청소년들이 일상생활에 자신들이 새롭게 획득한 정보와 기술을 적용해 나가는 것을 의미한다.

7) 참여과정

최근 청소년 참여가 매우 중요한 관심사로 떠오르고 있다. 대표적인 학자가 콜러(Kohler, 1982)와 윈터(Winter, 1997)이다. 콜러는 청소년 참여를 통한 청소년의 책임성 행동에 관심을 기울였으며, 윈터는 청소년 참여와 시민성을 연결시켜 교육, 정치, 사회 등 여러 영역으로 나누어 구체적으로 제시한 바 있다.

청소년지도는 교실이나 강당과 같은 폐쇄된 실내나 제한적인 공간에서 이루어지는 것 외에도 그들이 생활하고 있는 보다 광범위한 개방된 지역사회 체제 속에서 이루어지는 경우가 많다. 청소년들의 참여과정은 자원봉사활동과 지역사회 개발 지원, 환경보호활동 등 다양한 형태로 나타나고 있다. 최근에는 청소년의 정치 참여 등도 논의되고 있다. 따라서 청소년지도자는 청소년지도 과정에서 참여과정에 대해 정확히 이해하고 실제 현장에서 적용해 나갈 필요성이 있다.

참여란 수동적이고 능동적인 의미를 모두 포함하고 있는 개념이다. 수동적 참여는 학습 측면에서 능동적 참여에 비해 그 효과가 훨씬 낮다. 참여과정을 보다 정확히 이해하기 위해서는 먼저 참여 수준에 대한 이해가 이루어질 필요가 있다. 참여과정은 참여 정도에 따라 참가(參加, participation), 참여(參與, involvement), 참획(參劃, empowerment)으로 나누어진다. 이것은 일본에서 제기된 분류 기준이다. 참가란 청소년들이 지역사회의 프로그램에 단순히 등록(enroll)하는 것을 의미하는 것으로, 청소년들이 활동 프로그램에 매우 수동적이라는 것을 전제로 한다. 참여란 청소년들이 지역사회 프로그램에 등록하여 역할을 부여받고 주어진 역할을 수행하는 정도를 의미한다. 참획이란 청소년들이 특정 사안에 대해 의사결정까지 행할 수 있는 정도를 의미한다. 여기에서 유의할 점은 지도자들이 청소년들에게 인기를 얻기 위하여 전문가들의 자문을 깊이 듣지 않고 청소년위원 등으로 청소년을 여러 곳에 참여시키면 안 된다는 것이다. 그 이유는 청소년들은 아직 배움의 단계에 있기 때문에 성실하게 지도하는 자세로 접근해야 하며, 그렇지 않으면 오히려 장래의 행동 변화가 바람직하지 않을 수 있다는 것이다. 항상 '참여'와 '책임'의 구호를 깊이 인식하여 권리에 따르는 책임을 앞세우게 하는 등, 청소년들을 선진사회의 지구촌 시민으로 훌륭하게 육성해야 한다.

8) 상담과정

청소년지도 과정에서 많이 활용되고 있는 또 다른 방법은 바로 상담과정이라 할 수 있다. 상담과정은 개인이나 소규모 집단을 대상으로 하여 청소년들이 안고 있는 문제의 해결과 그들의 진로 선택에 초점이 맞추어진다.

상담과정에서 청소년지도자는 상담자(counselor)의 역할을 수행해야 하고 청소년은 내담자(counselee, client)가 된다. 일반적으로 상담은 내담자와 상담자의 두터운 신뢰 형성이 필요한데, 이는 개별적인 대면관계에서 가장 잘 이루어질 수 있다. 그러나 최근에는 상담의 형태가 다양화되고 있다. 요즘에는 전화상담, 컴퓨터 통신 상담 등도 많이 활용되고 있다.

9) 봉사학습과정

봉사학습(service learning)이란 청소년들이 특정한 일에 참여하여 봉사함으로써 체험하게 되는 학습행위를 의미한다. 우리나라에서는 주로 '자원봉사활동'이란 용어로 사용되고 있다. 실제로 청소년들은 자원봉사활동을 통해 학교에서는 결코 체험할 수 없는 많은 것을 경험하게 된다. 이러한 경험들은 청소년들이 전인적인 인간상을 형성해 나가는 데 크게 기여한다. 봉사학습과정은 경험학습의 각 단계를 모두 포함하고 있으며 '경험' 단계가 보다 구체적으로 세분화되어 있다.

3. 청소년지도 방법의 원리

청소년지도 활동을 실제로 전개해 나갈 때, 어떠한 종류의 프로그램을 실행하든지, 어떤 청소년집단을 대상으로 하든지 간에 가장 공통적이고 일반적인 원리들로 다음의 여섯 가지를 들 수 있다(한상철, 1998).

1) 청소년 중심의 원리

청소년지도 방법은 청소년이 주체가 되는 청소년 중심의 활동지도로 출발되어야 한다. 청소년지도는 청소년지도자나 기관 또는 단체가 중심이 되지 않고 청소년들의 자발적인 참여와 내적 동기를 전제로 그들의 실생활 체험과 능동적인 활동을 중심으로 전개되어야 한다. 예컨대, 활동과정의 평가에 있어서 청소년들로 하여금 자신의 성과를 스스로 평가하고 결과를 인식하게 함으로써 프로그램에 대한 참여 의지를 높여 주고 자신이 활동의 주체가 되고 있음을 실감하도록 해 주어야 한다. 이 밖에도 프로그램에 대한 자체 평가와 의견 수렴 등을 통해 청소년 중심의 활동이 이루어지도록 배려하여야 한다. 이러한 청소년 중심의 지도방법에서 청소년지도자는 학습의 조력자, 안내자, 상담자, 방향잡이, 조정자로서의 역할을 맡게 된다.

2) 동기 유발 및 유지의 원리

청소년지도 방법은 청소년들의 동기를 유발하고 유지시킬 수 있어야 한다. 청소년지도가 청소년들의 자발적인 참여를 전제로 하지만, 지도과정에 참여한 청소년들이 지도활동에 대하여 의미나 매력을 갖지 못한다면 더 이상 자발적인 참여는 보장할 수 없을 것이며, 청소년지도의 효과 또한 기대할 수 없을 것이다. 따라서 청소년지도는 다른 어떤 교육보다 그들에게 자신감과 만족감 등을 높여 줄 수 있도록 계획되고 실천되어야 할 것이다(김현수, 오치선 역, 1994, pp. 174-179).

이에 대해 켈러(Keller)는 동기 유발 및 유지를 위한 교수설계 모형으로서 ARCS (Attention, Relevance, Confidence, Satisfaction) 전략을 제안한 바 있었다. 청소년지도 방법이 청소년들에게 진정으로 의미와 만족을 주어서 즐겁고 흥미롭게 참여할 수 있는 동기가 유발되고 또 그것이 유지된다면 자발적인 참여는 물론 지속적인 참여를 보장할 수 있을 것이며, 학습의 효과와 흥미도 한층 높여 줄 수 있을 것이다.

3) 다양성과 융통성의 원리

청소년지도 방법은 다양성과 융통성을 기본 원리로 하고 있다. 다양한 특성과 욕구를 가진 청소년들을 획일적이 아닌 다양한 방법으로 지도하여 그들의 교육적 욕구를 최대한 충족시켜 주어야 한다. 또한 개인차를 최대한 인정해 주도록 하여야 한다. 하나의 지도활동이나 지도내용에도 몇 가지의 지도방법을 적용할 수 있다. 다양한 지도방법을 융통성 있게 병행하여 활용할 때, 청소년 개개인의 욕구를 더 많이 충족시켜 줄 수 있으며, 그들이 지도활동에 대한 흥미를 지속시켜 나가도록 할 수 있을 것이다.

청소년들의 욕구에 대한 조사에서는 청소년들의 80% 이상이 집단지도나 단체활동을 원하고 있는 것으로 나타났으며, 남녀별로 차이가 있는데 남학생의 경우는 지도자 훈련활동과 친선교류활동을 많이 원하고 있었고, 여학생들은 봉사활동과 예술활동에 대한 선호도가 높은 것으로 나타났다. 이와 같이 활동 프로그램에 대한 청소년들의 욕구가 다양하다는 것은 지도방법의 다양성을 요구한다.

4) 상호학습의 원리

청소년과 청소년지도자 그리고 청소년 상호 간에 상호학습의 원리가 적용되어야 한다. 청소년지도 방법은 서로가 서로를 지원하고 격려해 주는 상호 협동적 관계를 통해 심리적 후원과 안정감 그리고 협동심을 발전시켜 나갈 수 있어야 한다. 청소년들은 다른 어떤 대상보다 상호 이해하며 인정해 줄 수 있는 관계를 원한다. 그리고 그들은 상호 의사소통과 교류를 통해 다른 청소년의 아이디어나 생각을 수용하고 경청할 뿐만 아니라 다른 사람의 생각과 자신의 생각을 비교하고 조정함으로써 발달과정에서 나타나는 자기중심적 사고(상상의 청중, 개인적 우상 등)에서 벗어날 수 있게 되며, 인지적 발달을 가속화하고 집단사고와 공동체의식의 함양을 제고하게 될 것이다.

상호학습에서 청소년지도자와 청소년들 사이는 수평적이고 민주적인 관계를 형성하여야 하며, 청소년들에게 자발적인 참여와 주체적인 활동을 장려해 주어야 한다. 그리고 상호 경험을 공유하고 협동할 수 있는 분위기를 조성해 주어야 할 것이다.

5) 경험 중심 및 활동 중심의 원리

청소년지도 방법은 경험 중심과 활동 중심으로 전개되어야 한다. 청소년지도의 내용 대부분이 정의적 영역과 관련된 태도 및 가치관 교육과 신체운동 영역의 활동으로 구성되어 있다. 이것은 학교교육의 전통적인 방법과는 달리 청소년들이 실제 행함으로써 습득할 수 있는 경험학습을 강조하는 것이다.

뿐만 아니라 청소년지도 자체가 청소년들로 하여금 그들의 새로운 가치 있는 삶을 실제 체험하도록 하는 데 의미를 두기 때문에 경험과 활동은 중요한 지도원리로 채택되어야 한다. 청소년들이 더욱 폭넓게 체험할 수 있게 지도함으로써 청소년지도를 역동적이고 생동감 있게 하고자 하는 것으로, 청소년들에게 참여 동기를 높여 줄 뿐만 아니라 의미 있는 경험을 제공할 것이다.

6) 전인성의 원리

청소년지도 방법은 청소년들의 인지적 · 정의적 · 기능적 특성이 통합될 수 있도록 계획되고 실천되어야 한다. 이것은 지도방법에서 전인성의 원리를 강조한 것이다. 인지적 내용의 지도를 수행한다고 하더라도 청소년들의 정의적 특성, 즉 가치관, 태도, 대인관계 등을 동시에 지도할 수 있어야 하고, 정의적 특성을 지도한다고 하더라도 인지적 및 운동 기능적 면을 동시에 고려하여 지도해야 할 것이다. 이러한 통합성 또는 전인성을 지향한 지도는 학교교육의 궁극적인 목표이면서도 학교교육에서 제대로 시행되지 못하고 있는 부분으로서 이를 보완하기 위한 것이다. 어느 한 부분의 실패가 인간 전체의 실패가 아닌데 지적 성취의 실패가 인생 전체의 실패인 것처럼 오인되는 경우가 많다. 이러한 상황에서 청소년지도는 어느 한 부분의 실패를 다른 부분의 성공으로 보완할 수 있도록 지도할 뿐만 아니라, 또한 인

지적인 면과 정의적인 면 그리고 기능적인 면 모두가 균형 있게 발달하도록 지도함
으로써 한 인간으로서의 참된 성장을 체험할 수 있도록 조력하는 데 역점을 두어야
할 것이다.

제2절 청소년지도 방법 및 기법

1. 개인 중심 지도방법

1) 개인 중심 지도방법의 목표
　개인 중심의 지도방법의 목표는 학습자 스스로 현실을 지각하여 인지과정을 통
해 자신의 행동에 반응하며 자신의 태도를 형성하는 방향으로 이해함으로써 궁극
적인 자기변화를 유도하는 것이라 할 수 있다. 자기 변화를 유도하기 위해서는 다
음 사항이 필요하다.

- 자신의 감정과 자극 및 통제 기술의 개선 필요
- 자기존중감과 또래 사이의 관계능력 개발 필요
- 조직과 집단 사이의 질서유지 능력 개발 필요
- 친교성의 확립 필요

2) 개인 중심 지도방법의 유형
　개인 중심 청소년지도 방법은 일반적으로 다시 세 가지 형태로 구분할 수 있는
데, 완전히 개별적인 활동 및 학습 형태, 학습보조자의 도움을 받는 형태, 교육 자
료 및 기자재를 활용하는 형태가 그것이다. 이 방법들은 독자적으로 또는 복합적으
로 적용될 수 있으며 어떤 경우에는 그 구분이 모호할 수도 있다. 그러므로 여기에
서는 위와 같은 구분방식을 적용하지 않고 개인 중심 지도방법을 소개한다.

- 도제제도: 주로 기술 습득과 관련된 영역으로서 경험 있는 숙련자와 오랜 기간 같이 지내면서 개별적 습득을 하는 형태이다.
- CAI(computer assisted instruction): 개인용 컴퓨터의 대중화와 함께 등장한 자기주도형 학습의 대표적인 형태이다. 사전에 프로그램된 소프트웨어를 가지고 컴퓨터를 통해 상호작용하는 방법이다.
- 원격교육: 가르치는 사람과 학습자 사이에 상당한 거리가 존재할 때, 이를 방송이나 통신수단 또는 그 밖의 방법을 이용하여 극복하고 개별적으로 학습하는 것을 가능하게 하는 방법이다.
- 카운슬링: 훈련받은 카운슬러의 도움을 받아 자신의 문제를 해결하는 방법이다.
- 직접개별학습: 일정한 교사에 의존하여 수시로 만나 쌍방 커뮤니케이션(two-way communication)을 통하는 방법이다. 개인지도나 체육활동의 코치 등이 이에 속한다.
- 인턴십(internship): 도제제도와 현장 경험을 조합한 방법이다. 의사훈련에 많이 쓰여 왔으며 최근에는 경영학적 기법이나 전문적인 역할 습득의 방법으로 많이 쓰이고 있다.
- 다중미디어 학습(multi-media learning package): 최근에 와서 보급되기 시작한 것으로 사용 가능한 모든 매체를 활용하여 개별학습을 돕는 방법이다. 이 방법은 직업교육, 언어 개발, 개인 성장과 관련된 영역 등에서 널리 활용되고 있다.
- 약정학습(contract learning): 협정 또는 계약하에 특정 영역에 필요한 학습내용만을 개인 중심으로 학습하게 하는 방법이다.

2. 강의 중심의 지도방법

강의기법은 청소년지도에서 가장 전통적인 방법이다. 지금까지 학교교육에서 주된 방법으로 사용되어 왔으며, 일방적인 전달 형태가 단점으로 지적된다. 하지만 나름대로의 장점을 가지고 있으므로 청소년지도에 있어서도 강의기법이 일정 영역의 수단으로 적절히 활용될 수 있다. 이와 같은 강의 중심 지도방법은 다음과 같은 상황에서 필요하다.

- 단시간 내 많은 내용을 많은 학습자에게 전달해야 할 때
- 교수자의 수는 적고 학습자 수는 많은 경우
- 전반적인 내용을 평이하게 전달할 때
- 비용 절감을 위할 때
- 교수자와 학습자 모두 익숙한 상황에서 강의하고자 할 때

　강의 중심 지도방법은 일반적인 설명과 청소년들의 수동적인 태도로 활발한 상호작용이 일어나기 힘들기 때문에 질문을 많이 하고, 발표를 시키고, 다른 청소년들과 의견을 교환하도록 하여야 한다. 〈표 6-1〉에는 강의 중심 지도방법의 절차가 제시되어 있다.

〈표 6-1〉 강의 중심 지도방법의 절차

지도 절차		주의사항
1단계 도입	• 지도사와 청소년 간의 관계설정, 주의집중 • 동기부여 • 어떻게 강의를 진행할지 설명 • 무엇을 배우게 될지 설명	• 성실하고 열의 있는 태도 • 일상적인 습관에 유의 • 학습자들의 참여를 유도 • 다양한 매체 활용 • 전달방식의 다양화
2단계 전개	• 내용을 연역적 · 귀납적 방법으로 제시 • 주의집중을 위한 자극의 다양화 • 중요한 내용을 반복해서 설명	
3단계 종결	• 요약 정리 • 재동기 부여 • 다음 시간에 배울 것과 준비해야 할 것을 알려 줌.	

3. 집단 중심 지도방법

1) 집단지도의 의미 및 필요성

(1) 집단지도의 의미

청소년활동에서 집단지도의 성격은 다음과 같다(한국청소년개발원, 1994b).

① 집단지도는 집단경험을 통하여 집단구성원들의 공통된 목적달성과 함께 개개인의 필요와 욕구를 충족시키기 위한 수단으로서의 활동이다.
② 집단지도는 집단역동이론을 바탕으로 한 집단의 사고과정을 방법상의 중책으로 하는 활동이다.
③ 집단지도는 집단 속에서 집단 내 구성원들 사이에 끊임없이 진행되고 있는 심리적 역동관계를 활용한다.
④ 집단지도는 집단구성원의 공통적인 요구에서 출발한 집단 목표 또는 과제를 집단구성원들이 스스로 합리적이고 과학적인 방법으로 해결하게 한다.
⑤ 집단지도는 전문가의 지도하에 이루어져야 한다.

(2) 집단지도의 필요성

① 발달 특성 관련: 청소년기 집단지도의 방법이 중요한 것은 그들의 발달 특성과도 매우 밀접한 관계를 갖는다.
② 개인의 학습 이해: 집단은 개인의 조합이 이루어진 집합체로서 조직학습의 개념에 도달하기 위해서는 개인의 학습을 이해하지 않으면 안 된다.
③ 가시적인 것 → 비가시적인 것: 외적인 변화에서 출발하여 궁극적으로는 학습자 자신의 내면적 변화를 도모할 수 있기에 집단 속에서의 변화는 청소년기에 매우 크게 작용한다.
④ 감정적인 지능: 집단에 적응될수록 개인의 감정적인 지능은 다섯 가지 주된 요소가 개발된다. 자기인식, 자기조절, 감정이입, 동기부여, 눈에 보이지 않는 사회적 기술이 그것이다.

청소년기의 집단 경험관계의 중요성은 다음과 같은 세 가지 차원에서 매우 효과적이기 때문에 그 효용성이 큼을 알 수 있다(Konopka, 1972, p. 123). 첫째, 하나의 전문직으로서의 지도방법은 청소년들의 사회적 기능의 향상에 적극적으로 관여한다. 둘째, 청소년들의 사회적 기능과 집단 간의 긴밀한 상호작용에 대한 경험과는 중요한 상관관계가 있다. 셋째, 청소년들의 사회적 기능의 향상을 위하여 청소년들은 때때로 전문가의 도움을 필요로 한다. 집단지도의 효율성을 도모하기 위해서는 우선적으로 구조를 이해하여야 한다. 집단의 형태는 집단 역할의 형태, 집단 규범의 존재, 집단 상호 간의 계층관계에 대해서 독특한 구조를 형성하고 있다.

2) 소집단에서의 지도방법

청소년지도의 대부분은 어떤 형태로든 집단을 중심으로 활동하는 것이 일반적이다. 특히 이 집단은 연령층이나 사전학습의 정도 또는 의식구조 등이 크게 다르지 않은 비교적 동지의 구성원으로 조직된 집단 특성을 지닌다. 그러므로 청소년지도 방법은 소집단을 대상으로 한 방법이 중심이 된다. 여기에서는 비교적 동일한 성격의 구성원으로 조직된 소집단에서의 지도방법을 살펴본다.

(1) 토론기법

토론기법의 중요한 기능은 쌍방 커뮤니케이션이 가능하다는 것이다. 토론을 통하여 자신의 견해를 밝힐 수 있고 타인의 의견을 들을 수 있으며, 이를 통해 보다 활성화된 학습을 행할 수 있다. 토론의 방식으로는 단상토론(symposium), 세미나, 배심토론(panel), 소집단 원탁토론, 소집단 분과토론 등이 있다.

① 브레인스토밍

토론에서 아이디어를 도출하기 위한 방법이다. 용어 그대로 사람의 뇌(brain)를 마치 폭풍우가 몰아치듯(storming) 하는 토론기법으로서 여러 사람의 지혜를 모아 해결책을 마련하는 것이다. 이는 어떤 문제를 놓고 가능한 한 많은 아이디어를 산출하는 것으로 집단적 사고 단계와 평가 단계로 이루어진다.

② 브레인라이팅

브레인라이팅(brain writing)은 1968년에 로르바흐(Rohrbach)가 개발한 창의성 기법이다. 브레인라이팅은 침묵 가운데 각 개인이 발상하도록 하면서 아이디어 회의를 진행하는 방식으로 6-3-5 법칙 또는 635법칙이라고 불린다. 또한 다른 사람이 작성한 아이디어를 보고 새로운 아이디어를 도출하기 때문에 아이디어 릴레이라고도 불린다.

〈브레인라이팅 방법〉

1. 4~6명의 소집단을 구성하고 B4 용지와 포스트잇을 나누어 준다.
2. 교수자가 토의 · 토론 주제를 제시한다.
3. 학습자는 먼저 자신의 의견을 포스트잇에 적는다.
4. 학습자가 적은 포스트잇을 B4 용지에 임의로 붙여 놓고 같은 종류를 분류한다.
5. 분류된 포스트잇을 대표할 만한 상위 제목을 적어서 위에 붙인다.
6. 소집단별로 발표한다.

(2) 역할연기

역할연기는 인간관계의 일반적 영역에서 어떤 상황이나 문제를 극화한 것이다.

역할극에서는 소집단 구성원들에게 서로 다른 역할을 주고 어떤 가상적 상황에서 서로 협의하여 결정을 유도하게 함으로써 다른 역할을 맡은 사람들과 원만한 타협을 보도록 하며, 아울러 나 아닌 다른 사람들의 역할이나 기능을 이해하도록 돕는다(Chi-Sun Oh, 1998, pp. 361-362).

(3) 감수성훈련

감수성훈련 집단은 심리적인 문제나 사회적인 문제를 다루기 위해 형성되며 자신의 행동과 타인의 행동에 대하여 통찰력을 제공해 준다. 이것은 특히 개인의 심리적인 문제의 해결방식으로서 사전 단계에서도 취급되어야 하며, 자기 자신의 장단점을 파악하기 위하여 자기노출과 의지가 요구된다. 이 방법은 사교회, 좌선, 스포츠, 레크리에이션, 극기훈련, 봉사활동, 다도(茶道) 등에 많이 적용되며 최근 우리나라의 교육계, 산업계, 종교계 등에서 활발하게 이용하고 있다.

(4) 문제해결 기법

어떤 문제를 해결하기 위하여 또는 문제해결 자체의 실마리가 될 수 있는 결정에 도달하기 위해 소집단 모임을 갖는 방식이다. 이에는 소집단 커뮤니케이션 기술에 대한 지식뿐만 아니라 특별한 문제에 대한 지식 및 엄격한 절차와 규칙에 대한 성실한 태도가 요청된다.

(5) 레크리에이션

개인이나 집단이 여가로서 갖는 활동이다. 그 활동으로 얻어지는 직접적 또는 간접적 동기는 학습활동에 영향을 미친다. 모든 청소년지도 활동의 담당자들은 이에 관한 주요 이론뿐만 아니라 실제로 레크리에이션을 일정 시간 주도할 수 있는 능력을 갖추어야 한다.

(6) 참여훈련 기법

청소년들로 하여금 자신들이 해야 할 활동을 처음부터 계획하고, 그것을 실천하며, 그 과정 및 결과를 평가하는 등의 전 과정에 실제로 참여하게 하는 방식이다. 이는 최근의 참여연구(participatory research)에 의하여 개발된 것으로서 이때의 지도자는 훈련 상황을 지켜보는 정도의 역할만을 하면 된다. 이 방법을 적용하기 위해서는 활동의 주체가 청소년 자신이라는 인식의 전환이 필요하다.

(7) 팀 프로젝트

프로젝트 기법에서는 청소년들이 보다 관심 있는 내용에 대하여 스스로 자료를 찾고 의문을 해결하면서 학습하게 된다. 이를 수행함으로써 새로운 학습 자료를 접할 기회를 갖게 되고, 학습에 대한 이해와 결과에서의 잘못을 수정할 수 있게 되며, 학습의 완성도를 평가할 수 있게 된다. 일반적으로 프로젝트 수업의 단계는 ① 과제 또는 문제 선정 및 목적 설정, ② 과제 계획, ③ 과제 수행, ④ 평가의 4단계로 구분된다. 또한 바람직한 팀 구성, 팀 구성원들이 학습활동에 적극적으로 참여하도록 팀 빌딩이 중요하다.

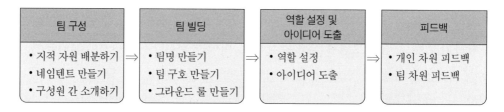

[그림 6-2] 팀학습 순서

3) 대집단에서의 지도방법

대집단을 위한 특별한 지도방법으로는 회의지도 기법, 강연, 매체 이용, 매스컴의 활용 등이 있다. 하지만 가장 적절한 지도방법은 소집단을 중심으로 한 방법이므로 대집단을 적절하게 분할하여 소집단지도 방법을 적용하는 것이 효과적인 경우가 많다. 그렇지만 대집단지도 방법은 짧은 시간에 많은 정보를 다수에게 전달하는 정보 전달의 기능이 강하므로 청소년지도에 있어서 유익하다고 볼 수 있다(오치선, 1997).

4. 집단 활성화 기법

이 절에서는 청소년을 지도하는 현장에서 직접 활용할 수 있는 기법을 몇 가지 소개하고자 한다.

1) 자기소개를 위한 네임텐트(명패) 만들기

명패를 만들어 테이블에 세팅한 후 돌아가면서 자연스럽게 자신을 소개한다.

〈네임텐트 만들기 방법〉

1. A4 용지를 3번 또는 4번 접어서 명패를 만든다.
2. 명패 중앙에 이름을 적고 좌우, 위아래에 꿈, 사는 곳, 존경하는(좋아하는) 사람, 가 보고 싶은 곳 등을 적는다.
3. 명패가 완성되면 다른 사람이 잘 볼 수 있도록 책상 위에 올려놓는다.
4. 네 귀퉁이에는 학습자의 특성에 따라 내용을 바꾸어 작성할 수 있다(학년, 연령, 사는 곳, 좋아하는 연예인 등).

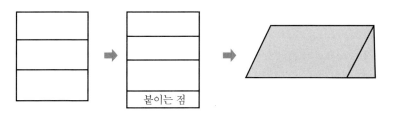

붙이는 점

Tip)

팀을 구성한 후 소개한다.

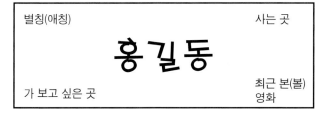

별칭(애칭) / 사는 곳

홍길동

가 보고 싶은 곳 / 최근 본(볼) 영화

[그림 6-3] 네임텐트 만들기

2) 학습자 소개(바꾸어 소개하기)

사람들은 앞에 나와서 자신을 소개하라고 하면 많이 어색해한다. 그래서 바꾸어 소개하도록 하면 친밀감도 촉진되고 스스로 소개할 때보다 웃음이 많이 나와 분위기가 밝아져 강의실 분위기 조성에 효과적이다.

〈실습: 학습자 소개(바꾸어 소개하기) 방법〉

1열 원형으로 둘러앉는다.

둘씩 짝을 지어 서로 자기를 소개하고 서로 인터뷰하여 알고 싶은 것에 대한 정보를 수집한다.

두 사람이 서로의 소개가 끝난 다음 전체에게 소개받은 상대를 서로 소개한다.

• 인터뷰 사례
  - 두 사람이 가위바위보를 하여 이긴 사람이 먼저 인터뷰를 시작!
  - 한 사람의 인터뷰가 끝나면 서로 바꾸어 인터뷰를 완성! 문항은 자유롭게 만들 수 있다. 예를 들면 다음과 같다.

    1. 당신의 이름은 무엇입니까?
    2. 현재 살고 있는 곳은 어디입니까?
    3. 기억에 남는 봉사활동이 있다면?
    4. 지금까지 간 여행 중에서 가장 기억에 남는 휴가나 여행은?
       - 인터뷰한 내용을 가지고 자신의 파트너를 소개하는 시간을 갖는다.

Tip)

전체를 향하여 소개할 때는 소개받는 사람은 일어나고 소개하는 사람은 앉는다. 이는 두 사람이 모두 일어나는 경우 소개받는 사람보다 소개하고 있는 사람, 즉 말하고 있는 사람에게 시선이 집중되기 때문이다.

3) 초상화 그리기

팀을 이루어 구성원들이 5~6명씩 앉아 서로의 초상화를 그리면서 친밀감을 높이는 방법이다. 이 방법은 혼자서 다른 사람의 초상화를 완성하는 것이 아니고 팀원 전체가 완성하게 되어 예쁘게 그려졌든 못생기게 그려졌든 부담감이 없다. 또한 그리는 동안 서로의 얼굴을 보면서 그리다 보니 아는 사이든 모르는 사이든 친밀감이 높아져서 강의실 분위기가 아주 좋아진다. 그리고 쉬는 시간에 벽에 붙인 초상화를 보면서 많이 웃게 된다. 이 방법은 팀수업을 하면서 강의 초반 및 중반 어느 때에 활용하여도 효과적이다. 수업 초반은 친밀감을 형성하는 데 효과적이고, 수업 중반에는 수업의 활력에 도움을 준다.

〈초상화 그리기 방법〉

1. A4 용지 제일 위에 자신의 이름을 적고, 얼굴형을 커다랗게 종이 한가득 그려 넣는다.
2. 사인(종, 손뼉 등)에 따라 시계방향으로 옆 사람에게 자신의 얼굴형을 전달한다.
3. 서로 자신에게 전달된 이름의 사람을 보면서 눈을 그린 후 다시 옆 사람에게 전달한다.
4. 전달받은 사람 각각이 차례대로 코, 머리, 귀 등을 그려 넣는다.
5. 이런 방법으로 얼굴을 모두 채워 그린다.
6. 얼굴이 완성되면 각 팀의 팀장이 구성원들의 초상화를 강의실 벽면에 붙인다.

벽면에 붙힌 초상화로 강의실은 갤러리가 되며, 쉬는 시간에 관람할 수 있도록 하면 강의장의 분위기가 활기차게 된다.

Tip)

시간이 되면 이름을 가려서 벽에 붙이고 초상화 주인공을 찾아보게 한다.

[그림 6-4] 초상화 그리기 사례

4) 공 던지며 클로징

지도의 마지막에는 그날의 키 러닝(key learning)에 대해 클로징 기법으로 공 던지기를 활용할 수 있다.

〈공 던지며 클로징하는 방법〉

1. 청소년지도자가 먼저 한 사람에게 공을 던진다.
2. 공을 받은 사람은 그날의 키 러닝이나 생각나는 것이 무엇인지 하나씩 말한다.
3. 다음으로 던지고 싶은 사람에게 공을 던진다. 공을 던질 때는 한 번도 공을 받지 않은 사람에게 던져야 한다.

5) 성찰을 통한 정리기법

〈액션러닝 방법: 배운 점/느낀 점/실천할 점〉

1. 포스트잇을 사용해 각자가 배운 점, 느낀 점, 실천할 점을 세 가지씩 적는다.
2. 작성된 포스트잇을 전지에 붙인다.
3. 전지에 붙인 포스트잇을 발표하게 하여 배운 점, 느낀 점, 실천할 점을 공유하는 시간을 갖는다.

[그림 6-5] 배운 점/느낀 점/실천할 점 사례

 연구문제

1. 이론적 과정을 중심으로 지도방법의 현장 적용에 대하여 토의하시오.

2. 청소년지도 방법의 유형과 활성화 방안에 대하여 논하시오.

3. 다양한 매체를 이용한 지도방법에 대하여 논하시오.

제7장

청소년 문제와 보호

개요

　청소년문제가 강조되는 까닭은 바로 내일을 책임질 주체가 청소년이기 때문이다. 청소년문제가 발생하는 조건은 청소년기의 불안정한 심리적 · 정신적 특징 자체이지만, 사회적 조건들에 의해서도 우리 사회에는 향락적이고 퇴폐적인 과소비 문화와 청소년 유해환경이 만연해 가고 있다. 그리하여 청소년의 비행과 범죄가 늘고 있는 실정이다. 이 장에서는 청소년문제의 기본 이론과 가출 · 학교폭력 · 자살 등의 청소년문제와 유형, 청소년 보호책에 대하여 살펴보고자 한다.

학습목표

1. 청소년 문제와 보호의 개념에 대하여 설명할 수 있다.
2. 청소년문제에 대한 이론적 관점을 설명할 수 있다.
3. 청소년 보호책에 대하여 알 수 있다.

제1절 청소년문제

1. 청소년문제의 개념

청소년문제에 대한 개념적 이해는 특정 행동에만 국한된 것이 아니며, 청소년문제에 대한 다면적이고 포괄적이며 통합적인 이해를 도모하여 궁극적으로는 청소년문제의 해결을 도우려는 것이다. 이에 청소년문제에 대한 협의적 개념과 광의적 개념에 대하여 살펴보고자 한다.

협의적 개념의 청소년문제라고 하면 흔히 폭력, 강도 등 범죄행위는 물론 가출, 본드 흡입, 음주, 흡연 등 약물 남용, 성적 비행과 같은 각종 풍기문란 또는 불량행위를 연상한다. 학문적으로 정의한다면 '사회의 도덕과 가치관을 위협한다고 판단되는 청소년에 관한 사회 현상'이라고 할 수 있다(도종수, 1991).

광의적 개념의 청소년문제는 사회의 성인 또는 영향력 있는 집단에 의해 사회의 가치관에 위해를 가한다고 규정되는 현상뿐만 아니라 청소년 스스로 자신들의 가치관 또는 인간적인 삶을 위협하고 있다고 판단하는 문제까지도 포함해야 한다. 문제 청소년뿐만 아니라 전체 청소년으로 대상이 확대되며, 청소년 자신이 지니고 있는 문제, 즉 그들의 고민, 욕구 좌절, 문제의식 등이 포함된다(도종수, 1992).

하지만 실제적으로는 학교의 기능이 약화되면서 학교 안팎에서 발생하는 비행과 일탈 문제가 그 주가 되고 있는 것이 현실이다. 청소년문제와 유사한 개념에 대하여 살펴보면 다음과 같다.

- 일탈(deviance): 모든 규칙과 규범 위반행위를 의미한다. 넓은 의미에서는 「형법」을 위반한 행위인 범죄(crime)를 포함하는 데 반해, 좁은 의미에서는 법에 의해 규제되는 범죄를 제외한 규칙과 규범 위반행위만을 지칭한다.
- 청소년비행(juvenile delinquency): 청소년에게 기대되는 규범에서 벗어난 일탈 행동이다. 「형법」에 저촉되는 행위인 심각한 범죄는 물론이고, 범죄의 구성 요

건에는 해당되지 않더라도 그 사회에서 청소년에게 기대하는 규범에서 벗어난 일탈행동을 포함한다.

- 지위 비행(status delinquency): 성인이 했을 때에는 문제가 되지 않지만 청소년이라는 사회적 지위 때문에 일탈행동으로 간주되어 규제와 통제를 받게 되는 행위이다.
- 청소년 문제행동(youth problem behavior): 행위의 주체가 청소년이라는 점을 부각시키는 개념으로 범죄를 포함하는 반사회적 행동과 타인보다는 자신에게 심각한 영향을 미치는 비사회적 행동, 그 밖의 다양한 부적응 행동을 포함한다.
- 소년범죄(juvenile crime): 「소년법」상의 개념이다. 범죄란 형벌 법령을 위반한 행위이므로 소년범죄는 형벌 법령을 위반한 19세 미만 미성년자의 행위를 의미한다.

2. 청소년문제 발생 조건

청소년문제가 강조되는 까닭은 시대와 문화에 따라 그 양상과 종류가 매우 다르게 나타나고 있기 때문이다. 청소년문제가 발생하는 조건은 기본적으로 개체적인 것과 사회적인 것으로 구분된다. 청소년문제 발생의 개체적인 조건은 청소년기의 불안정한 심리적 · 정신적 특징 자체이지만, 현 사회에서는 생리적 성숙 가속화와 성숙 지연으로 심신 발달의 불균형이 나타나면서 청소년들의 사회 적응을 어렵게 만들어 가고 있다. 청소년문제 발생의 사회적 조건이란 청소년의 인격 형성과정에서 사회문화적 환경, 외국 대중문화의 침투와 우리 전통문화의 해체, 고도의 경제 성장과 기술 혁신 및 고밀도 도시사회의 출현 등으로 사회해체 · 아노미 · 인간소외 현상이 나타남을 의미한다.

이러한 사회적 조건들에 의해 우리 사회에는 향락적이고 퇴폐적인 과소비 문화와 청소년 유해환경이 만연해 가고 있다. 그리하여 청소년의 가출과 비행과 범죄가 늘고 있는 실정이다. 특히 중요한 사실은 청소년 가출이 증가하고 있는 것인데, 과거와 달리 청소년들의 가출 사유가 자유나 독립 추구 혹은 생계 유지를 위한 적극

적 사회참여를 위해서가 아니라는 것이다. 비행과 약물중독 그리고 탈선으로 이어
지는 부정적 의미의 가출이 늘고 있는 것은 심각한 문제가 아닐 수 없다.

약물 남용이나 중독은 '한 개인이 한 달 이상 일정 약물을 지속적으로 사용하고
그 약물의 사용으로 인해 사회적·법적 혹은 직업적 문제를 가지면서 또 다른 약물
의 사용을 지속하려는 욕망에 빠져 헤어 나오지 못하는 상태'를 의미한다. 우리나
라는 약물 남용의 객관적 수치가 선진국에 비해 높지 않지만, 증가 속도가 빠르다
는 문제가 있다. 약물문제가 심각한 것은 약물 효과에 따른 범죄 때문이기도 하지
만, 더 중요하게는 약물의 중독성과 전염성 그리고 그에 따른 사회적 건강의 악화
가 심각해지기 때문이다.

또 다른 청소년문제는 여자 청소년들의 리틀 맘(little mom, 청소년 미혼모)이 되는
경우가 늘어 가고 있으며, 남자 청소년들은 집단으로 몰려다니면서 사회공포를 조
장하거나 동료 학생들을 폭행하고 왕따시키는 학원폭력을 일삼고 있다는 것이다.

사회적으로 바람직하지 않은 행위는 반(비)사회적 행동, 일탈행동 등으로 구분될
수 있으며 성격, 지능, 정서 등의 문제에 바탕을 둔 인성적 요인, 가족의 분위기와
가족 구성요원 그리고 학교와 또래 집단 등에 의한 환경적 요인 등이 영향을 미친
다. 이러한 청소년들의 행위를 예방하기 위해서는 학교가 사회사업과 교육을 병행
하여 최적의 교육환경을 제공하고 학교 밖의 평생교육시설이나 청소년시설을 활
용하여 문제학생의 예방과 보호를 활성화해 나가는 것이 바람직하다.

청소년문제를 해결하기 위해 학교와 청소년시설 및 평생교육시설에서는 공동으
로 네트워킹 시스템을 갖추고 청소년들의 가출과 비행 예방, 근로 청소년과 고등학
생들의 진로지도 및 직업교육, 건전한 청소년단체 활동 지원, 결손가정 청소년 지
원 및 쉼터의 운영, 청소년 여가지도 등을 위한 교육 프로그램 운영이나 상담활동
이 실천되어야 할 것이다. 그러나 이런 시설이나 기관의 노력만으로는 청소년문제
의 해결이나 예방 대책이 완전하지 못하다(한상길 외, 2007).

제2절 청소년문제의 이론적 접근

1. 심리학적 접근

1) 청소년기 방어기제의 변화

방어기제(defense mechanism)란 스트레스의 원인인 상황 자체를 바꾸려 하기보다 자신을 스스로 감싸고 지킴으로써, 그런 상황에서 생길 수 있는 신체적·심리적 갈등이나 불안, 긴장감을 완화시키려고 자동적으로 취하게 되는 일종의 적응방법이다.

청소년 초기에는 주지화, 반동형성, 억압, 금욕주의, 전위와 같은 신경증적 방어기제들이 사용되다가 청소년기가 끝날 무렵에는 이런 방어기제의 사용이 현저히 감소되고 승화와 같은 바람직한 방어기제로 대치되는 경향이 나타난다.

- 주지화(intellectualization): 주지화란 불편한 감정을 조절하거나 최소화하기 위해 과도하게 추상적으로 사고하거나 일반화함으로써 감정적 갈등이나 내외적인 스트레스를 처리하는 방어기제를 말한다. 어떤 문제로 위협받고 있음을 알고, 그런 문제들에 대해서 장황하게 분석하고 지적으로 다루는 척하면서 교묘하게 그 상황을 벗어나고자 하는 것이다.

- 반동형성(reaction formation): 반동형성은 떳떳하지 못한 자신의 생각이나 감정과 정반대로 표현하고 행동하는 방어기제를 말한다. 주로 억압과 동시에 일어나는데, 용납할 수 없는 행동, 생각, 감정 등을 그와는 정반대의 행동, 생각, 감정으로 대치함으로써 감정적 갈등이나 내외적인 스트레스를 처리하는 것이다.

- 억압(repression): 억압은 자신이 감당하기 어려운 고통스러운 기억이나 스스로 받아들일 수 없는 생각 또는 욕구를 의식 밖으로 밀어내서 무의식 속에 가두어 버림으로써 그것을 스스로 의식하지 못하게 억누르고 차단하는 것을 말한다.

- 금욕주의(asceticism): 일종의 자기부정으로도 볼 수 있는 금욕주의는 본능적 충동의 노예가 될지도 모른다는 공포 때문에 성적 욕구나 무의식적으로 연합된 행동들을 거부하는 자아방어기제를 말한다. 청소년의 금욕주의는 춤추기나 성행동의 거부, 수면 거부, 음식물이나 술 등의 섭취 거부와 같은 행위로 나타난다.

- 전위(displacement): 치환 또는 전치라고 하기도 하는 전위는 직접 표현할 수 없고 만족되지 못한 충동 에너지를 다른 대상에게 돌려서 표현함으로써 긴장을 완화시키고자 하는 방어기제이다. 종로에서 뺨 맞고 한강에다 화풀이하는 경우가 그 예라 할 수 있다.

- 보상(compensation): 보상은 자신에 대한 불만이나 부족함을 숨기거나 보완하기 위해서 다른 능력이나 특성을 강조함으로써 자신의 결함과 대치시켜서 열등감을 해소하고 대리만족을 얻으려는 적응기제를 말한다.

- 퇴행(regression): 퇴행은 감당하기 어려운 스트레스 상황들에 부딪쳤을 때 어린 시절의 유치한 행동으로 돌아가는 것을 말한다.

- 투사(projection): 투사는 자기 자신이 사회적으로 용납되기 어려운 부정적인 생각이나 동기, 감정 등을 가지고 있을 때 남에게 전가함으로써 심리적 갈등에 대처하는 것을 말한다. 예를 들면, 자기가 어떤 친구를 미워할 때 그 친구가 자신을 미워한다고 생각하며 그 친구 탓을 하는 것이다.

- 동일시(identification): 동일시는 자신의 무능력이나 열등감에 대한 감정을 피하기 위해 다른 사람의 바람직한 특성을 마치 자기가 가진 것처럼 끌어들이는 것을 말한다.

- 승화(sublimation): 승화는 자신의 욕구불만을 사회적으로 용납받을 수 있고 가치 있는 방향으로 충족함으로써 긴장을 발산·해소하고 부분적으로나마 만족을 얻으려는 것을 말한다. 예를 들면, 공격성 게임을 운동으로 해소하는 것 등이다.

- 합리화(rationalization): 합리화는 자신이 처한 어려운 상황이나 자신이 한 일을 그럴듯하게 꾸미고 사회적으로 용납받을 수 있는 이유를 붙여 정당한 것인

것처럼 인정받으려 하는 것을 말한다. 이솝 우화의 여우와 신포도 이야기에서 여우가 포도가 먹고 싶지만 먹을 방법이 없자 다른 동물들에게 시어서 먹기 싫다고 이야기하며 자신의 무능력을 왜곡하여 정당화시킨 것을 그 예로 들 수 있다.

2) 프로이트의 정신분석이론

대표적인 심리학적 이론은 프로이트(Freud)가 주창한 정신분석이론이다. 프로이트는 개인의 인성을 원초아(id), 자아(ego), 초자아(super ego)로 나누었다. 자아는 의식할 수 있는 인성인 반면 원초아와 초자아는 의식할 수 없는 인성이다. 원초아는 생물학적 충동, 본능적 욕망이며 핵심적 요소는 성적 에너지인 리비도이다. 초자아는 자기비판력, 양심, 특정한 문화적 환경에서 생활하면서 경험을 통해 습득한 의무감이다. 프로이트는 초자아와 원초아 간의 갈등을 자아가 조절하는 과정에 많은 주의를 기울였는데, 여기서 핵심적인 것은 죄의식을 어떻게 처리하는가이다. 프로이트는 갈등이 승화와 억압에 의해 해결된다고 보았다. 그러나 억압은 반발 작용과 투사라는 부정적인 현상을 야기할 수 있다(장병림 역, 1974).

2. 사회학적 접근

1) 아노미이론

아노미이론(Anomie Theory)은 뒤르켐(Emile Durkheim)이 주창하고 머튼(R. K. Merton)이 정립하였다. 구체적으로 살펴보면, 분업화된 사회에서 서로 친밀한 관계를 형성하는 것이 잘되지 않거나 공통의 규칙을 만들지 못하면 사회에서 협조적 체계가 잘 이루어지지 않거나 사회연대가 약화되어 상호 간에 예측이 힘들고 혼란이 일어나 심하면 사회해체 현상까지 일어날 수 있는데, 뒤르켐은 이러한 상태를 무규범, 규칙 붕괴로 보고 아노미라 불렀다. 이 아노미 개념을 일탈행위를 설명하는 이론으로 발전시킨 사람이 머튼이다. 머튼은 한 사회의 문화목표와 제도화된 수단 간의 괴리를 아노미라고 불렀다. 한 사회의 거의 모든 구성원이 바람직하다고 규정하고 소유하기를 원하는 것이 문화목표이며, 문화목표를 이루어 나가는 합법적인 방법만을 제도화된 수단이라 하였다. 제도화된 수단은 계층별로 차이가 있다. 이 차이로 인해 구조적 긴장과 아노미 현상이 발생하는데, 이에 대한 개인의 적응방식이 다양하게 나타난다는 것이다.

머튼은 이런 적응방식을 동조형, 혁신형, 의례형, 도피형, 반역형의 다섯 가지 유형으로 분류하고 동조형을 제외한 나머지 적응방식을 일탈행위로 규정했다.

2) 차별적 기회구조이론

클라워드(Cloward)와 올린(Ohlin)은 머튼의 아노미이론과 서덜랜드(Sutherland)의 차별적 접촉이론을 고려하여 차별적 기회구조이론을 제시했다. 하층 청소년에게는 문화적으로 수용된 목표와 합리적 수단 간의 괴리가 비행하위문화를 형성시키는 조건이 된다는 것이다. 그러나 범죄는 사회적 목표와 수단 간의 불일치만으로 설명될 수 없고, 개인이 접할 수 있는 합법적이거나 불법적인 기회구조의 영향을 받는다. 머튼이 말한 목표를 달성할 수 있는 합법적인 퇴로가 제한되어 있는 것과 마찬가지로 불법적인 수단에 접근함에 있어서도 개개인마다 기회의 차이가 있다는 것이다(김동일, 1993).

3) 하위문화이론

하위문화이론은 사회경제적 지위가 낮은 계층은 범죄행위를 유발하는 문화적 특성을 갖고 있다는 것이다. 이른바 비행하위문화이론으로, 코헨(Cohen)은 머튼의 아노미이론을 청소년 비행하위문화에 적용했다. 하층 청소년들의 태도와 행위는 중간계층의 기준에 맞지 않기 때문에 중간계층 청소년들과 같은 지위를 얻지 못한다. 그러한 지위 박탈은 지위 좌절을 야기한다. 비행하위문화는 이러한 좌절에 대한 대응으로 형성된 것이다(기광도, 1996).

밀러(Miller)에 의하면 하층은 그들이 속한 가치와 규범 속에서 살아가려는 노력을 하다 보면 불가피하게 일반적 법규를 위반하게 된다. 즉, 하층의 범죄는 일반 문화에 대한 거부나 저항의 결과가 아니라, 자신의 하층문화를 수용한 것의 결과로 발생하게 된다는 것이다(최인섭, 기광도, 1997).

4) 사회학습이론

에이커스(Akers)는 차별적 접촉이론을 수정해 사회학습이론을 제시했다. 학습의 많은 부분이 다른 사람의 행동 결과에 대한 관찰을 통해 이루어진다고 주장하면서 차별적 교제, 정의, 차별적 강화, 모방이라는 4개의 주요 개념을 주장했다(우범형사정책연구회 역, 2000).

5) 통제이론

통제이론은 규범 위반의 동기를 강조하지 않고 오히려 대부분의 사람이 일탈 동기에 따라 행동하는 것을 통제하는 요인이 무엇인지 검토한다. 사회 통제를 내적인 것과 외적인 것으로 나누어, 내적 통제는 사람들이 내면화한 사회적 규칙이고, 외적 통제는 규범 위반자가 받게 되는 처벌과 기대했던 보상의 상실이라고 본다.

6) 중화이론

중화이론은 마차(Matza)와 사이크스(Sykes)가 제시한 이론이다. 마차는 비행이 비행적 가치를 수용함으로써 발생한다는 주장을 반박하면서, 비행 청소년이 전통적인 도덕 가치를 부정하는 것이 아니라 여러 상황에서 그것을 중화시키는 방법을 갖고 있기 때문에 죄의식 없이 비행을 저지르게 된다고 하였다(우범형사정책연구회 역, 2000).

7) 낙인이론

레머트(Lemert)는 범죄를 포함한 일탈행위를 일차적 일탈과 이차적 일탈로 구분했다. 일차적 일탈은 대체로 일시적인 것이지만, 이차적 일탈은 일차적 일탈을 했을 때에 그에 대해 사회적 반응으로 야기된 문제들에 대해 행위자가 반응하는 과정에서 저질러지는 행위이다. 사회적 반응은 주변인의 반응과 사법기관의 반응으로 나뉘는데, 사법기관의 반응이 가장 영향력이 있기 때문에 공식 반응이 미치는 낙인 효과는 다섯 가지이다. 오명 씌우기, 불공정의 자각, 제도적 강제, 일탈 하위문화에 의한 사회화, 부정적 정체성의 수용이 그것이다. 이러한 낙인이론의 주장에 따라 탈제도화(deinstitutionalization), 전환처우(diversion), 적법 절차(due process), 비범죄화(decriminalization)의 소위 4D 운동이 전개되고, 사회 내 처우가 제시되었다(박상기, 손동권, 이순래, 1998).

제3절 청소년의 문제행위

'청소년문제'라는 용어는 앞 절에서도 언급하였듯이 청소년이 갖고 있는 모든 문제를 의미하지만, 학문적으로는 '청소년비행'과 유사한 개념으로 사용하고 있다. 여기에서는 청소년문제, 청소년 일탈행위, 청소년비행의 유사 개념을 포함하여 청소년에게 많이 나타나는 문제행위인 가출, 학교폭력, 자살 등을 살펴보고자 한다.

1. 가출

1) 가출 청소년의 개념과 범위

가출(家出, runaways)은 말 그대로 집을 나온 상황이다. 가출의 정의는 학자마다, 국가마다 차이를 보이는데, 우리나라의 경우 가출을 '부모나 보호자의 동의 없이 하루 이상 무단으로 집에 들어가지 않는 행위'로 정의한다(여성가족부, 2012). 즉, 청소년이 집을 나온 행위를 비행, 일탈로 규정하는 것이다. 따라서 가출 청소년은 가정에서 이탈한(runaway from home) 청소년을 말한다.

세계은행(World Bank)의 보고서에서 Volpi(2002, p. 7)는 거리 청소년을 "거리가 보금자리 혹은 생활수단임과 동시에 보호자의 지도와 감독을 받지 못하는 아동·청소년"으로 정의하고, 이들을 사회적 위험에 노출된 피해자로만 취급할 것이 아니라 자원으로 접근할 필요가 있다고 강조하였다. 또한 이는 UN 아동권리협약에 따른 아동의 역량강화와 같은 맥락이라고 지적하였다. 거리 청소년은 다양한 이유로

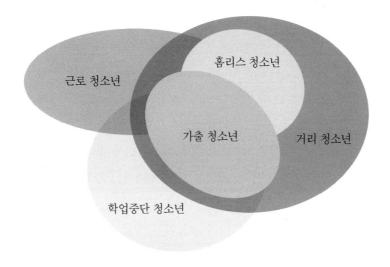

[그림 7-1] 가출 청소년의 개념적 특성

출처: Volpi(2002), p. 3.

보호자와 가정으로부터 이탈된 경우로 UN 아동권리협약에 따라 대리양육이 필요한 정책 대상이다. 거리 청소년 가운데 상당수는 돌아갈 가정이 없거나, 주거하기에 적절하지 않은 곳에서 숙식하거나 생활을 하는 경우, 쉼터와 같은 보호시설에서 생활하는 홈리스에 해당한다. 또한 그중 일부는 학업을 중단하거나 생존을 위해 값싼 노동력을 공급하며 불법적이고 착취에 가까운 근로환경에 놓이는 등 복합적인 어려움에 노출되어 있다.

2) 가출의 원인

가출의 원인은 복합적이지만 주요인은 가족요인이다. 청소년매체이용 및 유해환경실태조사에서도 위기 여부에 관계없이 가출의 원인 중 1순위는 '부모 등 가족과의 갈등'으로 나타났으며, 2순위는 '자유롭게 살고 싶어서', 3순위는 '공부에 대한 부담감'이었다(통계청, 2017).

관련하여 가족요인, 학교 관련 요인, 기타요인을 들 수 있다. 먼저, 가족 관련 문제는 청소년가출의 가장 주된 원인으로 지목되고 있다(김향초, 2001; Ferndes-

Alcantara, 2013). 전통적으로 가출은 청소년의 일탈, 부적응 행동으로 인식되었으나, 청소년기의 가출이 청소년 개인의 문제라기보다 가족의 갈등, 역기능의 결과라고 조명하기 시작한 것도 이 때문이다(Zide & Cherry, 1992). 가족 관련 문제는 다양한 이슈를 포괄하는데, 학대와 방임, 가족 구성원 간 갈등, 가족구조의 결손과 경제상황(김진숙, 김현아, 2008; 문재우, 2012; 박명숙, 2006) 등이 지적되고 있다. 이러한 문제를 경험한 청소년은 높은 수준의 스트레스를 경험하며, 이것이 가출 충동의 직접적인 원인으로 작용하는 경우가 많다(김진숙, 김현아, 2008). 또한 이러한 범주에 속한 청소년은 정서적으로 불안하거나, 자신을 열등한 존재로 인식하여 자존감이 낮고 이러한 상황이 지속되면서 약물 오남용이나 자살 시도와 같은 자기파괴적 행동을 보이기도 한다(김향초, 2001에서 재인용).

학교 관련 문제 역시 다양한 이슈를 내포한다. 성적에 대한 압박감, 교사와의 갈등, 학교 공부에 대한 권태감, 학교 규율이나 통제에 대한 거부감이 대표적이다(박명숙, 2006; 백혜정, 방은령, 2009). 위기청소년은 학교요인 중 학교생활에 권태를 느낄 때 가출 충동을 느끼는 데 반해 일반 청소년은 학업에 대한 부담이 가출 충동에 영향을 미친다. 즉, 학교문제로 인해 가출을 감행한 청소년은 학교생활 부적응 차원에서 유사한 특성을 공유할 수 있지만 학업 동기나 이를 뒷받침하고 지지하는 가정환

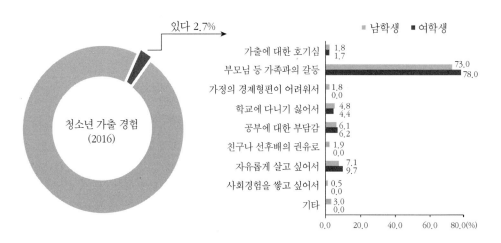

[그림 7-2] 청소년 가출 경험 및 원인

출처: 여성가족부(2016b).

경에서 서로 다른 특성을 보일 수 있다.

또한 가정, 학교 차원의 요인이 가출 원인으로 두드러지지 않은 경우는 기타 요인으로 구분된다. 쉼터 청소년을 대상으로 설문조사를 한 남미애 등(2012)의 연구에서는 기타요인을 '새로운 경험을 쌓기 위해' '자유롭고 싶어서' '돈 벌고 싶어서' '계획한 것을 이루기 위해' '충동적으로' 등으로 세분한 바 있다.

3) 가출 청소년을 위한 원조 서비스의 현실과 한계

청소년과 관련된 여러 문제 가운데 가출문제는 특히 여러 분야의 전문가 개입과 사회의 다양한 분야에서의 지원이 필요한 청소년문제 영역 중 하나이다. 가출 청소년은 사회의 핵심 집단인 가족이라는 틀을 벗어나기 때문에 가족 안에서 일차적으로 충족되어야 하는 의식주와 의료보호 등의 가장 기본적인 욕구 해결이 용이하지 않다. 또한 가출 청소년은 개개인에게 있어 핵심 집단인 가족을 떠났다는 사실 때문에 심리적으로도 많은 불안정과 혼란을 경험한다. 그러나 청소년가출이 낳는 문제는 이와 같은 청소년 개인 차원에만 그치는 것이 아니다. 가출 청소년은 다양한 영역의 개인적·사회적 문제와 관련되기 때문에 하나의 전문 시설이나 기관에서 다루기에 한계가 있다.

실제로 가출 청소년에게는 다양한 사회복지 서비스가 제공되고 있다. 가출 청소년을 위한 접근 서비스는 다시 학교상담실, 아동상담실, 아동상담소, 모자상담소, 청소년상담실 등에서 제공하는 정보 및 의뢰 서비스와 경찰서, 시·구청 공무원, 선도위원들이 벌이는 선도 서비스의 두 가지로 나뉜다. 치료, 재활, 원조 서비스로는 아동상담소, 청소년쉼터, 선도보호시설 등에서 실시하는 상담 서비스, 시설보호 서비스, 치료 서비스, 직업훈련 서비스 등이 있다.

가출 청소년을 발견하거나 자발적으로 기관 및 시설에 찾아오게 하여 상담하고 보호하는 이와 같은 서비스 외에도, 생존을 위한 행위로 인한 사법적 처벌, 부실한 영양 공급과 질병 등 건강 상실과 같은 위험에서 가출 청소년을 보호해 줄 법률, 의료 서비스가 절실하다. 그리고 이들을 우리 사회의 건전한 생활인으로 양성하기 위한 직업훈련 등의 서비스 역시 필요하다. 그러나 일부 법률, 의료 종사자의 선의에 의존한 지원을 제외하면 우리나라에서 가출 청소년을 위한 체계적인 법률, 의료 서비스를 찾아보기 어렵다. 또한 적지 않은 수의 공공 직업훈련원이 존재함에도 불구하고 가출 청소년에게 적합한 직업훈련 서비스를 제공하는 곳을 찾아보기 어렵다.

가출 청소년을 위한 다양한 서비스 기관과 행정기관이 전국적으로 있음에도 불구하고 그 기관들이 각기 단편적이고 개별적인 기능을 함에 따라 우리 사회의 가출 청소년을 위한 대책이 효과적이지 못하다는 비판과 함께 가출 청소년 관련 기관 간의 체계적인 연계활동의 필요성이 요구되고 있다(김지연, 정소연, 2014).

4) 가정 밖 청소년 지원 제도 및 서비스 확대

가출 청소년은 구조적 · 기능적으로 가정의 보호를 받지 못하는 가정 밖 청소년을 말하는데, 사회적 위험이 증가함에 따라 가정 밖 청소년의 규모는 감소하지 않고 있는 상황이다. 따라서 가출 청소년 보호정책은 비행 청소년 선도가 아닌 가정 밖 청소년의 인권, 기본권을 보장하는 대안 양육의 개념에서 정책 추진이 요구된다. 이러한 측면에서 관련 서비스가 최소 기준을 충족할 수 있도록 내실을 도모해야 한다. 「청소년복지 지원법」을 근거로 한 '위기청소년 특별지원'은 가출 청소년과 같이 보호자의 실질적인 보호를 받을 수 없는 복지 사각지대 청소년을 위한 복지지원 제도로, 운영 주체는 자치구(시 · 군 · 구)이다. 그러나 그동안 특별지원은 전국 8개 시 · 도에서 제한적으로 추진되어 위기청소년 규모 대비 수혜율이 매우 낮은 상황이었다. 2014년부터 전국 17개 시 · 도로 확대된 만큼 제도 수혜율 개선과 가출, 홈리스 청소년에 대한 지원 확대가 요구된다.

또한 쉼터 입소자 10명 중 4명이 초 · 중 · 고교를 다니지 않는 학교 밖 청소년으로 파악된다. 즉, 쉼터는 보호기능을 일부 담당하고 있으나 쉼터 입소자의 학업 중단 예방 혹은 학교 밖 청소년 보호에 대한 별도의 운영 지원은 이루어지고 있지 않고 있는 것이 현실이다.

학교 밖 지원센터 전달체계 구축과정에서 시 · 군 · 구 단위의 센터로 현행 단기쉼터, 중장기쉼터의 진입이 가능한 상황이다. 「청소년복지 지원법」 제3조에서 명시한 학교 밖 청소년에 대한 상담, 교육, 직업 체험 및 취업 지원의 경우 쉼터의 기존

서비스에 해당하므로 쉼터 사업의 전문성을 제고하여 가정 밖 청소년의 학업 중단을 예방할 필요가 있다. 이 밖에 가정 밖 청소년 최저양육비 지원, 주거 지원 확대 등 현안이 되고 있는 과제들을 추진하여야 할 것이다(김지연, 정소연, 2014).

2. 학교폭력

1) 학교폭력의 개념과 유형

학교폭력은 학교 내에서나 혹은 학교 밖에서 발생하는 신체적·물리적 폭력은 물론 집단 따돌림, 욕설, 협박 등의 심리적·언어적 폭력행위를 포함한 학생의 비행 및 탈선 행위라고 할 수 있다. 이로 인한 청소년들의 심리적·정서적인 피해가 일반 사회에서의 폭력과 비교할 수 없을 만큼 심각한 현실적 문제라고 볼 때 관점을 어디에 두는지가 중요하다고 볼 수 있다. 먼저, 학교폭력은 어디에서 기인되는가? 또한 학교폭력의 동기는 어디서 제공되며, 완전하고 성숙되지 못한 청소년기의 무책임한 폭력행위의 근본은 어디에 있는가를 좀 더 깊이 생각해야 한다. 2004년「학교폭력예방법」이 제정되었고, 2012년 1월 26일 일부개정과정을 통해 가해행위가 추가되었다. 즉, 학교폭력이란 "학교 내외에서 학생 간에 발생한 상해, 폭행, 감금, 협박, 약취·유인, 명예훼손·모욕, 공갈, 강요·강제인 심부름 성폭력, 따돌림, 정보통신망을 이용한 음란·폭력 정보 등에 의하여 신체·정신 또는 재산상의 피해를 수반하는 행위를 말한다."라고 규정하여 '강제 심부름' 행위를 추가하고 다음과 같이 따돌림에 대한 정의 규정을 마련하였다. 동법 제1의2에 규정된 '따돌림'은 학교 내외에서 2명 이상의 학생이 특정인이나 특정 집단의 학생들을 대상으로 지속적이거나 반복적으로 신체적 또는 심리적 공격을 가하여 상대방이 고통을 느끼도록 하는 일체의 행위이다. 2012년 3월 21일 일부개정과정을 통해서는 학교폭력 피해학생 지원의 범위를 넓히게 되었다. 학생 간의 행위로 규정하였던 학교폭력 개념은 '학생을 대상으로'로 수정되었다. 학교폭력은 학교 내외에서 학생을 대상으로 발생한 상해, 폭행, 감금, 협박, 약취·유인, 명예훼손·모욕, 공갈, 강요·강제적인 심부름 및 성폭력, 따돌림, 사이버 따돌림, 정보통신망을 이용한 음란·폭력 정

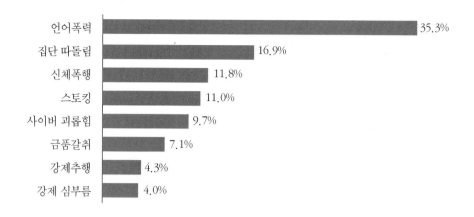

[그림 7-3] 학교폭력 실태조사 결과

출처: 교육부(2014).

보 등에 의하여 신체 · 정신 또는 재산상의 피해를 수반하는 행위이다. 그러나 사
이버 따돌림의 경우에는 가 · 피해자 모두 학생이어야 한다. 동법에서는 '사이버 따
돌림'은 인터넷, 휴대전화 등 정보통신 기기를 사용하여 학생들이 특정 학생에게
지속적 · 반복적으로 심리적 공격을 가하거나, 특정 학생과 관련된 개인 정보 또는
허위 사실을 유포하여 상대방이 고통을 느끼도록 하는 일체의 행위라고 규정하고
있다.

2) 학교폭력의 특징
(1) 복합적이고 다양한 폭력의 범위

청소년들 사이에 따돌림이나 괴롭힘이 복합적으로 나타나는 것처럼, 피해자들
은 또래들로부터 철저하게 따돌려지다가도 이내 다양한 형태의 괴롭힘을 당하거
나 폭력 피해자가 되기도 한다. 또한 따돌림이나 괴롭힘 혹은 폭력 중 한 가지 피
해만을 경험하기보다는 여러 유형의 피해를 동시에 경험하는 경우가 많다(김혜경,
2013). 일반적인 폭력 행사나 금품 갈취 이외에도 집단적인 따돌림이나 놀림, 시험
지 보여 주기를 강요하거나 숙제나 심부름 시키기 등 새로운 형태의 심리적 폭력과

더 나아가 사이버 괴롭힘까지 그 범위와 유형이 매우 넓어지고 있다.

(2) 일반화된 비행 유형

학교폭력은 비행 청소년에 의해서만 자행되지 않고 많은 청소년 사이에서 쉽게 발견되는 일반화된 비행 유형이다. 최근에는 청소년폭력 중 학교 안팎에서 이루어지는 학원폭력이 차지하는 비율은 점차 늘어나고 있고, 폭력 행사 장소도 학교 교실을 포함한 학교 안이 가장 많은 것으로 조사되고 있다(청소년폭력예방재단, 2006). 학교폭력이 소수의 일탈 학생에 의한 금품 탈취, 협박, 폭행 등의 공격행동이었다가, 최근 들어서는 집단 따돌림이나 집단 괴롭힘과 같이 누구나 가해자 또는 피해자가 될 수 있는 '일상화'된 폭력의 양상을 띠게 되었다는 것이다. 다시 말해, 특별한 이유 없이 대상을 선택하여 지속적으로 괴롭히면서 상대가 괴로워하는 모습을 즐기는 형태를 나타내는 경우가 증가한 것이다.

3) 학교폭력의 대처방안

학교폭력에 대처하기 위해서는 학교 안팎에서 발생하는 폭력의 실태를 정확히 파악하여야 한다. 즉, 교내에 폭력의 피해학생은 몇 명인가, 폭력의 양상은 어떠한가, 얼마나 자주 발생하며, 주동 학생은 누구인가 등에 대해 면밀히 조사하여야 한다. 무엇보다도 피해학생에게 적절한 지지와 보호를 제공하고, 가해학생으로 발전할 가능성이 있는 취약집단(at-risk group)을 대상으로 적극적으로 예방활동을 전개할 필요가 있다. 또한 폭력 가해학생에 대해 교사와 협의하며, 특히 가정방문을 통해 학생의 가정과 사회 환경에 관한 자료를 수집하여 담당 교직원에게 제공하고, 필요한 경우에는 학생을 지역사회 기관에 의뢰하고 사례를 관리하며, 지역사회 기관에서 제공하는 교육·훈련 프로그램을 적극 활용할 수 있다.

(1) 피해학생에 대한 보호와 지원

「학교폭력예방 및 대책에 관한 법률」(이하 「학교폭력예방법」)은 피해학생의 보호와 장애학생의 보호를 규정하고 있다. 자치위원회는 피해학생의 보호를 위하여 필요하다고 인정하는 때에는 피해학생에 대하여 다음 각 호의 어느 하나에 해당하는 조치(수 개의 조치를 병과하는 경우를 포함한다)를 할 것을 학교의 장에게 요청할 수 있다.

〈피해학생에 대한 조치〉
- 심리상담 및 조언
- 일시보호
- 치료 및 치료를 위한 요양
- 학급교체
- 삭제
- 그 밖에 피해학생의 보호를 위하여 필요한 조치

다만, 학교의 장은 피해학생의 보호를 위하여 긴급하다고 인정하거나 피해학생이 긴급보호의 요청을 하는 경우에는 자치위원회의 요청 전에 제1호, 제2호 및 제6호의 조치를 할 수 있다. 이 경우 자치위원회에 즉시 보고하여야 한다.

자치위원회는 제1항에 따른 조치를 요청하기 전에 피해학생 및 그 보호자에게 의견 진술의 기회를 부여하는 등 적정한 절차를 거쳐야 한다. 학교의 장은 피해학생 보호자의 동의를 받아 7일 이내에 해당 조치를 하여야 하고 이를 자치위원회에 보고하여야 한다. 조치 등 보호가 필요한 학생에 대하여 학교의 장이 인정하는 경우 그 조치에 필요한 결석을 출석일수에 산입할 수 있다. 학교의 장은 성적 등을 평가함에 있어서 조치로 인하여 학생에게 불이익을 주지 아니하도록 노력하여야 한다. 피해학생이 전문단체나 전문가로부터 제1호부터 제3호까지의 규정에 따른 상담 등을 받는 데에 사용되는 비용은 가해학생의 보호자가 부담하여야 한다. 다만, 피해학생의 신속한 치료를 위하여 학교의 장 또는 피해학생의 보호자가 원하는 경우에는 「학교안전사고 예방 및 보상에 관한 법률」 제15조에 따른 학교안전공제회 또는 시·도교육청이 부담하고 이에 대한 구상권을 행사할 수 있다. 학교의 장 또는 피해학생의 보호자는 필요한 경우 「학교안전사고 예방 및 보상에 관한 법률」 제

34조의 공제급여를 학교안전공제회에 직접 청구할 수 있다.

「학교폭력예방법」은 가해학생의 징계를 위해서 학교폭력의 개념 규정을 명확하게 하는 방향으로 개정해 왔지만, 최근에는 피해학생의 보호와 지원을 함으로써 가해자가 학생이 아니더라도 보호받을 수 있는 장치를 마련하였다. 그러나 「학교폭력예방법」에 규정된 행위와 동일한 유형의 범죄행위로 인해서 피해를 입은 비학생 아동·청소년의 피해에 대해서는 학생 아동·청소년 수준으로 보호와 지원을 받을 길이 없다는 문제가 있다. 학교교육을 받고 있는 사람은 「학교폭력예방법」에 의해 '심리상담 및 조언, 일시보호, 치료 및 치료를 위한 요양'을 받을 수 있지만, 학교교육을 받고 있지 않는 사람은 피해학생 수준의 보호와 지원을 받을 수 있는 제도가 없는 것이 현실이다.

한편, 「학교폭력예방법」은 "누구든지 장애 등을 이유로 장애학생에게 학교폭력을 행사하여서는 아니 된다."라고 명시하여 장애학생의 보호를 별도로 규정하고 있다. 자치위원회는 학교폭력으로 피해를 입은 장애학생의 보호를 위하여 장애인 전문 상담가의 상담 또는 장애인 전문 치료기관의 요양 조치를 학교의 장에게 요청할 수 있다. 이러한 요청이 있는 때에는 학교의 장은 해당 조치를 하여야 한다. 이때의 조치는 피해학생에 대한 조치를 준용한다.

(2) 가해학생에 대한 조치

「학교폭력예방법」 제17조에서는 가해학생에 대한 징계 조치를 규정하고 있다. 자치위원회는 피해학생의 보호와 가해학생의 선도·교육을 위하여 가해학생에게 징계 조치를 할 것을 학교의 장에게 요청하여야 한다. 이때 피해학생이나 신고·고발 학생에 대한 협박 또는 보복 행위일 경우에는 여러 개의 조치가 병과될 수 있다. 퇴학처분의 경우는 의무교육과정에 있는 가해학생에 대하여는 적용할 수 없다. 제2호부터 제4호까지 및 제6호부터 제8호까지의 처분을 받은 가해학생은 교육감이 정한 기관에서 특별교육을 이수하거나 심리치료를 받아야 하며, 그 기간은 자치위원회에서 정하도록 하고 있다.

〈가해학생에 대한 징계처분의 유형〉
- 피해학생에 대한 서면사과
- 피해학생 및 신고 · 고발 학생에 대한 접촉, 협박 및 보복 행위의 금지
- 학교에서의 봉사
- 사회봉사
- 학내외 전문가에 의한 특별교육 이수 또는 심리치료
- 출석정지
- 학급교체
- 전학
- 퇴학처분

학교의 장은 가해학생에 대한 선도가 긴급하다고 인정할 경우 우선 제1항 제1호부터 제3호까지, 제5호 및 제6호의 조치를 할 수 있으며, 제5호와 제6호는 병과 조치를 할 수 있다. 이 경우 자치위원회에 즉시 보고하여 추인을 받아야 한다. 자치위원회는 조치를 요청하기 전에 가해학생 및 보호자에게 의견 진술의 기회를 부여하는 등 적정한 절차를 거쳐야 한다. 학교의 장이 제4항에 따른 조치를 한 때에는 가해학생과 그 보호자에게 이를 통지하여야 하며, 가해학생이 이를 거부하거나 회피하는 때에는「초 · 중등교육법」제18조에 따라 징계하여야 한다. 가해학생이 제3호부터 제5호까지의 규정에 따른 조치를 받은 경우, 이와 관련된 결석은 학교의 장이 인정하는 때에는 출석일수에 산입할 수 있다. 자치위원회는 가해학생이 특별교육을 이수할 경우 해당 학생의 보호자도 함께 교육을 받게 하여야 한다. 가해학생이 다른 학교로 전학을 간 이후에는 전학 전의 피해학생 소속 학교로 다시 전학 올 수 없도록 하여야 한다. 제2호부터 제9호까지의 처분을 받은 학생이 해당 조치를 거부하거나 기피하는 경우, 자치위원회는 제7항에도 불구하고 대통령령으로 정하는 바에 따라 추가로 다른 조치를 할 것을 학교의 장에게 요청할 수 있다(한국청소년정책연구원, 2016).

3. 자살

1) 사망 원인

우리나라 2017년 청소년 통계에 따르면, 2015년 9~24세 청소년의 사망 원인 1위는 '고의적 자해(자살)'이다. 우리나라 인구 10만 명당 청소년 자살자 수는 청소년 사망에서 청소년 자살이 차지하는 비중이 매우 높다는 것을 말해 준다. 즉, 청소년 자살은 일부 청소년의 문제가 아니라 많은 청소년이 경험하였고 또 앞으로 겪게 될 문제라고 할 수 있다.

프로이트는 자살이란 "자기 자신에게 향해 있는 죽음 본능의 활동요소가 극적으로 표현되는 것"이라고 하였고, 아들러는 "환경 내에서 타인을 조종하도록 시도하는 것"이라고 하였다. 이러한 자살은 스스로를 상하게 하려는 의도뿐만 아니라 실망, 절망, 분노 등의 복잡한 감정을 극단적으로 표현하거나 자신의 극단적인 정서를 전달하기 위한 의도로 사용되기도 한다.

자살은 아동 후기부터 노년기까지 거의 전 생애에 걸쳐 나타나며, 특히 청소년기의 연령에서 가장 발생률이 높은 치명적이고 파괴적인 행위이다. 자살은 결코 돌이

〈표 7-1〉 청소년(9~24세)의 사망 원인

연도	1위	2위	3위
2004	운수사고 (7.1)	고의적 자해(자살) (6.6)	악성신생물(암) (4.1)
2006	운수사고 (6.4)	고의적 자해(자살) (6.0)	악성신생물(암) (3.6)
2008	고의적 자해(자살) (8.8)	운수사고 (6.3)	악성신생물(암) (3.3)
2010	고의적 자해(자살) (8.8)	운수사고 (6.0)	악성신생물(암) (3.3)
2014	고의적 자해(자살) (7.4)	운수사고 (4.9)	악성신생물(암) (2.9)
2015	고의적 자해(자살) (7.2)	운수사고 (4.0)	악성신생물(암) (2.9)

주: ( ) 안의 수치는 사망률
출처: 통계청(각 연도). 사망원인통계.

킬 수 없는 결과를 초래하며 가족이나 주변 사람들에게 미치는 파급 효과도 크므로 자살행위를 유발하는 위험요인에 대해 체계적으로 연구하고 그 예방책을 강구하는 것이 중요하다(백지숙, 김혜원, 김영순, 방은령, 임형택, 2011).

2) 청소년 자살의 특징

청소년 자살은 청소년 자신의 내부적인 원인보다는 외부적인 환경요인이 청소년의 충동성과 결합되어 나타나는 것이라고 볼 수 있으며, 이러한 외부적인 환경요인에 가정의 기능적 역할이 한 부분을 차지하는 것을 알 수 있다. 에커슬리(Eckersley, 1993)는 현대사회가 청소년에게 심리적 그리고 복지적 측면에서 폐를 끼치고 있기 때문에 청소년 자살이 증가하고 있다고 설명하였다. 그는 인간관계의 문제, 가족 갈등과 해체, 실업, 빈곤 그리고 학교문제 등이 이러한 해악의 예측 요소들이며, 이는 또한 청소년 자살의 주요한 위험요소라고 하였다. 성인기로 갈수록 치명적인 자살률은 증가하지만 자살 시도율은 청소년기에 가장 높다는 것(Fremouw, Perczel, & Ellis, 1990)과 첫 번째 자살 시도에 실패한 청소년의 10%만이 1년 내에 자살을 재시도하고 나머지 90%는 하지 않으며, 자살 시도를 한 대부분의 청소년은 자살 시도 후 1개월 정도 지나면 정상적인 기능을 회복한다는 것(Hawton, 1986)은 청소년의 자살행동 동기의 특징을 잘 입증해 준다(오세진, 임영식, 1999). 청소년 자살은 실제 자살하려는 의도를 가지고 하기보다는 자신의 괴로움을 극단적으로 표현하는 수단으로 자살을 선택하는 경우가 많다는 것이다.

3) 자살의 이유

자살을 시도하는 모든 사람이 동일한 과정을 통해 자살을 하는 것은 아니다. 막연하고 소극적인 생각에서부터 시작하여 단계적인 과정을 거치기도 하며, 오랜 시간 자살하려는 생각을 가지고 있다가 한순간 강한 정서적 스트레스에 따른 충동으로 일어나기도 한다. 자살 생각은 자살 시도보다 먼저 나타난다.

2012년 청소년(13~24세)의 11.2%가 지난 1년 동안 한 번이라도 자살하고 싶다는 생각을 해 본 적이 있는 것으로 나타났다. 자살하고 싶었던 주된 이유는 '성적

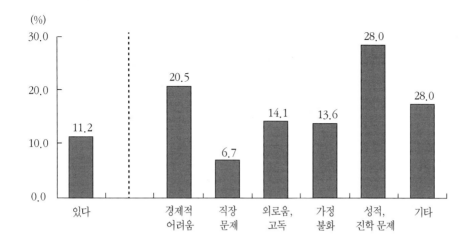

[그림 7-4] 청소년 자살의 충동 여부 및 이유

출처: 통계청(2013).

및 진학 문제(28.0%)' '경제적 어려움(20.5%)' 순으로 나타났다([그림 7-4] 참조).

　경제협력개발기구(OECD)에서는 해마다 초등학교 4학년부터 고등학교 3학년 학생들을 대상으로 아동·청소년 스스로가 얼마나 행복하다고 느끼는지에 대한 국제조사를 실시한다. 우리나라의 경우 아동·청소년의 행복지수가 2009년부터 조사되기 시작하였는데 6년째 OECD 국가 가운데 최하위로 나타났다. 따라서 청소년들에 대한 자살예방 교육과 상담 프로그램의 활성화가 필요하고, 근본적으로는 학벌이나 직업이 삶에서 전부가 되는 사회가 되지 않도록 우리 사회의 풍토를 변화시키기 위해 노력해야 한다.

제4절 청소년보호

　청소년보호란 청소년 유해환경의 규제와 유익환경의 조성을 통해 청소년이 건전하게 성장할 수 있도록 도와주는 것이다. 이러한 청소년보호의 개념은 「청소년보호법」에서 파생된 것이다. 이 법에서는 "청소년에게 유해한 매체물과 약물 등이 청소년에게 유통되는 것과 청소년이 유해한 업소에 출입하는 것 등을 규제하고, 폭력·학대 등 청소년 유해행위를 포함한 각종 유해한 환경으로부터 청소년을 보호·구제함으로써 청소년이 건전한 인격체로 성장할 수 있도록 함을 목적으로 한다."(1997. 3. 7., 법률 제5297호)라고 규정함으로써 개방화 분위기에 편승하여 날로 심각해지고 있는 각종 유해한 사회환경으로부터 청소년을 보호하고 나아가 그들이 건전한 인격체로 성장할 수 있도록 하기 위함이라고 하고 있다(김지연, 정소연, 2014).

1. 「청소년 보호법」상 청소년의 개념

1) 청소년의 개념

청소년이란 만 19세 미만인 사람을 말한다. 다만, 만 19세가 되는 해의 1월 1일을 맞이한 사람은 제외한다(「청소년 보호법」 제2조 제1호).

2) 유사 개념과의 구분
(1) 「청소년 기본법」상 청소년

청소년이란 9세 이상 24세 이하인 사람을 말한다. 다만, 다른 법률에서 청소년에 대한 적용을 다르게 할 필요가 있는 경우에는 따로 정할 수 있다(「청소년 기본법」 제3조).

(2) 「아동복지법」상 아동

유엔의 '아동의 권리에 관한 협약' 등 국제적 기준과 같게 만 18세 미만으로 규정한다(「아동복지법」 제2조). 따라서 「청소년 보호법」상의 청소년보다 협의의 개념이다.

(3) 「민법」상 미성년자

사람은 19세로 성년에 이르게 된다(「민법」 제4조). 미성년자가 법률행위를 함에는 법정대리인의 동의를 얻어야 한다(「민법」제5조).

2. 청소년보호 책임

청소년보호 책임과 관련해서는 「청소년 보호법」에 명시되어 있는 책임 주체인 가정·사회·국가·지방자치단체에 대하여 살펴보기로 한다.

1) 가정의 역할과 책임(법 제3조)

청소년에 대하여 친권을 행사하는 사람 또는 친권자를 대신하여 청소년을 보호하는 사람(이하 "친권자등"이라 한다)은 청소년이 청소년유해환경에 접촉하거나 출입하지 못하도록 필요한 노력을 하여야 하며, 청소년이 유해한 매체물 또는 유해한 약물 등을 이용하고 있거나 유해한 업소에 출입하려고 하면 즉시 제지하여야 한다. 친권자등은 제1항에 따른 노력이나 제지를 할 때 필요한 경우에는 청소년보호와 관련된 상담 기관과 단체 등에 상담하여야 하고, 해당 청소년이 가출하거나 비행 등을 할 우려가 있다고 인정되면 청소년보호와 관련된 지도·단속 기관에 협조를 요청한다.

2) 사회의 책임(법 제4조)

누구든지 청소년 보호를 위하여 다음 각 호의 조치 등 필요한 노력을 하여야 한다.

① 청소년이 청소년유해환경에 접할 수 없도록 하거나 출입을 하지 못하도록 할 것
② 청소년이 유해한 매체물 또는 유해한 약물 등을 이용하고 있거나 청소년폭력·학대 등을 하고 있음을 알게 되었을 때에는 이를 제지하고 선도할 것
③ 청소년에게 유해한 매체물과 유해한 약물 등이 유통되고 있거나 청소년유해

[그림 7-5] 문제 청소년

업소에 청소년이 고용되어 있거나 출입하고 있음을 알게 되었을 때 또는 청소년이 청소년폭력·학대 등의 피해를 입고 있음을 알게 되었을 때에는 제21조 제3항에 따른 관계기관 등에 신고·고발하는 등의 조치를 할 것

매체물과 약물 등의 유통을 업으로 하거나 청소년유해업소의 경영을 업으로 하는 자와 이들로 구성된 단체 및 협회 등은 청소년유해매체물과 청소년유해약물 등이 청소년에게 유통되지 아니하도록 하고 청소년유해업소에 청소년을 고용하거나 청소년이 출입하지 못하도록 하는 등 청소년을 보호하기 위하여 자율적인 노력을 다하여야 한다.

3) 국가와 지방자치단체의 책무(법 제5조)

① 국가는 청소년보호를 위하여 청소년유해환경의 개선에 필요한 시책을 마련하고 시행하여야 하며, 지방자치단체는 해당 지역의 청소년유해환경으로부터 청소년을 보호하기 위하여 필요한 노력을 하여야 한다.

② 국가와 지방자치단체는 전자·통신기술 및 의약품 등의 발달에 따라 등장하는 새로운 형태의 매체물과 약물 등이 청소년의 정신적·신체적 건강을 해칠 우려가 있음을 인식하고, 이들 매체물과 약물 등으로부터 청소년을 보호하기

위하여 필요한 기술개발과 연구사업의 지원, 국가 간의 협력체제 구축 등 필
요한 노력을 하여야 한다.

③ 국가와 지방자치단체는 청소년 관련 단체 등 민간의 자율적인 유해환경 감
시·고발 활동을 장려하고 이에 필요한 지원을 할 수 있으며 민간의 건의사
항을 관련 시책에 반영할 수 있다.

④ 국가와 지방자치단체는 청소년을 보호하기 위하여 청소년유해환경을 규제할
때 그 의무를 충실히 수행하여야 한다.

3. 소년사법제도

1) 소년법

「소년법」은 반사회성(反社會性)이 있는 소년의 환경 조정과 품행 교정(矯正)을 위
한 보호처분 등의 필요한 조치를 하고, 형사처분에 관한 특별조치를 함으로써 소년
이 건전하게 성장하도록 돕는 것을 목적으로 한다. 「소년법」에서 소년은 19세 미만
인자로서 그 대상은 범법소년, 촉법소년, 10세 미만의 범법소년이다.

① 범법소년: 14세 이상 19세 미만의 형사책임 능력자인 범죄소년
② 촉법소년: 10세 이상 14세 미만의 형사책임 무능력자
③ 우범소년: 10세 미만의 범법소년으로 아직 어려서 아무런 법적 규제를 하지
않으므로 당해 소년과 보호자를 훈계하는 방법밖에 없다.

2) 소년사건 처리 절차

소년사건의 처리 절차는 보호사건에 대해서는 「소년법」의 규정에 따르고 형사사
건에 대해서는 「소년법」상 특별한 규정이 없는 경우 「형사소송법」을 따르도록 하고
있다. 따라서 범죄소년을 발견한 경찰서장은 지방법원 소년부에 송치하거나, 보호
자 또는 학교와 사회복리시설의 장이 소년부에 통고함으로써 보호처분을 할 수 있
다(제4조). 범법소년은 형사책임 능력자이므로 형사처벌을 할 수 있지만, 벌금 이하

의 형에 해당하는 범죄이거나 보호처분을 함이 타당하다고 인정될 때에는 검사 또는 법원이 소년부로 송치하여 보호처분을 하게 할 수 있다.

그러나 금고 이상의 형에 해당하는 범죄이거나 소년부에서 보호사건으로 심리한 소년에 대하여 금고 이상의 형사처분을 함이 타당하다고 인정하여 검사에게 송치한 경우에는 검사가 공소를 제기하여 형벌을 과하되, 부정기형이나 사형·무기형의 완화 등 일반 성년자와는 다른 특별조치를 한다(제49조, 제59조, 제60조).

3) 보호처분

보호사건의 심리 결과 보호처분의 필요성이 인정되면 다음과 같은 보호처분을 결정할 수 있다.

- 1호 처분: 보호자 또는 보호자를 대신하여 소년을 보호할 수 있는 자에게 감호위탁
- 2호 처분: 수강명령. 12세 이상의 소년에게만 할 수 있다. 수강명령은 100시간을 초과할 수 없으며, 보호관찰관이 그 명령을 집행할 때에는 사건 본인의 정상적인 생활을 방해하지 아니하도록 하여야 한다.
- 3호 처분: 사회봉사명령. 14세 이상의 소년에게만 할 수 있다. 200시간을 초과할 수 없으며, 보호관찰관이 그 명령을 집행할 때에는 사건 본인의 정상적인 생활을 방해하지 아니하도록 하여야 한다.
- 4호 처분: 보호관찰관의 단기(短期) 보호관찰. 1년 이내의 기간을 정하여「보호소년 등의 처우에 관한 법률」에 따른 대안교육 또는 소년의 상담·선도·교화와 관련된 단체나 시설에서의 상담·교육을 받을 것을 동시에 명할 수 있다. 처분을 할 때에 1년 이내의 기간을 정하여 야간 등 특정 시간대의 외출을 제한하는 명령을 보호관찰대상자의 준수 사항으로 부과할 수 있다.
- 5호 처분: 보호관찰관의 장기(長期) 보호관찰. 2년 이내의 기간을 정하여「보호소년 등의 처우에 관한 법률」에 따른 대안교육 또는 소년의 상담·선도·교화와 관련된 단체나 시설에서의 상담·교육을 받을 것을 동시에 명할 수 있

다. 처분을 할 때에 1년 이내의 기간을 정하여 야간 등 특정 시간대의 외출을 제한하는 명령을 보호관찰대상자의 준수 사항으로 부과할 수 있다.

- 6호 처분: 「아동복지법」에 따른 아동복지시설이나 그 밖의 소년보호시설에 감호 위탁

- 7호 처분: 병원, 요양소 또는 「보호소년 등의 처우에 관한 법률」에 따른 소년의 료보호시설에 위탁

- 8호 처분: 1개월 이내의 소년원 송치

- 9호 처분: 소년원 송치. 단기로 소년원에 송치된 소년의 보호기간은 6개월을 초과하지 못한다.

- 10호 처분: 장기 소년원 송치. 12세 이상의 소년에게만 할 수 있다.

각 호의 어느 하나에 해당하는 처분을 한 경우 소년부는 소년을 인도하면서 소년의 교정에 필요한 참고 자료를 위탁받는 자나 처분을 집행하는 자에게 넘겨야 한다. 소년부 판사는 가정 상황 등을 고려하여 필요하다고 판단되면 보호자에게 소년원·소년분류심사원 또는 보호관찰소 등에서 실시하는 소년의 보호를 위한 특별교육을 받을 것을 명할 수 있다.

 연구문제

1. 청소년 문제행동의 배경에 대하여 토의하시오.

2. 청소년문제의 유형과 효율적인 대처방안에 대하여 논하시오.

3. 청소년보호에 관한 가정, 학교 및 사회의 역할에 대하여 논하시오.

제8장

청소년문화

개요

　청소년들이 그들의 문화를 추구하는 것은 에너지를 발산하고 자신의 생명력을 정착시키기 위한 터전을 갈망하는 것으로, 개인의 완성을 통해 신체적 · 지적 · 심리적 발달은 물론 능동적 인간의 완성에 기여하며 자신의 정체감 구축을 위한 배경이 된다. 이 장에서는 청소년문화의 개념과 특성, 형태를 살펴보고 마지막으로 청소년문화의 나아갈 방향에 대해 논의하고자 한다.

학습목표

1. 청소년문화의 개념에 대하여 설명할 수 있다.
2. 청소년문화의 특성을 설명할 수 있다.
3. 청소년문화의 형태에 관하여 설명할 수 있다.

제1절 청소년문화에 대한 이해

1. 청소년문화의 정의

문화란 특정 집단의 구성원들이 만들어 내는 총체적 삶의 유형이라 할 수 있다. 그리고 일단 만들어진 문화는 사회 구성원들을 구속하는 특성을 갖고 있어서 문화를 거미가 만들어 내는 거미줄에 비유하기도 한다.

청소년문화는 관점에 따라 다양하게 정의 내릴 수 있지만 분명한 것은 청소년문화는 일반인들의 문화와는 뚜렷이 구분된다는 것이다. 청소년들은 에너지가 충만한 존재로서 자신의 에너지를 발산할 수 있는 기회가 부족하면 불만을 갖게 되고, 이런 청소년들이 모여 사회의 저항세력이 될 가능성이 큰 존재이다.

청소년문화와 관련해서는 순수한 청소년문화가 존재하느냐에 대한 논란이 많이 있으며, 청소년문화를 성인문화의 하위문화나 미숙문화 또는 대항문화로 규정하여 비하하거나 비판하는 시각으로 바라볼 뿐 진정한 의미의 청소년문화를 정립하고자 하는 노력은 매우 부족한 실정이다. 게다가 청소년문화를 소비 지향적, 놀이 지향적, 쾌락 추구적 속성을 가진 무력, 무능, 무감각의 3무(無)문화로 규정하면서 청소년들을 문화를 즐기는 단순한 참여자로 규정하는 경우가 많다.

청소년문화의 개념을 정의한다는 것은 상당히 어렵고 논쟁의 소지가 다분히 있지만 많은 연구에서 청소년은 문화적으로 미숙하고 자신을 교과서, 그림, 음악, 양식으로 표현하는 데 특이한 점이 있고 공공연하게 문화적으로 다른 속성이 있다고 간주하기도 한다. 청소년문화는 순진성과 잠재적 공격성이 공존하고 있으며 문제 중심으로 청소년을 바라보는 시각은 청소년의 순수한 적대심을 더욱 악화시킬 수 있다고 보고 있다.

일반적으로 청소년문화를 보는 시각은 다음과 같다(김신일, 1992).

첫째, 청소년문화를 미숙한 문화로 보는 입장이다. 어느 시대나 청소년들이 하는 모든 행동은 버릇없고 어린 것으로만 보인다. 기성세대의 입장에서 언제나 청소년들은 모자라고 미숙하게만 생각되어 그들에게 이름 붙일 만한 것도 없지만 소위 문화라는 것이 있다 해도 그것은 아직 미숙하고 모자라는 것에 불과하다는 것이다.

둘째, 청소년문화를 비행문화로 보는 시각이다. 청소년들은 놀기를 좋아하고 나쁜 짓 하기를 즐기는 세대로서 의식적으로 사회적 규범을 깨뜨리면서 쾌감을 즐기고 규범적 질서를 따르지 않는다. 성인만화, 음란 비디오, 퇴폐적 노래, 술, 담배, 심지어 성적 문란과 환각물질의 남용에 이르기까지 다양한 비행문화를 선호하게 된다는 것이다.

셋째, 하위문화로 보는 시각이다. 사회 전체의 문화 가운데 한 부분을 이루는 문화로서 아동문화, 청소년문화, 성인문화 등에 계급적 구분이 존재하고 그들에 맞는 문화는 자신들끼리만 영위하는 속성을 가진다는 것이다.

넷째, 대항문화로서의 청소년문화이다. 청소년들은 기성세대의 문화를 거부하고 자신의 새로운 문화를 대안으로 내세우면서 개혁과 변화를 요구한다. 새로운 세대가 기성세대에 비판을 가하고 반항하는 것은 그들이 미숙하거나 삐뚤어졌기 때문이 아니라 기성세대와는 다른 인생관과 역사관을 가지고 있기 때문이라는 것이다.

다섯째, 새로운 문화창출로서의 청소년문화이다. 오늘의 청소년들이 보이는 이상한 몸짓과 말투, 옷차림, 남녀 간의 행동, 인생관 등 모든 것을 청소년 자신들은 자연스럽고 정상적인 행동으로 여긴다. 청소년들의 가치관과 생활 태도 역시 많은 변화를 수반하게 되었는데, 과거에 비해 절대빈곤이나 열악한 노동환경 등은 많이 개선되었지만, 한편으로는 계층 간의 상대적 빈부 격차의 심화가 청소년들의 의식을 경제 지향적으로 변모시켰으며 종국에는 새로운 변화를 요구하게 되는 것이다.

박진규(2010)는 청소년문화를 다음과 같이 정의하였다.

① 관념으로서의 문화: 문화를 인간의 정신과 사고로 보는 관점이다. 즉, 문화란 감각기관을 통해 지각될 수 없지만 우리의 정신 속에 살아 있으면서 행동을 지배하는 것으로 보는 관점이다. 이러한 관점에서는 청소년들에게 기본적인 예의의 유지, 전통의 지킴, 올바른 가치관의 정립 등을 행하도록 요구한다.

② 적응체계로서의 문화: 문화를 인간과 자연의 상호작용의 결과로 얻어지는 삶

의 삶의 향상과 그 과정으로 보는 관점이다. 이러한 관점에서는 청소년들이 그들이 처해 있는 환경을 창조적으로 극복해 나가도록 격려하며 기대한다. 청소년들이 우리에게 보이는 몸짓도 그들의 자연스러운 하나의 문화인 것이다.

③ 구조체계로서의 문화: 문화를 인간 스스로의 행동을 규제하는 틀로 보는 관점이다. 주어진 틀에 따라 특정 사회에서 특정의 인간관계가 표출되어 나타나지만 인간관계를 엮어 내는 기본 틀은 집단이 다름에도 불구하고 그다지 차이가 없다. 이러한 관점에서는 청소년들의 문화가 기존 기성세대의 문화와 그 근본에 있어서 크게 다르지 않다고 본다. 왜냐하면 청소년들이 유지하는 인간관계의 틀은 기성세대의 인간관계의 틀과 그다지 다르지 않기 때문이다.

④ 상징체계로서의 문화: 문화는 각 개인 혹은 집단이 나타내는 행동 유형과 그 집단의 커뮤니케이션 방식을 뜻한다. 분명 청소년들은 일반인들과는 다른 독특한 의사소통의 기제를 가지고 있다.

⑤ 사회적 범주로서의 문화: 청소년들이 이루어 내는 문화를 어느 기준에 맞추어 해석하지 말고 그들이 나타내는 총체적 삶의 모습 모두를 포함하여 해석해야 한다는 입장이다.

과거에는 청소년의 문화를 엑스세대의 문화로 규정하면서 이를 청소년들이 가진 문화적 속성과 문화적 감각으로 서술하면서 열린 여백의 문화, 비문법 표현주의 문화, 현장 중심의 개혁문화로 집약하기도 했다(한준상, 1999). 그러나 청소년들의 문화적 특징 중 가장 두드러지는 것은 그들이 마음을 열 수 있는 곳, 즉 자신들끼리 자유로운 곳, 자유로운 생활을 경험하게 하는 곳을 추구하며, 그들 자신의 정체성과 주관을 가질 수 있는 곳을 찾아 헤매는 성향이 강하다는 것이다. 즉, 어느 장소건 청소년들은 안전과 함께 흥미로움을 느낄 수 있는 적합한 장소를 찾아서 서로 다른 계층 간에 심리적·사회적·상징적 교류가 일어날 수 있는 창조적 공간으로 만드는데, 그곳에 바로 청소년문화가 존재하게 되는 것이다.

[그림 8-1] 청소년의 여가문화

2. 청소년문화의 특성

청소년들의 사고, 심리적 특성, 언어, 의상 등 그들이 생활하는 과정에서 나타나는 모든 행동양식을 청소년문화로 볼 수 있지만 어느 정도, 어떠한 특성으로 청소년문화를 구분할 수 있는가는 상당히 어려운 문제이기도 하다.

청소년들은 집단의 다양성을 소유하고 있고 연령이나 생활양식의 차이도 매우 두드러지므로 동일한 특성을 가진 집단으로 구분하기가 매우 어렵다. 그래서 청소년문화를 일률적인 기준으로 설명하기가 어려운 것이다.

가정, 학교, 사회의 한 구성원으로서 자리매김하는 과정에서 청소년들이 담당하는 역할과 임무가 명확하지 않기 때문에 청소년들이 가진 문화적 속성을 동질적·이질적인 것으로 분류하기가 매우 어려운 것이 사실이다.

특히 삶의 과정에서 청소년과 성인 간의 욕구 추구에서의 차이는 감각적인 부분에서 더욱 두드러진다. 이러한 욕구는 청소년들이 자신들만의 것을 생산 및 소비하는 측면에 있어서 더욱 중요하게 여겨진다.

또한 청소년들의 소비문화는 주로 대중매체를 통해서 일어난다. 청소년들은 대중매체를 가장 효과적으로 사용하는 부류로서 대중매체가 제공하는 환경이 성인들에게는 점차 그 영향력이 줄어들고 있지만 청소년들에게는 그렇지 않은 것이다.

특히 사회적 다원주의와 변화는 청소년의 삶에 있어서도 다양한 의미와 가치의 변화를 유발하고 있으며, 이는 청소년의 특성 자체가 유동적인 변화 가능성이 크다는 것을 암시해 준다. 청소년들은 기호와 시각을 통해 감각적 느낌을 전달하는 대중매체에 적극적으로 반응하게 된다.

청소년들의 문화 속에는 진보라는 것보다 더 광대한 세계가 펼쳐져 있으며 그 주도적인 역할을 대중매체가 담당하고 있다면 청소년문화의 특성은 다음과 같이 설명될 수 있을 것이다.

첫째, 청소년들의 시간 개념은 이러한 새로운 환경(TV, 비디오, 인터넷 등 전자매체와 같은 새로운 대중매체)에 커다란 영향을 받는다. 이러한 환경 속에서 청소년은 자신만의 선택에 따른 행동과 자기중심적인 행동을 선호하게 되는데, 이러한 특성은 반드시 청소년을 자기중심적이거나 근시안적인 행동으로 규정할 수는 없으며, 오히려 범세계적이고 미래 지향적인 방향을 지향할 수 있는 촉매 역할을 하고 또한 급박한 상황 속에서 충격적인 힘을 발휘하는 매개수단이 될 수도 있다는 것이다.

둘째, 청소년들의 문화는 공간적인 체험과 관계가 있다. 짐멜(Simmel) 등에 따르면 과거에 현대의 개념은 대도시란 개념과 항상 연관되어 적용되었다. 가령, 도시 안에는 여러 부류의 집단과 사람이 존재하며, 한 사람의 삶을 결정해 줄 만한 전통의식이 결여되면 이를 채우기 위해 자연스럽게 현대라는 사회구조 속에 몰입하게 된다는 것이다. 그러나 사회적 공간으로서의 기능이 약화되고 자신이 어디에 있든지, 환경의 차이를 극복하고 거리의 공간성이 약화되면서 똑같은 정보를 사용할 수 있게 된다면 청소년문화 역시 세계 속의 한 부분으로 자리 잡을 수 있다는 것이다.

셋째, 청소년문화는 청소년이란 틀 속에서의 개념과 관련된다. 이러한 고정된 범주에서의 청소년의 의미는 다른 부류들과 비교해서 특별하다는 의미, 즉 다르다, 구별된다라는 차별성을 강조한 것이다. 그러나 그 범위를 확대하여 해석하면 이러한 의미 자체는 무의미해진다.

또한 임형택 등(2013)은 오늘날 청소년의 특성을 청소년문화와 관련지어 다음과 같이 설명했다.

첫째, 청소년은 영상세대이다. 오늘날의 청소년들은 성장하면서부터 TV 등 영상매체로부터 문화적 세례를 받아 활자세대인 기성세대와는 분명히 다른 문화적 특성을 지니고 있다. 청소년들은 심각하거나 따분한 것을 싫어하고, 재미있고 즉각적이며 감성적인 반응을 추구한다. 이런 특성을 가진 청소년의 문화는 청소년이 어릴 때부터 접해 온 영상매체로부터 전수받은 영상세대적 감수성과 매우 밀접한 관계가 있다. 청소년은 정지된 화면보다는 역동적인 화상에, 서사적인 스토리 구성보다는 분절적인 스토리 구성에 익숙하다. 영상세대로서 이들은 문화적 특성을 압축적으로 상징하는 비주얼세대(visual generation)라고 불리는 것처럼 충동적이고 감각적이며, 포스트모던한 문화적 특성과도 깊은 관련성을 보인다.

둘째, 청소년은 자기표현 중심주의가 뚜렷하다. 최근의 성장세대는 개별적 취향과 개성에 따른 욕구 충족의 다양화, 개별화의 특성을 나타내고 있다. 이에 따라 개성의 표현과 이미지 창출에도 솔직하고 적극적인 경향을 보이는 '자기표현주의'가 유효한 특성으로 자리 잡게 되었다. 이들은 파격적인 의상이나 패션에 거리낌이 없고, 사회적 평판을 개의치 않고 자신이 좋아하는 일에 적극적이며, 이성 간의 사랑과 구애의 표현에도 파격적이다. 형식과 체면보다는 표현과 질적인 내용에 관심을 가지고 있다는 긍정적인 평가도 있지만, 주변의 시선을 전혀 고려하지 않을 만큼 이기적이라는 부정적인 평가도 존재한다.

셋째, 청소년은 현실 만족주의적이다. 청소년세대들은 기본적으로 미래 지향적 가치관과 행동양식을 강조하기보다는 현재의 행복한 생활을 추구하는 현실 중심적 가치관에 더 큰 의미를 두는 편이다. 이들에게는 지금 일상의 소중함과 즐거움을 추구하려는 성향이 강하고, 현재를 인내하고 지금의 삶을 유보하기보다는 지금 당장 즐거운 삶을 추구한다. 현실 만족주의적 성향은 그만큼 미래가 불투명하고 보장되지 않는 사회적 흐름에도 영향을 받았으며, 동시에 기성세대의 가치관을 순응적으로 따르기보다는 자기의 위치에서 새로운 가치관을 받아들이고 만들어 가려는 새로운 의식과도 밀접하다.

넷째, 청소년은 유니섹스 모드(unisex mode) 경향을 띤다. 요즘 청소년들은 성역할 구분이 모호할 정도로 동질적인 성적 취향을 추구한다. 단성(單性)적인 이미지, 성의 단성화가 새로운 경향 중 하나이다. 최근 여성의 점유물로 간주되어 왔던 화장품, 액세서리, 머리띠, 팔찌, 그 외 패션 소품뿐만 아니라 성형수술에 이르기까지 자기표현에 있어 성에 따른 획일적 구분이 모호해지기 시작했다. 또 여성의 사회참여가 확대되면서 여성의 사회적 지위와 역할은 더욱 강화되기 시작했다. 기본적으로 한 가정에 한 자녀 두기가 확산되면서 가정 내 양육과정에서 남녀 성역할의 경계가 약화되었고 강한 여성성, 다정한 남성성이 문화적으로 별다른 거부 없이 받아들여지게 되었다.

제2절 청소년문화 형태

1. 청소년 언어문화

대중 · 언어매체, 교통의 발달로 언어 개선 속도가 빠르게 되었으며, 계속되는 정치의 난맥상과 사회의 혼란은 청소년들의 사상과 사고, 관습과 행동에 많은 영향을 주었다. 그러므로 청소년들의 언어에는 당시의 사회상이 잘 드러나 있다고 볼 수 있다. 현재 청소년들이 사용하는 언어의 특색을 몇 가지 들어 보면 다음과 같다.

- 새 단어를 만드는 방법이 다양하다.
- 노골적이고 야비한 표현이 적지 않고, 비교양적인 내용을 담고 있는 경우도 많다.
- 청소년들의 관습, 관심, 비판력, 지식의 정도를 가늠해 볼 수 있다.
- 사회 · 정치 · 교육 등에 관한 해학과 풍자를 담고 있는 경우도 많다.

1) 청소년 언어문화에 영향을 준 사회 변화

① 교육의 발전: 청소년들은 학교에 모여 다른 지역, 다른 계층의 언어를 배우게

되며, 유행어, 은어, 속어, 비어 등과 같은 특수어를 습득할 수 있다. 그리하여 언어 사용 범위는 넓어지고 발음, 어휘, 동사적인 측면에서 다양한 변화가 일어나게 되었다.

② 외국어의 습득: 학교교육의 일반화로 청소년들은 외국어를 많이 배우게 되어 외국어 실력이 나날이 향상되었고, 그 결과 우리말에 외래어가 지나치게 많이 들어오게 되었다.

③ 대중·언어매체의 발달: 라디오, TV, 신문, 잡지 ,인터넷, SNS 등이 범람하면서 관습이나 유행의 변화 속도가 엄청나게 빨라졌으며, 그에 따라 유행어, 은어 등의 전파도 초고속, 초대형으로 이루어지게 되었다. 폭력이나 선정적인 내용, 지나치게 상업적인 선전이 무계획적이고 무질서하게 전파되면서 청소년의 언어가 어떤 측면에서는 거칠고 위압적이며 저속한 경향을 보이게 되었다.

④ 기성세대 및 전통에 대한 거부감: 완고하고 보수적인 기성세대에 비하여 청소년들은 생기발랄하고 혁신적이며 창조적이다. 그러므로 청소년은 기성세대에 대해 상당한 거부감을 가지고 있으며 비판적이다. 또한 새로운 시대상에 걸맞는 문화를 흡수·형성하려 하고, 전통에 대하여 무조건 승복하려 하지 않는다. 그들은 해학이나 기지, 풍자로 표현되는 언어를 사용하여 이러한 관념을 나타내고 있다.

⑤ 향락성·퇴폐성의 점증: 경제적인 여유가 생기면서 사회는 향락적이고 퇴폐적인 성향이 급격히 발전하게 되었다. 기성세대가 보이는 이와 같은 성향은 청소년에게도 영향을 미쳐 마약, 성, 폭력의 문제가 심각하게 대두되었다. 이는 경제적인 부유는 이루었으나 정신적인 공허감을 메워야 하는 사회적·심리적인 현상에 그 원인이 있다고 볼 수 있다. 이런 성향은 언어에 그대로 반영되어 미팅, 성, 유흥 등에 관한 많은 유행어, 은어가 양산되었다.

2) 현 사회에서 청소년 언어문화의 특징

① 집단적 소란: 통제되지 않은 장소나 공공장소에서 청소년들이 소집단으로 놀이나 대화를 할 때 필요 이상으로 떠들어 주위를 소란스럽게 하는 현상을 말한다. 청소년이 모인 곳이면 거기가 교실이든 공연장이든 버스 안이든 어디서나 시끄럽다.

② 경음화와 고성화: 원래 말이 가진 부드럽고 온화한 느낌은 줄어들고, 날카롭고 건조한 어감이 증폭되는 경음화와 옥타브가 올라가 흥분케 하는 고성화 현상을 볼 수 있다. 청소년이 대화할 때 집단적 소란의 성향을 띠게 되면서 그 언어는 자연히 경음화되고 고성화되고 있다. 예를 들면, '장-짱' '과방-꽈방' '간다-깐다' '잡새-짭새' 등이다.

③ 은어, 속어, 욕설의 증가: 청소년의 일상 언어에서 욕설이 증가하고 있는 것도 또 하나의 특징으로 지적될 수 있다. 청소년은 일상생활에서는 불유쾌하고 파괴적이며 강렬한 원색적인 언어를 강하게 내뱉고자 할 때 주로 욕설을 사용한다. 욕설이 인간의 내면에서 끓어오르는 강력한 정서를 언어로 방출하여 정서적 긴장을 해소해 주기 때문이다. 그런데 일부 청소년(특히 남자 청소년들)은 가벼운 욕설이 서로 간의 친밀성과 놀이로 받아들여져 또래세계에 합류하는 도구로 인정되는 경우가 많다(박진규, 2010).

3) 청소년 언어문화의 문제점

① 인스턴트 언어: 정서적 깊이가 엿보이는 표현들보다는 즉흥적이고 감각적인 언어가 많다.

② 일상적 문법의 무시: 문법적 표현의 파괴와 수많은 '한국형 이모티콘'의 개발 및 활용이 이루어지고 있다.

③ 세대 간의 문화 단절: 청소년들 간 또는 세대 간의 의사소통 장애를 발생시킬 가능성이 높다. 급격한 정보화에 이은 세대 간 문화 단절에 따라 젊은 층만의 독특한 언어 사용이 확산·정형화되고 있다. 이에 세대 간의 언어 괴리와 우리말 파괴 등이 심각하게 우려된다.

2. 청소년의 인터넷문화

1) 인터넷

현대의 정보기술 발달로 컴퓨터와 정보통신 기기가 널리 보급되면서 청소년들의 컴퓨터 이용률이 높아지고 있다. 컴퓨터를 통한 인터넷이 보편화되고 그 이용자도 매년 증가하는 추세에 있다. 이 인터넷의 보편적 사용으로 사이버 공간(cyber-space)이 사회적 공간을 형성하고 정보처리와 정보교환을 통해 새로운 만남의 장을 제공하고 있다. 이제 세계는 하나의 공간에 묶여 있고 상호 밀접한 연계를 통해 새로운 사이버 공간의 문화를 창출해 내고 있다.

2016년 우리나라 10대 청소년은 일주일에 인터넷을 평균 15.4시간, 20대는 22.8시간 이용하는 것으로 나타난다. 인터넷 이용 빈도는 '하루에 1회 이상'인 경우가 10대 93.9%, 20대는 99.6%로, 10～20대 청소년은 거의 매일 인터넷을 이용하고 있는 것으로 나타났다. 그리고 인터넷 공간에서 청소년들의 활동을 알아보기 위해 청소년들이 인터넷을 주로 이용하는 이유를 조사하였는데, 청소년들은 '커뮤니케이션' '자료 및 정보 획득' '여가 활동'을 목적으로 인터넷을 이용하는 것으로 나타났다. 10대 청소년은 웹라디오, 웹TV, 온라인 게임 등을 '여가활동'으로 인터넷을

〈표 8-1〉 인터넷 평균 이용 시간 및 빈도

		주 평균 이용시간	인터넷 이용 빈도			
			하루에 1회 이상	일주일에 1회 이상	한 달에 1회 이상	한 달에 1회 미만
2014	10대	14.4	95.2	4.7	0.1	-
	20대	20.5	99.3	0.7	0.0	-
2015	10대	14.5	96.6	3.3	0.1	0.1
	20대	21.0	99.8	0.2	-	-
2016	10대	15.4	93.9	5.6	0.3	0.2
	20대	22.8	99.6	0.4	0.0	-

출처: 미래창조과학부, 한국인터넷진흥원(2017).

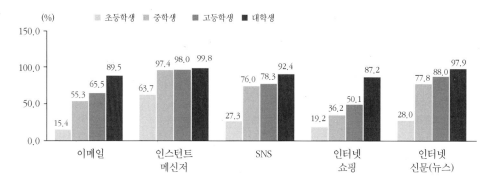

[그림 8-2] 인터넷 서비스 이용률

출처: 미래창조과학부, 한국인터넷진흥원(2017).

이용한다고 응답했고, 20대 청소년은 SNS, 채팅 등 '커뮤니케이션'을 목적으로 인터넷을 이용한다고 응답했다.

청소년들에게 정보와 지식을 학습할 수 있게 하는 긍정적인 측면이 있음에도 불구하고, 사이버 공간은 게임이나 채팅, 음란물 접속 등으로 바람직하지 않은 영향을 미치기도 한다. 컴퓨터의 올바른 사용에 대한 교육이 부재한 가운데 인터넷이나 게임 중독의 위험성이 문제가 되고 있다. 가정이나 학교, 관련 기관 등에서는 청소년들에게 컴퓨터의 다양한 활용과 올바른 사용에 대해 교육함으로써 컴퓨터를 올바르고 효율적으로 사용할 수 있도록 도와주어야 한다.

미래창조과학부, 한국인터넷진흥원의 인터넷이용실태조사에 따르면, 2016년 청소년은 최근 1년 이내에 인터넷 서비스 중 카카오톡을 '인스턴트 메신저'로 가장 많이 이용하였고, 그다음은 '인터넷신문(뉴스)'을 많이 이용하는 것으로 나타났다. 청소년들은 학교급이 높아질수록 대부분의 인터넷 서비스 이용률이 높아지는 경향이 있는 것으로 보인다.

2) 인터넷 및 스마트폰 중독

인터넷 중독이란 1990년대 컴퓨터의 보급이 확대되고 인터넷문화가 활성화되면서 나타났다. 인터넷중독장애(Internet Addiction Disorder: IAD)라는 용어는 골드버 그(Goldberg)가 처음 제안한 용어로 인터넷 중독 개념을 병리적이고 강박적인 인터넷 사용으로 규정하였다. 중독은 우리가 무기력해지는 어떤 과정으로서 개인적 가치에 맞지 않는 것들을 행하고 생각하게 하며 우리가 점진적으로 더 충동적이며 강박적이 되도록 우리를 통제한다.

인터넷 중독은 마약·약물 중독, 본드 흡입과 같은 물질중독보다는 오히려 행위 중독 쪽에 가까우며 기계 중독으로서 가상현실에서 이루어지는 행동이 다른 중독 증상에 비해 훨씬 다양하게 이루어지기에 생리적이기보다는 현실 도피적 속성이 강하다. 인터넷 중독의 원인으로는 근본적으로 의사소통의 장애를 들 수 있다(권준수, 2001).

미래창조과학부와 한국정보화진흥원의 인터넷 중독 실태조사(2016)에 따르면 현재 10대 청소년 10명 중 3명, 20대 청소년은 10명 중 2명이 스마트폰 중독이며, 스마트폰 중독률은 인터넷 중독률보다 큰 폭으로 상승하는 추세이다.

〈스마트폰 중독률〉
- 10대: 11.4%(2011) < 18.4%(2012) < 25.5%(2013) < 29.2%(2014)
- 20대: 10.4%(2011) < 13.6%(2012) < 15.0%(2013) < 19.6%(2014)

학교급별로 보면, 중학생(33.0%), 고등학생(27.7%), 초등학생(26.7%), 대학생(20.5%) 순으로 중학생의 스마트폰 중독률이 가장 높게 나타나고 매년 급상승하는 추세여서 이에 대한 대책이 시급한 상황이다.

3) 온라인 게임

우리나라는 온라인 게임문화가 급성장하였고 이에 파생적으로 10대 청소년의 온라인 게임이 여가시간의 많은 부분을 차지하고 있다. 컴퓨터와 모바일 기기를 통해서 초등학교 진학 전부터 인터넷으로 온라인 게임을 하게 된 요즘 청소년에게는 게임이 일상화되고 있다. 온라인 게임을 통해 교우관계를 유지하고 친구 맺기가 이루어지고 있어 그것이 청소년의 보편적 문화로 정착되고 있다. 청소년들이 여가시간을 활용하여 게임을 즐기는 것이 아니라 게임을 가상의 공간이 아닌 현실 속으로 확장시킴으로써 온라인과 오프라인의 구분이 약해지는 결과가 초래되었다. 가상세계에 대한 몰입으로, 청소년은 반복되고 습관적으로 게임에 매진할 수도 있다. 반복이 습관이 되고 습관의 지속이 심화될수록 여가활동과 취미에서 마니아 수준에 이르고, 이는 스스로 통제하기 어려운 상태에 이르러 중독에 빠지게 된다. 그리고 중독의 단계에 이르면 현실세계에 대한 적응력이 떨어지고 온라인 게임의 특성상 폭력성과 외설성뿐만 교우관계는 물론이고 학교생활에 적응하지 못하는 지경까지 이르게 된다.

　그러므로 청소년들이 게임 중독에 빠지지 않도록 어릴 때부터 적절한 관심과 관리가 필요하고, 학업 스트레스를 풀 수 있는 여가 활용방법에 대한 연구가 필요하다(통계청, 2017).

제3절 청소년문화 활동의 현황과 과제

1. 청소년문화에 대한 시각 전환

1) 문화적 주체인 청소년

　우리가 흔히 말하는 청소년문화, 청소년문화 활동은 과연 바르게 인식되고 있는가? 마치 신문의 문화 면에 등장하는 문학, 예술, 종교, 패션, 방송, 영화 등과 같이 문화는 정치나 사회나 경제와 상관없이 정신적이고, 오락적인 것이라 여겨지지는 않는가? 또한 청소년문화를 기성세대의 문화에 반하는 반(反)문화로 인식하거나, 단순히 학교생활에서 오는 스트레스를 풀기 위한 여가나 오락의 개념으로 생각하고 있지는 않은가? 요즘 문화산업, 문화자본론이란 말이 자주 등장하고, 게다가 '21세기의 승자는 창조적 문화 감수성을 지닌 사람'이라는 극단적인 표현도 서슴지 않고 있다. 문화가 우리가 쉽게 생각할 수 있는 예술활동이나 여가활동의 수준이라면 21세기 최대의 자본이 되고 최대의 산업이 될 수 없었을 것이다.

　문화에 대한 다양한 정의는 엄청나게 광범위한 산물들과의 관계를 인간이 어떻게 이해하는가 하는 문제와 관련이 있다. 또 시대에 따라, 집단에 따라, 관점에 따라, 문화에 대한 정의가 다른 것은 인간이 만들어 낸 역사적 산물들을 두고 인간들이 벌이는 권력다툼과 밀접한 관련이 있다. 인간들 사이의 권력다툼이란 결국 모든 인간적 산물들의 소유와 배분을 둘러싼 다툼이고 결국 문화를 둘러싼 다툼이기 때문이다. 문화가 인간들 사이의 투쟁의 영역, 권력과 소유 및 지적 헤게모니의 갈등의 장이라고 하는 까닭이 바로 여기에 있다.

　결국 청소년문화는 단순한 여가나 놀이 또는 창조적인 예술활동으로만 생각될 수 없으며, 문화가 담고 있는 사회적 유기성, 계급성, 그리고 권리의 추구, 행복권의 추구 등 청소년들의 삶의 질과 직접적으로 연관될 수 있고 이는 곧 청소년복지와 무관하지 않다. 청소년들의 문화적 주체성은 청소년기의 자아정체감과 같은 것이다.

　청소년들이 문화적 주체가 된다는 것은 일방적인 것을 요구하는 기성집단 또는 전통적 사고방식만을 고집하는 가족의 정체성에서 벗어나 자신의 일상을 회복하는 것을 의미한다. 즉, 단일한 정체성이 압도하는 기성의 엄숙주의 문화를 변화시키고 대중매체 문화가 압도하는 일상을 바꾸어 나간다는 것이다. 이것은 기존의 패러다임, 기존의 방식으로 해결될 수 있는 일이 아니다. 정말로 중요한 것은 청소년문화에 대한 우리의 시각이 변화해야 한다는 것이다. 또래집단과의 상호작용, 개인 또는 집단과의 의사소통, 노동과 직업, 사회가 요구하는 창조력과 상상력과 통찰력 등이 문화적 접근에 의해서 이루어질 수 있다. 다시 말해, 문화적 접근 자체가 청소년복지의 중요한 매개가 될 수 있다는 것이다.

2) 청소년문화가 추구해야 할 가치

　청소년문화는 어디로 나아가야 하며, 이를 실현하는 구체적인 대안에는 어떤 것들이 있는가? 먼저, 청소년문화가 나아가야 할 방향과 추구해야 할 가치에 대해 살펴보자.

대니얼 벨(Deniel Bell)은 미래사회에서 한 국가의 경쟁력은 그 국가가 가지고 있는 문화적 자산에 의해 좌우될 것이라고 예견한 바 있다. 한 국가의 문화적 역량이 곧 그 국가의 발전을 좌우하게 된다고 볼 때, 우리 사회의 1/3을 차지하고 있는 청소년문화를 어떻게 형성하는가의 문제는 장차 구축해야 할 우리나라의 국가적 발전상을 만들어 나가는 것과 같은 중요한 문제로서, 우리의 청소년들이 미래사회를 제대로 이끌어 갈 수 있도록 그들의 소양을 충분히 준비할 수 있도록 지원하는 일이라 할 수 있다(김영수, 1998).

미래사회의 특성으로 생각되는 것 중 하나가 개별화 · 개방화이다. 개별화 · 개방화된 사회에서 청소년들의 창의적인 능력을 보다 향상시켜 주기 위해서는 그들이 다양한 문화를 경험하여 개성 있고 다채로운 자신들의 문화를 발현시킬 수 있도록 지원해야 한다. 그러나 현재 우리는 청소년들에게 적절한 문화 공간, 문화활동 시간, 문화거리 등을 제대로 제공하지 못하여 그들이 다양한 문화적 경험의 기회를 갖지 못하고 대중매체 등을 통해 획일적인 문화에 젖어 들고 있다. 이러한 현실에서 청소년들의 창의성 증진을 통한 풍부한 문화적 자산은 미래사회를 보다 적극적으로 대처해 나가는 데 있어 자원이 될 것이다.

또한 정보통신 기술의 발달로 국가 간의 경계가 허물어지고 세계가 하나의 공동체로 연결되는 지구촌 시대에 새로운 문화적 '정체성' 형성은 중요한 과제이다. 즉, 단순히 민족 중심적이 아니라, 우리 것을 지키고 간직하면서도 세계의 문화에 유연하게 대처하는 문화수용 능력이 필요한 시기이다. 이를 통해 자국의 문화적 정체성을 간직하면서도 세계의 문화를 폭넓게 이해하려는 자세를 가져야 한다.

2. 건전한 청소년문화의 과제

앞에서 청소년 스스로도 응답한 바와 같이 우리나라 청소년들은 학업 등의 주어진 과업으로 여가나 문화 활동을 할 수 있는 시간적 여유가 매우 부족한 실정이며, 그러한 활동도 대부분 소극적이고 정적인 활동이 주류를 이루고 있음을 알 수 있다. 이러한 현상은 과열된 입시경쟁과 규제 및 금지 정책이 그 원인이라고 할 수 있으며, 청소년들이 마음 편히 쉬며 문화적 욕구를 충족시킬 수 있는 터전의 부재가 청소년활동이 양성화되고 적극적으로 이루어지는 것을 막는다고 볼 수 있다.

1) 기성세대의 역할

청소년들의 건전한 문화활동을 모색하기 위해서는 청소년문화 활동에 대한 인식의 전환이 시급히 요청된다. 기성세대는 청소년문화 활동의 유형을 이해하고 자생력 있는 뿌리를 갖출 수 있도록 사회적 통념과 배치되지 않는 선에서 활동 영역을 보장해 주고, 청소년의 활동 선택의 폭을 자유롭게 하고 그들의 욕구를 충분히 충족시킬 수 있는 자발적이고 창의적인 활동이 전개되도록 도와주어야 할 것이다. 지금은 무엇보다 어른들이 청소년들을 '내버려 둘' 참을성을 길러야 하는 때이다(조혜정, 1996). 그대로 이해하고 지켜볼 수 있는 '능력'은 사실상 급변하는 시대를 적응력 있게 살아가기 위해 기성세대 자신들에게도 꼭 필요한 것이다. 어른들은 청소년들과 의사소통을 계속하기 위해 자신의 감수성을 변화시켜 갈 수 있어야 한다. 청소년들에게 자율적 영역을 제공하면서 그들의 존재에 큰 관심을 기울이고 있다는 것을 보여 주는 것으로 어른들의 역할은 충분한 것이다. 청소년들의 삶을 있는 그대로 이해하기 위해 얼마간은 판단을 유보하고 문화적 상대주의의 입장에서 청소년들의 말을 들어 주는 것이 중요하다.

이러한 입장에서 청소년문화 활동이 실제로 청소년 자신의 입장에서 전개될 수 있도록 기획, 전개, 평가의 모든 사항을 청소년들이 스스로 수행하도록 하고 정책·제도적으로는 그들을 지원하고 보완해 주어야 한다. 동시에 지역사회에서의 청소년문화 활동은 청소년의 자발적인 참여를 기초로 하는 소집단활동이나 동아리활동으로 전환되도록 해야 하며, 청소년의, 청소년에 의한, 청소년을 위한 집단활동이 될 수 있도록 하기 위해 청소년 집단활동에 대한 지원과 격려, 청소년 스스로 충분히 집단활동을 할 수 있을 것이라는 기대와 권한 이양 등을 통해 실질적인 청소년의 자발적 활동으로 자리 잡을 수 있는 기회를 확대해야 할 것이다.

그런데 지역사회의 청소년문화 활동 공간의 상대적 열악성은 지역사회 청소년시설을 청소년문화 활동의 중추적 역할을 수행하는 공간으로 만들겠다는 기존의 청소년육성 정책의 운영 방침을 무색케 하는 요인으로 작용하고 있다. 민간의 경우 수익성이 부족하여 참여를 꺼리고, 지방자치단체는 예산 부족으로 도심지에서의 부지 확보와 예산 운영이 어렵다. 그래서 많은 청소년 생활권 수련시설이 청소년의 접근이 어려운 곳에 위치하고 있어 그 시설을 이용하는 청소년이 매우 적고 활동이 활성화되지 못하고 있다. 즉, 시설의 유인책과 접근성이 부족하여 실질적 수혜자인 청소년의 접근이 활발히 이루어지지 못하고 있는 것이다.

지역사회의 청소년시설을 이용함에 있어 문제는 일부 규모가 작은 경우 '청소년 공부방' 형태로 운영되고 있으며 단체활동이나 취미활동을 위한 프로그램 운영의 장으로 활용되는 경우가 매우 드물다는 것이다. 시설 운영 주체가 대부분 공공기관이거나 민간에 일부 위탁하여 운영하고 있는데, 지원되는 예산과 지도자의 확보가 미흡하며 지역사회의 특색에 맞고 다양성이 있는 건전활동 프로그램의 개발 및 운영이 미비한 것이 직접적인 원인이 되고 있다. 따라서 청소년을 객체가 아닌 주체로 인정하고 자의발산적인 다양한 행동을 보이는 청소년들의 독창적이고 창의적인 문화적 행동을 자연스럽게 이해하고 마음 놓고 드나들면서 언제든지 자신들이 하고 싶은 것을 할 수 있는 열린 공간을 제공해 주어야 한다. 청소년들이 자신을 표

[그림 8-3] 청소년 음악활동

현하고 놀 공간을 마련해 주는 것은 중요하다. 다양한 열린 자치 공간을 마련해 준
다면 청소년들은 자신들의 개성과 재능을 발휘하고 기르며 자기존중감을 가진 건
강한 시민으로 자랄 수 있다.

특히 다양하고 흥미로운 청소년 대상 프로그램을 운용하는 것은 청소년들의 개
성과 욕구에 맞고 다양한 경험을 지속적으로 함양할 수 있는 계기가 될 수 있는바,
가상 미래탐험, 우주여행, 무도회, 연극, 영화, 오락 및 장기자랑 등 청소년의 미래
지향적이고 젊음을 발산할 수 있는 프로그램과 동시에 에너지를 발산할 수 있는 터
전을 마련해 주어야 할 것이다.

2) 청소년문화 활동 관련 정책과 연구

청소년문화 활동 관련 정책으로는 크게 교육복지우선지원사업, 위스타트, 드림
스타트, 방과후아카데미, 스포츠바우처, 문화바우처, 교육부, 여성가족부, 보건복
지부, 문화체육관광부 주간 문화 체험활동 관련 사업 위주로 이루어지고 있는데,
이들 사업의 대부분은 빈곤 저소득층 청소년을 대상으로 실시된다. 이와 함께 모든
청소년을 대상으로 하는 여성가족부 주관의 청소년문화 활동 관련 정책으로는 청
소년 문화존, 청소년문화센터, 청소년문화의집, 청소년성문화센터 등의 운영을 들
수 있다. 즉, 청소년활동이 전반적으로 학교 이외의 장소에서 다양한 체험을 강조
하는 것처럼, 문화활동 역시 지역을 중심으로 학교교육을 보완하며 연계 운영되고
있다. 「청소년활동 진흥법」 제60조에서 제64조까지를 기초로 하며, 청소년의 참여
와 주도를 강조하고 있다(진혜경, 2012).

영상시대의 도래, 디지털 환경의 변화, 모바일 기기 확산 등 매체환경의 변화는
청소년들의 일상환경의 변화를 초래했지만, 청소년문화에 대한 논의보다는 매체의
유해성이나 부정적인 측면에 대한 연구가 주를 이루어 왔다. 미디어에 의해 매개
되는 청소년문화에 대한 연구는 인터넷 중독이나 게임 중독, 온라인 커뮤니티와 관
련된 하위문화 등을 넘어서 그 안에서 청소년문화의 핵심 요소라 할 수 있는 정체
성과 관련 맺기에 대한 새로운 탐구가 필요할 것이다(Bukinggham, Bragg, & Kehily,
2015에서 재인용). 예컨대, 온라인상에서 이루어지는 인터뷰나 SNS상에서의 의견 수

렴 등 매체를 통한 질적 자료 수집방법에 대한 논의 등이 활발히 이루어져야 한다. 즉, 매체환경을 청소년문화 연구의 대상이자 방법으로 활용하여 청소년문화 형성의 주체자로서 적극적인 참여의 장을 마련하게 해야 할 것이다(조혜영, 2016).

 연구문제

1. 청소년문화의 특징에 대하여 논하시오.

2. 청소년문화 실태의 장단점에 대하여 논하시오.

3. 건전한 청소년문화의 활성화를 위한 방안에 대하여 논하시오.

제9장

청소년활동

○ 개요

    기존 청소년활동은 학업이나 가정생활 그리고 그 나머지 영역을 일괄적으로 수련활동으로 규정하였으며, 결과적으로는 청소년활동이 수련활동과 동일한 의미로 해석되었다. 그리하여 청소년활동의 개념이나 범위를 수련활동과 동일한 것으로 축소하는 결과를 가져왔다.

    일반적인 사회 통념상 청소년활동은 청소년기를 경험하고 있는 세대의 학교 정규교육이나 직업 활동을 제외한 다양한 체험활동을 총칭하는 개념이다. 청소년이 다양한 체험활동을 바탕으로 폭넓은 사고를 할 수 있는 성인으로 성장할 수 있는 여건이 되는 청소년활동은 매우 중요하다. 이 장에서는 청소년활동의 기본 개념을 살펴보고 청소년활동의 필요성과 청소년 활동시설의 종류 및 청소년활동의 지원 현황, 마지막으로 청소년활동의 활성화 방안과 과제에 대하여 언급하고자 한다.

학습목표

1. 청소년활동의 개념에 대하여 설명할 수 있다.
2. 청소년활동의 필요성과 활동시설의 종류에 대하여 설명할 수 있다.
3. 청소년활동의 활성화 방안과 과제에 대하여 알아본다.

제1절 청소년활동의 개념과 필요성

1. 청소년활동의 개념

청소년활동 자체의 명확한 개념이나 범주와 내용에 대해서는 아직 학문적 합의가 이루어지지 않고 있다. 청소년을 둘러싼 사회구조와 청소년에 대한 시각 및 인식이 변화되어 왔고 같은 맥락에서 청소년활동의 의미도 안착되지 못하고 있기 때문이다.

다만, 청소년활동이 '청소년'과 '활동'이라는 두 개념의 합성임을 고려하여, 권일남 등(2008)은 청소년활동이 "청소년들이 지도자가 있건 없건 간에 청소년기에 직면하는 발달적 욕구를 충족시키고, 성공적인 성인으로서의 삶을 위해 필요한 역량들을 발달시켜 나기기 위해 행하는 일련의 행동이나 작용"이라고 정의하였다.

한편, 개정 이전의 「청소년 기본법」에서는 청소년활동의 영역을 청소년의 생활시간과 공간을 중심으로 ① 고유활동 영역, ② 수련활동 영역, ③ 임의활동 영역으로 구분하였다. 여기서 고유활동 영역이란 학교나 직장, 복무처를 중심으로 이루어지는 학업이나 근로, 복무활동을 의미하며, 임의활동 영역은 주로 가정을 중심으로 이루어지는 자유활동 영역을 의미한다. 그리고 수련활동 영역은 생활권이나 자연권에서 심신단련, 자질 배양, 취미 개발, 정서 함양, 사회봉사 등의 배움을 실천하는 체험활동 영역을 말한다.

따라서 기존의 청소년활동 관련 법규와 내용은 거의 대부분이 수련활동 영역에 집중되었고 관련 정책 또한 수련활동을 중심으로 추진될 수밖에 없었으며, 청소년활동과 수련활동을 같은 의미로 보는 시각(김두현, 1997)도 있었다. 그 결과, 청소년활동의 정책 범위와 내용에 대해 많은 논란이 있어 왔고, 수련활동 자체의 의미가 모호해지는 결과를 초래하였다.

즉, 기존에는 청소년활동의 일부분으로 학업이나 가정생활 그리고 그 나머지 영역을 일괄적으로 수련활동으로 규정하였으며, 결과적으로는 청소년활동이 수련활동과 동일한 의미로 해석되었다. 그리하여 청소년활동의 개념이나 범위를 수련활동과 동일한 것으로 축소하는 역설적 결과를 초래하였다.

일반적인 사회 통념상 청소년활동은 청소년기를 경험하고 있는 세대의 학교 정규교육이나 직업 활동을 제외한 다양한 체험활동을 총칭하는 개념이다. 청소년이 다양한 체험활동을 바탕으로 폭넓은 사고를 할 수 있는 성인으로 성장할 수 있는 여건이 되는 청소년활동은 매우 중요하다. 따라서 기존의 수련활동 중심의 청소년활동의 법적 개념과 정책적 범위를 확대할 필요가 대두되었다. 2003년 이루어진 「청소년 기본법」의 개정과 「청소년활동 진흥법」의 제정도 이러한 맥락에서 이해될 수 있다.

「청소년 기본법」에서 청소년활동이 수련활동 위주로 규정되어 있다가 「청소년활동 진흥법」을 통해 수련활동 · 교류활동 · 문화활동 등 대부분의 활동이 포함되도록 확대하여 정책적 자연 범위를 확장하였다. 특히 주5일 수업의 실시, 청소년의 사회참여 의식 증대, 다양한 유형의 청소년활동을 위한 사회적 기반의 마련 등 사회 · 제도적 환경 변화에 따라 청소년이 수련활동뿐만 아니라 문화활동, 교류활동 등 다양한 청소년활동을 통해 자신의 기량과 품성을 함양하기 위한 제도적 기반을 마련하였다.

이처럼 「청소년활동 진흥법」 및 개정된 「청소년 기본법」의 시행과 더불어 주요 영역으로 청소년활동이 주목받고 있지만, 그 정확한 실체에 대해서는 아직까지 정부 부처 간 또는 학제 간 합의가 이루어졌다고 볼 수 없다. 예를 들어, 청소년활동의 범주를 수련활동, 동아리활동, 여가활동, 문화활동 등으로 구분하는 경우도 있고(한국청소년개발원 편, 2006b, p. 12), 「청소년 기본법」에서는 수련활동, 교류활동, 문화활동 등으로 구분하는 등 그 범주와 내용에 대한 통일된 접근이 어렵다. 이처럼 청소년활동의 개념은 너무 넓기 때문에 관련법의 범위 또한 한계를 지을 수 없을 정도로 넓다. 따라서 청소년활동의 의미와 범위 등에 대한 개념적 설정은 학문적 또는 사회 통념적 접근보다는 정부의 정책이나 관련 법적 측면에서 접근하는 것이 더 효과적이다.

개정된 「청소년 기본법」에서는 청소년활동을 "청소년의 균형 있는 성장을 위하여 필요한 활동과 이러한 활동을 소재로 하는 수련활동·교류활동·문화활동 등 다양한 형태의 활동"(제3조)으로 규정되어 있으므로 이에 따른 것이 적절하다고 본인다. 즉, 기존의 고유활동이나 임의활동, 수련활동으로 구분하던 청소년활동에서 고유활동이나 임의활동을 제외한 수련활동을 포함한 보다 포괄적 의미로 청소년 활동의 범위를 설정하고 있다(한국청소년개발원 편, 2005a).

2. 청소년활동의 필요성

청소년의 조화로운 성장을 도모하기 위해서는 생활권 또는 자연권에 위치한 각종 청소년수련시설을 효율적으로 운영하고 이들 기관이 제공하고 있는 시설 및 프로그램이 청소년의 관심과 흥미를 제고해 주는 수단으로 작용할 수 있어야 한다.

현대사회는 학교교육의 탈피와 보다 폭넓은 교육체계와 교육관을 필요로 하고 있으며, 이를 위해 다양한 청소년의 요구를 충족시켜 줄 필요가 있다. 따라서 현대 사회의 구조적 역할 측면에서 볼 때 청소년들이 보다 나은 인격을 연마하고 바람직한 사회 구성원으로서 성장할 수 있도록 그들의 자발적 참여를 통해 심신을 단련하

[그림 9-1] 청소년 레포츠활동

고 자질을 개발하여 배움을 실천하는 활동의 기회가 매우 필요하다. 특히 청소년기의 수련활동 등을 통한 체험학습은 사회의 여러 면을 보다 정확하고 풍부하게 탐색하는 기회를 제공하는 동시에 청소년들이 쉽게 빠지기 쉬운 사회에 대한 환상적 이해, 과도한 낭만적 이해 또는 부정적 이해를 실제 현실에 보다 가깝게 시정해 주는 역할을 하기도 한다.

1) 청소년활동의 교육적 영향

청소년활동, 특히 수련활동이 청소년들에게 제공하는 교육적 영향을 살펴보면 다음과 같다.

- 청소년 중심 학교는 학교에서 수련 프로그램의 개발을 배양하는 지향활동 (orienting activities)의 성격을 가진다. 즉, 지향활동은 농장, 삼림 등을 방문하여 학습자인 청소년들에게 동식물과 같은 물리적 세계를 직접 경험하게 함으로써 그들의 이해력을 높일 수 있다.
- 지역사회 학교의 영향이다. 학교는 지역사회의 중심이 되어 주도하에 다양한 학습 경험이나 지역사회 현황을 습득하게 하는 역할이 있다. 책을 통한 학습은 지역사회 생활에 대한 최초의 탐색수단을 제공하지만 학교에서의 직접적인 경험이 더해진다면 지역사회의 문제나 실질적 요구를 이해하는 데 매우 도움이 될 것이다.
- 수련활동은 기본적으로 학습 증진을 위한 접근과정이며 교실 이외 환경의 직접적인 경험을 통해 교과과정의 영역을 널리 보완하는 상보적 기능을 갖게 된다. 전통적인 의미에서 학습은 제한된 강의실에서만 이루어지는 것으로 인식되어 제한된 학습과정에서 청소년들의 학습 경험을 편향적으로 이끄는 결과를 초래하였다. 그러나 이러한 학습의 범위가 확대됨으로써 청소년들이 사물을 보다 잘 이해하고 깊은 통찰력을 가지게 되며 지식의 확대와 토론의식의 함양에 커다란 진전을 보이게 된다(Hammerman et al., 1985).

2) 청소년활동의 교육적 가치

청소년들이 일상적인 생활공간을 떠나 자연환경이 수려한 곳에서 집단원들과 일정 기간 협력하는 과정에서 역동적이고 정서적인 일련의 활동을 습득하게 되는 수련활동은 청소년들에게 다음과 같은 교육적 가치를 지닌다.

- 청소년들이 자연을 직접 보고 느끼며 경험함으로써 자연의 탐사와 탐색의 기회를 가질 수 있다.
- 일상의 긴장과 스트레스에서 탈피하여 건전한 자아의식의 함양을 이룰 수 있다.
- 자연을 통해 삶의 근본적 의미를 인식하여 철학적 가치관을 배양할 수 있다.
- 집단활동의 역동성을 체험하고 진정한 협동의 가치를 인식할 수 있다.
- 가정과 사회의 과보호 또는 무관심에서 자라난 청소년들에게 취약한 공동생활의 규칙을 재정립하고 자주성과 자발성에 기초한 체험의식을 배양할 수 있다.
- 집단활동을 통한 연대와 단결을 강화하여 청소년들 간 상호교류를 통한 인간관계 개선을 적극적으로 모색할 수 있다.
- 어려움과 힘든 일을 체험함으로써 스스로 무엇이든 할 수 있다는 자신감과 극기의 능력을 제고할 수 있다(김성수, 권일남, 1998).

3) 청소년활동의 역할

청소년들에게 제공되는 야외학습의 과정은 ① 청소년들의 자아인지 확대, ② 인간관계의 개선, ③ 경제적 효율성 증진, ④ 시민으로서의 책임의식 제고에 매우 중요한 역할을 하며 이를 보다 상세히 살펴보면 다음과 같은 것들이 청소년들의 개인적이고 사회적인 욕구를 충족시켜 줄 수 있다(Smith & Fogg, 1978).

- 청소년들의 자아인지 확대: 청소년들은 자연이라는 야외환경에서의 경험을 통해 개인이나 집단으로서의 욕구를 충족시키게 된다. 특히 폭넓은 생활환경 속에서 제공된 야외환경이나 캠핑 등은 다음과 같은 효과를 준다.

- 야외교육은 비형식적 상황에서 사람들과의 교제를 통한 생활을 제공한다.
- 야외교육은 의식주에 대한 물리적 욕구를 충족시킬 수 있는 생활 경험을 할 수 있게 한다.
- 지역사회나 집단 봉사활동을 제공한다.
- 동식물이나 여러 환경과 인간과의 관계를 이해할 수 있도록 한다.
- 개개인의 창조성 함양을 위한 새로운 모험을 야기한다.
- 야외생활을 통해 정신적·신체적 건강을 증진시킨다.
- 자연과의 접촉을 통해 정신적 사고와 감각을 활성화한다.

• 인간관계의 개선: 인간관계에 있어 개개인은 민주적인 과정으로 여러 가지 활동에 자유롭게 참여하고 그것이 생활에 커다란 영향을 미치게 된다. 특히 야외에서 경험하는 수련활동은 청소년 개인의 사회적 삶을 윤택하게 하고 그들의 인간관계를 다음과 같은 점에서 보다 나은 방향으로 유도하게 한다.
  - 사회적 환경의 다양성은 어느 곳에 사람들이 있고, 어디에서 인간관계가 이루어지고 있는가에 대한 적절한 균형을 제공한다.
  - 캠프는 가장 작은 단위의 지역사회 활동이기도 하다.
  - 다양한 야외활동은 팀워크와 집단활동을 통해서만 가능하다.
  - 야외에서의 캠프 경험은 새로운 친구를 사귈 수 있는 기회를 제공한다.
  - 야외생활은 비형식적이고 단순하지만 독립성을 배울 수 있다.
  - 야외에서 교사와 함께하는 경험은 건전한 집단 분위기(rapport)를 형성할 수 있다.

• 경제적 효율성 증진: 야외에서의 폭넓은 모험심의 증진은 새로운 환경에 대한 노력과 개발을 통한 기술로 다음과 같은 효과를 준다.
  - 실질적 직업에 대한 만족도를 경험할 수 있게 된다.
  - 다양한 기회를 가져 보는 것은 어떤 사업의 계획, 집행 그리고 완수에 매우 효과적이다.
  - 산림, 공원경영, 농업 등과 같은 새로운 직업의 경험이 가능하다.
  - 다양한 도구를 사용하게 됨으로써 자신의 취미, 직업에 대한 탐색이 가능하다.

- 시민으로서의 책임의식 제고: 이웃과의 관계를 통한 시민성의 개발은 야외교육의 주요 프로그램이다. 청소년은 자연자원을 이용하고 그것을 책임 있게 활용하는 방법을 통해 환경을 이해하게 된다.

이 외에도 수련활동과 같은 야외학습 환경의 경험은 다음과 같이 학교에서 경험하기 어려운 다양한 경험을 증대시킨다.

- 학습에 있어 감각기관의 활용은 매우 중요하다. 특히 야외에서 이루어지는 학습은 교사와 학생 간의 협동적 계획을 기초로 하여 자극과 반응을 통해 청소년들의 태도와 활동에 대한 관찰력을 증대시킨다.
- 야외환경은 사물에 대한 실체적 경험을 가능하게 함으로써 학습자의 질적 경험을 개선하고 자극을 준다.
- 야외는 다양한 학습환경 중 중요한 지역사회 학습 자원이며 자연적 특성을 가진 최대의 실험실이므로 학습자에게 다양한 학습 경험을 위한 자료를 제공한다.
- 교실이라는 폐쇄적 학습 공간을 확대하게 된다.
- 탐색과 탐사를 위한 기회를 제공한다.
- 대인간의 의사소통 능력과 언어적 능력을 제고한다.
- 다양한 지식과 기술을 제공하여 교사의 능력을 증대시킨다.
- 사회생활 적응능력을 향상시킨다(Smith & Fogg, 1978).

정신적 가치는 예나 지금이나 큰 차이가 없는 관계로, 좋은 야외학습은 청소년들에게 가치를 줄 수 있는 중요한 수단이다.

청소년은 급격한 신체적 발달로 인한 역기능을 승화시킬 수 있는 활동에 대한 욕구가 강하다. 따라서 청소년활동은 청소년이 심리적 혼란과 정신적 불안정성을 극복하고, 자아정체감을 발견하고, 집단활동을 통해서 자신의 문제를 해결하고, 자아확립을 마련하도록 하는 데 도움을 줄 수 있다.

그러나 활동은 권위적인 학습법에 대한 반작용으로 인식될 수도 있다. 학교교육은 청소년의 지·덕·체의 조화로운 발달을 목적으로 하고 있지만 실제로는 지식위주 교육에 편중되어 다른 영역의 발달을 저해하고 있으며, 이러한 결과는 청소년들이 경험하고자 하는 다양한 학습 경험의 충족에 있어 매우 커다란 저해요인으로 작용하고 있는 것 또한 사실이다. 청소년들은 수많은 행동과 다양한 생각을 하고 있지만 그것은 모두 입시와 상급학교 진학에 대한 강박관념에서 벗어나지 못하고 있다.

청소년들의 건전한 육성은 일상생활 속에서 이루어지고 있는 여러 경험을 통해서 심화되고 확대된다. 특히 청소년들은 새로운 것을 직접 보고 느끼는 과정에서 새로운 자아를 탐색하고, 자신들의 내면에 존재하고 있는 능력을 계발하며, 그들만의 건전한 인간 특성의 의미를 더욱 확연히 드러내고 어려움을 극복하면서 그런 특성을 기를 수 있게 된다.

오늘날 체험교육이 되는 수련활동 등의 청소년활동이 청소년들에게 강조되는 이유도 사회적 상황에서 문제해결을 위한 대안적 교육활동으로서의 의미를 가지고 있기 때문이라고 할 수 있다. 수련을 통한 학습활동은 청소년들의 인간다운 생활을 저해하는 요인을 물리치고 그에 대응할 수 있는 에너지를 축적하여 청소년 본래의 생활 활력소를 함양하도록 하는 것이다.

3. 청소년활동의 발전

1) 청소년활동의 역사

우리나라의 경우 청소년들의 집단적 활동은 매우 오랜 역사를 가지고 있으며 청소년활동 이념의 원형은 무엇보다 우리 겨레 고유의 사상과 생활 속에서 찾아볼 수 있다. 특히 청소년활동의 이념은 지역사회 속에서 그 근거를 찾을 수 있고 이를 바탕으로 한 생명력이 우리 선조들이 이룩해 온 역사 가운데 확인되며, 전통사상에 그 원형이 많이 보존되어 있다고 할 수 있다.

실제로 청소년활동이 지역사회에서 커다란 영향력을 발휘한 것의 가장 전통적인 형태는 과거 신라시대의 화랑도까지 거슬러 올라갈 수 있는데, 이는 우리나라의 본격적인 청소년활동의 시원(始原)이라고도 볼 수 있다.

화랑제도는 『삼국사기』와 『삼국유사』와 같은 고전에 인재 등용을 위한 교육제도로 기록되어 있다. 또한 화랑도의 중심사상에는 국가에 대한 애국애족 정신, 사회생활에 대한 믿음과 협동심, 친구들 간에 서로 돕고, 어려운 사람들을 보호하려는 정신, 겸손하고 검소하고 관용할 수 있는 윤리적 측면이 강하게 포함되어 있었다. 더욱이 집단생활을 통한 단체훈련에서 자연을 최대한 활용하였으며 공동생활을 통해서 학문적 이론을 실천함은 물론 인간관계훈련과 생활훈련을 중시하였다. 그리고 도덕성 함양, 정서 함양, 여행을 통한 명승지 견학 및 현장교육, 바들산 수련장으로 명산대천과 바다를 찾는 것과 같은 교육내용이 주류를 이루었다. 고려시대에는 불교를 국가 · 사회적 난제를 해결하는 신앙으로 수용하였으며 불교의 행례, 관악의 제례, 12도와 서당 등의 정신을 호국불교 사상과 접목하여 호국인의 양성에 주력하는 활동을 전개하였다.

조선시대에는 유교를 바탕으로 수기치인(修己治人)의 도를 강조하였고 서당, 향교, 성균관, 서원, 향약, 민속예술, 민속놀이, 세시풍속 등의 청소년 집단활동이 있었으며, 효제충신(孝悌忠信)의 덕목을 수용한 도덕인을 양성함으로써 지역사회의 전통적 미덕을 함양할 수 있도록 하였다. 일제 강점기에는 서당과 민족교회, 사회단체, 애국결사체 등에서 청소년활동을 전개하여 왔으며, 배일구국을 위한 민족적 애국인의 양성에 노력하여 왔다(김성수, 권일남, 1994).

2) 청소년활동의 현황

시대가 변화하면서 청소년의 활동도 다양하게 변하고 국가 · 사회 발전의 토대를 형성하여 왔다고 할 수 있다. 또한 도시 및 농촌 지역사회는 각급 학교를 중심으로 청소년들의 해당 지역 봉사활동 및 단합을 위하여 조직된 청소년활동을 실시하고 각 기관과 단체 간의 긴밀한 유대하에 사회봉사 정신으로 다양한 활동을 전개하고 있다. 이러한 단체와 기구를 살펴보면 청소년 스카우트 활동이나 조국 통일에 앞장서는 자랑스러운 한국인이 되도록 지도하는 한국청소년연맹의 아람단(초등학교), 누리단(중학교), 한별단(고등학교), 학생 해양훈련을 위한 해양청소년단 등이 초 · 중등학교에 걸쳐 조직화되어 있다. 주로 중등학교에만 있는 활동으로는 청소년적십자(RCY) 활동, 여행을 통한 청소년교육을 강조하는 유스호스텔(Youth Hostel) 활동, 불우 청소년 선도를 위한 BBS 활동, 도덕윤리 진작을 위한 도덕재무장(MRA), 율곡의 향약정신을 보급하는 율곡향약회 등이 있다. 그리고 도산 안창호 선생이 설립한 흥사단의 학생아카데미, 국제이해교육을 위한 유네스코(UNESCO) 학생회, 그리고 농업계 고등학교에 조직화된 영농학생회(FFK) 등이 지역사회에서 학교를 중심으로 진행 중인 청소년활동 시설 및 단체라고 할 수 있다(정지웅, 김지자, 1995).

　이처럼 청소년활동은 매우 오랜 전통과 뿌리 속에서 발전하여 왔지만 수련활동이라는 공식적 의미를 갖게 된 배경은 최근의 일로서「청소년 기본법」을 제정하고 시행하면서부터라고 할 수 있다.

　1991년에 '한국청소년기본계획'과「청소년 기본법」이 제정된 이후, 청소년활동, 특히 청소년수련 활동은 우리나라 청소년정책의 근간인 청소년육성정책의 구현을 위한 가장 적극적인 정책수단으로서 기능하여 왔다. 청소년활동이 청소년육성정책의 핵심으로 자리 잡고 있다는 것은 그 정책의 법적 근거가 되는「청소년 기본

[그림 9-2] 청소년 전통문화 체험 프로그램

〈표 9-1〉「청소년활동 진흥법」의 청소년활동시설 종류

유형	종류	내용
청소년 수련시설	청소년 수련관	다양한 수련거리를 실시할 수 있는 각종 시설 및 설비를 갖춘 종합 수련시설
	청소년 수련원	숙박기능을 갖춘 생활관과 다양한 수련거리를 실시할 수 있는 각 종 시설과 설비를 갖춘 종합수련시설
	청소년 문화의집	간단한 청소년수련활동을 실시할 수 있는 시설 및 설비를 갖춘 정 보 · 문화 · 예술 중심의 수련시설
	청소년 특화시설	청소년의 직업체험, 문화예술, 과학정보, 환경 등 특정 목적의 청 소년활동을 전문적으로 실시할 수 있는 시설과 설비를 갖춘 수련 시설
	청소년 야영장	야영에 적합한 시설 및 설비를 갖추고, 청소년수련거리 또는 야영 편의를 제공하는 수련시설
	유스호스텔	청소년의 숙박 및 체류에 적합한 시설 · 설비와 부대 · 편익시설을 갖추고, 숙식편의 제공, 여행청소년의 활동지원(청소년수련활동 지원은 제11조에 따라 허가된 시설 · 설비의 범위에 한정한다)을 기능으로 하는 시설
청소년 이용시설		수련시설이 아닌 시설로서 그 설치 목적의 범위에서 청소년활동의 실시와 청소년 의 건전한 이용 등에 제공할 수 있는 시설

출처: 청소년활동 진흥법.

법」을 살펴보면 쉽게 알 수 있다. 「청소년 기본법」에서는 청소년육성의 개념을 청소년활동 지원, 청소년복지 증진, 사회환경 개선, 청소년보호의 네 가지로 영역화하고 있으며, 이를 활성화시키기 위한 가정, 사회, 지방자치단체 및 국가의 책임이 구체적으로 명시되어 있다(제3조, 제6조, 제7조, 제8조).

뿐만 아니라 2004년의 「청소년 기본법」 개정과 더불어 「청소년활동 진흥법」이 제정되었다는 점에서 청소년활동이 청소년육성정책의 핵심 영역이라는 것은 보다 쉽게 이해될 수 있다. 「청소년활동 진흥법」은 주5일 수업시대의 도래 등 새로운 사회 · 제도적 환경 변화에 대응하며, 미래사회의 주역이 될 청소년이 수련활동을 통해 자신의 기량과 품성을 함양하고 꿈과 희망을 마음껏 펼칠 수 있도록 하기 위한 제도적 기반을 마련하기 위해 제정되었다. 특히 기존의 「청소년 기본법」에서 청소

년의 수련활동 위주로 규정되어 있던 청소년활동을 수련활동 · 교류활동 · 문화활동 등 대부분의 활동이 포함되도록 확대하고 정책적 지원 범위를 확장하였으며, 청소년수련시설의 종류에 청소년특화시설을 추가하여 현실에 맞게 시설을 구분하려고 노력하였다. 그리고 청소년수련시설에 청소년운영위원회를 설치하여 청소년활동에 청소년의 참여를 보장하고, 청소년수련 활동에 대한 체계적인 관리와 지원 그리고 청소년수련활동인증제의 도입 및 효과적인 집행을 위하여 중앙에는 청소년활동진흥원을, 지방에는 지방청소년활동진흥센터를 설치하도록 하는 등 청소년활동에 관한 제반 사항을 단일법으로 체계화하였다.

3) 청소년활동 프로그램 사례

다음의 프로그램 사례는 모 청소년수련관에서 운영한 활동 프로그램 사례이다.

(1) 청소년 클럽대항전

① 프로그램 목적

초 · 중 · 고등학교를 대상으로 풋살, 길거리농구 종목으로 학교별 클럽대항전을 실시함으로써 특기 청소년들에게는 많은 기회를 제공하고 일반 청소년들에게는 자유롭고 정의로운 경쟁의식 체험 및 신체단련활동을 통하여 자기주도적으로 스스로의 진로를 정할 수 있게끔 몸과 마음을 단련시킨다.

② 프로그램 개요
- 진행과정: 운영계획안 → 홍보 및 참가자 모집 → 프로그램 실시 및 종결 평가 → 종합평가 및 결과 보고
- 참가 대상: 관내 초 · 중 · 고등학생
- 프로그램 횟수: 1~12월 중, 연 4회
- 계획 인원: 실인원 1,600명
- 소요예산액: 금 ○○만 원

[그림 9-3] 청소년 클럽대항전

③ 추진계획

• 풋살, 농구 등의 스포츠 종목 운영

• 교육장상, 관장상, MVP 등 다양한 수상으로 경쟁 아닌 스포츠 축제 분위기 조성

• 뉴스포츠 종목 운영을 통해 새로운 활동으로 즐거움과 호기심 증진

④ 기대효과

• 학교생활에 대한 새로운 흥미와 학교별 응집력을 높여 애교심(愛校心) 증진

• 클라이밍 물품에 대한 기초 지식 습득

• 기술 등을 습득함으로써 건강한 여가·취미활동 정착

(2) 수능청소년 프로그램

① 프로그램 목적

대학수학능력시험을 마친 고등학교 3학년 학생들을 대상으로 문화공연, 명사 특강을 통해서 시험 스트레스에서 벗어나고 자신의 미래를 주도적으로 설계하고 꿈을 찾아갈 수 있게 도모한다.

② 프로그램 개요

- 진행과정: 운영계획 → 홍보 및 참가자 모집 → 프로그램 실시 및 종결 평가 → 종합평가 및 결과 보고
- 프로그램 횟수: 11~12월 중, 2회
- 참가 대상: 고등학교 3학년 청소년
- 계획 인원: 실인원 600명
- 소요예산액: 금 ○○만 원

③ 추진계획

- 대학수학능력시험 후 학업 스트레스에서 벗어날 수 있는 기회 제공
- 수능 후 고등학교 3학년 청소년에게 건전한 문화활동 제공
- 명사의 강의를 통해서 자신의 꿈을 키우고 실천하는 원동력 제공

④ 기대효과

- 대학수학능력시험 후 건전한 문화활동의 기회 제공
- 명사의 강의를 통해서 자기애와 자기존중감을 키울 수 있는 기회 제공

[그림 9-4] 수능청소년 프로그램

제2절 청소년활동시설의 종류

「청소년활동 진흥법」제10조에서는 청소년활동시설을 청소년수련시설과 청소년 이용시설로 구분하고 있다. 국가와 지방자치단체는 물론 법인, 단체 또는 개인 등의 민간 분야도 활동시설의 설치와 운영이 가능하지만, 민간의 경우에는 시·군·구청장의 허가를 받아야 한다.

1. 청소년수련시설

1) 청소년수련시설의 현황

청소년수련시설은 수련활동에 필요한 여러 시설, 설비, 프로그램 등을 갖추고 청소년지도자의 지도하에 체계적이고 조직적인 수련활동을 실시하는 시설을 말한다. 청소년수련시설은 기능이나 수련활동 및 입지적 여건 등에 따라 다양한 유형으로 구분된다.

이전에는 생활권 수련시설(청소년수련관, 청소년문화의집), 자연권 수련시설(청소년수련원, 청소년야영장) 그리고 유스호스텔로 구분하였으나, 2005년부터는 청소년수련관, 청소년수련원, 청소년문화의집, 청소년특화시설, 청소년야영장, 유스호스텔로 구분한다. 청소년수련시설을 보다 자세히 살펴보면, '청소년수련관'은 다양한 수련활동을 실시할 수 있는 각종 시설 및 설비를 갖춘 종합수련시설을 말한다. '청소년수련원'은 숙박기능을 갖춘 생활관과 다양한 수련활동을 실시할 수 있는 각종 시설과 설비를 갖춘 종합수련시설을 말한다. '청소년문화의집'은 간단한 수련활동을 실시할 수 있는 시설 및 설비를 갖춘 정보·문화·예술 중심의 수련시설이고, '청소년특화시설'은 청소년의 직업체험·문화예술·과학정보·환경 등 특정 목적의 청소년활동을 전문적으로 실시할 수 있는 시설과 설비를 갖춘 수련시설이다. 그리고 '청소년야영장'은 야영에 적합한 시설 및 설비를 갖추고 수련활동 또는 야영 편의를 제공하는 수련시설이고, '유스호스텔'은 청소년의 숙박체제에 적합한 시설·설비와 부대·편의시설을 갖추고 숙식편의 제공, 여행 청소년의 활동 지원 등을 주된 기능으로 하는 시설이다. 1992년 이전에는 수련시설이 150여 개에 불과하였지만 매년 지속적으로 증가하여 2015년 12월 기준 797개의 시설이 설치·운영되고 있다(여성가족부, 2016b).

2) 청소년수련시설의 설치와 운영

(1) 청소년수련시설 설치

① 중앙정부의 수련시설 설치

「청소년활동 진흥법」에서는 국가 및 지방자치단체가 전국의 청소년이 이용할 수 있는 국립 청소년수련시설을 설치·운영하도록 명시하고 있다. 이러한 역할을 담당할 시설로 국립중앙청소년수련원, 국립평창청소년수련원 및 국립고흥청소년우주체험센터, 국립김제청소년 농업생명체험센터, 국립영덕청소년해양환경체험센터를 건립·운영 중이다.

② 지방자치단체의 수련시설 설치

수련시설의 설치·운영사업에 대한 중앙정부의 재정 지원이 확대된 이후, 각 지방자치단체는 많은 생활권 시설을 설치·운영하고 있다. 1990년부터 지방양여금이 청소년시설 건립에 사용되면서 지방자치단체의 청소년수련시설 설치사업에 중요한 재원이 되었으며, 2005년부터는 국가균형발전특별회계, 2010년도부터는 광역지역발전특별회계(2015년도부터는 지역발전특별회계로 회계명칭 변경)에 따른 지원으로 건립되고 있다. 지방자치단체가 건립하는 청소년수련시설은 주로 생활권 수련시설로, 행정구역별로 1개소씩 건립하는 것을 목표로 하고 있다. 「청소년활동 진흥법」에 따르면 지방자치단체는 시·군·구에 청소년수련관을 1개소 이상 설치·운영해야 하며, 읍·면·동에는 청소년문화의집을 1개소씩 설치하여야 할 의무를 지닌다. 여성가족부에서는 지방자치단체의 수련시설 신규 건립과 더불어 기존 시설의 기능 보강을 적극 유도하고 있으며, 청소년의 이용률 제고를 위하여 부지 선정 시 청소년의 접근성 확보를 최우선적으로 검토하도록 하고 있다. 2015년도에는

〈표 9-2〉 청소년수련시설 현황

구분	총계	수련관	문화의집	수련원	야영장	유스호스텔	특화시설
계	797	181	245	193	43	126	9
공공	528	179	239	62	20	19	9
민간	269	2	6	131	23	107	0

출처: 여성가족부(2016b).

33개소 신규 건립, 75개소 기능 보강을 지원하였으며, 2016년도에는 37개소 신규 건립, 65개소 기능 보강을 지원하였다.

③ 수련시설 설치 사전 검토

「청소년활동 진흥법」에 따르면 국가 및 지방자치단체가 수련시설을 설치하려고 할 경우, 입지 조건이나 내부구조, 설계사항 등 건립의 타당성에 관한 내용을 포함한 기본계획을 수립하여 수련시설 건립심의위원회의 심의를 받은 후 시행하여야 한다. 수련시설 건립심의위원회의 위원은 5인 이상 10인 이내로 구성하며, 위원 중 청소년 및 청소년 전문가의 참여 비율을 각각 1/5 이상으로 해야 한다.

(2) 청소년수련시설 운영 지원

정부에서는 2006년도부터 정책적으로 수련시설의 안전관리 강화를 위해 주요 구조부의 균열, 내구성 저하 등의 위험사항, 석축, 옹벽, 담장 및 부대시설의 안전성, 전기, 기계, 소방 및 냉·난방시설의 유지관리 상태, 기타 관리 주체의 안전의식 및 재난관리 체계 구축 여부 등의 안전관리 실태를 점검함으로써 안전사고를 미연에 방지토록 하였으며, 시설 운영 전반에 대한 평가를 통해 시설 운영의 질적 수준 향상을 제고하였다. 특히 2014년 7월부터는 개정 「청소년활동 진흥법」 시행에 따라 수련시설에 대한 감독기관의 종합 안전점검 및 종합평가 실시가 의무화되어 (제18조의3, 제19조의2), 한국시설안전공단, 한국소방안전협회, 한국전기안전공사, 한국가스안전공사 등 안전 관련 전문기관과 연계한 분야별 종합 안전점검과 한국

청소년정책연구원을 통한 시설 운영 전반사항에 대한 종합평가를 시설 종류별로 2년 주기로 실시하고 있다. 2016년에는 자연권 청소년수련시설(수련원, 야영장, 유스호스텔) 293개소 대상으로 종합 안전점검 및 종합평가를 11월까지 실시하였으며 그 결과를 교육부, 지방자치단체에 통보하고 여성가족부 홈페이지, 청소년활동 정보서비스에 공개하였다. 또한 청소년수련시설에 대한 안전관리 규정이 강화되어 시설 붕괴 우려 등 안전 확보가 현저히 미흡한 경우 특별자치도지사·시장·군수·구청장이 시설의 운영 중지를 명령할 수 있으며, 2년 주기로 실시되는 청소년 수련시설 종합평가에서 가장 낮은 등급을 연속하여 3회 이상 받은 경우 허가 또는 등록을 취소할 수 있도록 함에 따라 관리·감독 주체의 안전관리 강화와 수련시설 운영 주체의 안전관리 의무가 강화되었다.

2. 청소년이용시설

1) 청소년이용시설의 개념과 유형

청소년이용시설은 청소년수련시설이 아닌 시설이지만, 설치목적의 범위 내에서 청소년활동 실시와 청소년의 건전한 이용 등을 위하여 제공할 수 있는 시설을 의미한다. 청소년이용시설로는 ①「문화예술진흥법」제2조 제3호의 규정에 의한 문화시설, ②「과학관의 설립·운영 및 육성에 관한 법률」제2조 제1호의 규정에 의한 과학관, ③「체육시설의 설치·이용에 관한 법률」제2조 제1호의 규정에 의한 체육시설, ④「평생교육법」제2조 제3호의 규정에 의한 평생교육시설, ⑤「산림문화·휴양에 관한 법률」제13조, 제14조 및 제19조의 규정에 의한 자연휴양림, ⑥「수목원·정원의 조성 및 진흥에 관한 법률」제2조 제1호의 규정에 의한 수목원, ⑦「사회복지사업법」제34조 제4항의 규정에 의한 사회복지관, ⑧ 시민회관·어린이회관·공원·광장·고수부지와 그 밖에 이와 유사한 공공시설로서 수련활동 또는 청소년 여가선용을 위한 이용에 적합한 시설 등이 해당된다. 시장·군수·구청장은 청소년이용시설 중 청소년지도사를 배치한 시설에 대해서는 청소년이용 권장시설로 지정하여 다른 청소년이용시설에 우선하여 지원할 수 있다.

2) 청소년이용시설 현황

(1) 문화시설

문화시설로는 청소년들의 정서 함양을 위해 국가가 건립한 국립중앙극장, 국립중앙박물관, 국립현대미술관, 국립국악원, 국립민속박물관, 국립중앙도서관 등이 있으며, 지역별로 박물관, 미술관, 도서관, 문예회관, 지방문화원 등의 시설이 있다. 문화 공간은 공연시설(공연장, 영화상영관, 야외음악당 등), 전시시설(박물관, 미술관, 화랑, 조각공원), 도서시설(도서관, 문고), 지역문화복지시설(복지회관, 문화체육센터), 문화보급전수시설(지방문화원, 국악원, 전수회관) 등으로 분류된다.

(2) 과학관

과학관 중 대표적인 이용시설로는 국립중앙과학관과 국립서울과학관이 있다. 국립중앙과학관의 상설전시관에는 4개 분야의 약 4,100여 점의 전시품이 전시되고 있다. 이 밖에 탐구관, 천체관, 영화관, 특별전시관, 야외전시장 등을 갖추고 있다. 국립서울과학관은 상설전시관, 특별전시관, 영화관, 과학교실, 세미나실, 놀이 및 휴식 공간 등을 갖추고 있다.

(3) 체육시설

우리나라의 체육시설은 정부의 지속적인 투자로 양적 · 질적 측면에서 괄목할 만한 성장을 이루었다. 정부는 국민의 건전한 여가선용과 생활체육활동 증진을 위하여 국민이 집 주변에서 쉽게 접근할 수 있는 생활체육시설과 전문선수의 육성을 위한 전문체육시설의 건립을 지원해 왔으며, 각종 국제경기대회 등의 개최를 계기로 국제 수준의 체육시설을 확충하고 있다. 현재 정부가 지원하고 있는 공공체육시설로는 생활체육공원, 국민체육센터, 마을단위 생활체육시설, 동네운동장, 길거리 농구대, 시 · 군 기본체육시설 등이 있다(여성가족부, 2016b).

제3절 청소년활동의 지원 현황

청소년활동은 청소년 프로그램 및 사업의 개발·보급·평가, 청소년의 수련활동 및 문화·예술체험 활성화, 방과 후 활동 프로그램의 개발·지원, 청소년의 국제교류 등 다양하게 이루어지고 있다.

1. 청소년수련활동인증제

1) 추진 배경

청소년수련활동인증제는 「청소년활동 진흥법」 제35조 내지 제38조에 따라 시행된 제도로서 청소년수련 활동이 청소년의 균형 있는 성장에 기여할 수 있도록 국가 및 지방자치단체 또는 개인·법인·단체 등이 실시하고자 하는 청소년수련 활동을 인증하고, 인증된 수련활동에 참여한 청소년의 활동 기록을 유지·관리·제공하는 청소년수련 활동 프로그램에 대한 국가 인증제도이다. 청소년수련활동인증제는 글로벌·다문화 시대의 흐름에 발맞춰 청소년의 활동환경을 조성하고 지원하는 제도로, 청소년의 다양한 요구에 부응하고 사회문화적 역량을 개발·강화하는 데 목적을 두고 있으며, 청소년활동 기반 확립과 학교교육과 연계한 활동 지원의 확대 요구에 대한 사회적 공감대가 형성되면서 2004년 2월 「청소년활동 진흥법」 제35조에 근거 규정을 마련하고 2006년부터 운영되고 있다. 청소년수련활동인증제는 청소년활동 프로그램에 대한 사전 인증으로 양질의 활동 기회 및 프로그램을 제공할 수 있게 하고, 수요자인 청소년의 욕구가 반영된 활동 프로그램을 제공하여 유용성, 공공성, 안정성을 강조하며, 인증받은 활동에 참여한 청소년의 활동 실적을 기록·관리함으로써 청소년들의 자기계발과 진로 탐색에 필요한 자료로 활용할 수 있도록 지원하고 있다.

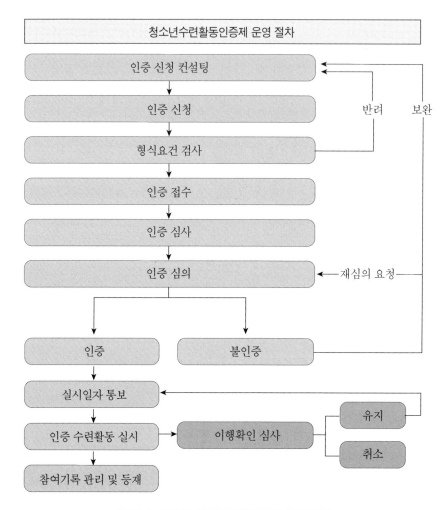

[그림 9-5] 청소년수련활동인증제 운영 절차

출처: 한국청소년활동진흥원(2016).

2) 인증제 추진 현황

청소년수련활동인증제는 2006년 3월에 시작하였다. 청소년수련활동 인증위원 15인을 위촉하고 인증심사원 192명을 선발하여, 5월 인증접수를 시작으로 79건의 청소년수련 활동을 인증하였다.

2015년에는 인증위원회의 구성과 안전전문가의 위촉에 관한 사항이「청소년활동 진흥법」 개정(2015. 2. 3.) 시 신설되어 신규로 안전전문가 2인, 법조인 1인을 위촉하였다. 사전에 인증을 받아야 하는 활동(의무인증)에 대한 현장 심사 및 이행 확인을 강화하였으며, 지역의 인증제 지원 및 안전 관련 업무를 담당할 상근심사원 20명을 선발하여 시 · 도 청소년활동진흥센터에 배치하였다. 2016년에는 인증제의 전문성 강화와 참여기반 확대를 위한 제도 개선의 결과로 청소년수련활동인증제 운영 규정을 인증제 운영 규정과 인증심사원 운영 규정으로 분리하여 심사원 전문성 강화, 사후관리 체계 명확화, 현장 편의성 제고의 계기가 되었다. 또한 심사의 전문성을 높이기 위해 9개 분야의 자문위원 10명을 위촉하였고, 인증제 시행 10주년을 맞아 새로운 인증 마크를 선포하였으며, 2015년 5,000호 인증에 이어 1년 만에 6,000호 인증을 달성하는 등 양적으로도 성장하였다.

3) 인증기준 및 인증 수련활동 현황

수련활동 인증신청은 인증정보시스템을 통하여 상시 이루어지며, 접수된 청소년수련 활동은 1개 프로그램당 2명의 인증심사원에 의한 심사를 거쳐 인증위원회가 최종 심의를 하게 된다. 인증기준은 국내 청소년활동과 국제 청소년활동 영역으로 구분되어 있으며, 각 영역별 인증기준은 공통기준과 개별기준으로 나누었다. 공통기준은 프로그램, 지도력, 활동환경의 세 가지 영역, 개별기준은 숙박형과 이동형으로 구성되어 있으며, 반드시 인증을 받아야 하는 프로그램은 특별기준을 추가로 적용한다.

2016년 10월 6,000호 인증을 달성하였으며, 현재까지 인증된 수련활동은 923개 기관의 6,109건이며, 이 중 10건은 인증사항 이행 여부 확인 등을 통해 취소되고, 1,908건은 인증 유효기간이 종료, 48건은 철회되어 2016년 11월까지 총 4,143건의 인증 수련활동이 유지되고 있다.

〈표 9-3〉 청소년수련 활동 인증기준

구분			인증기준 구성	
영역/유형			기준	확인요소
공통기준	1. 활동 프로그램		1. 프로그램 구성	5
			2. 프로그램 지원운영	
	2. 지도력		3. 지도자 전문성 확보계획	4
			4. 지도자 역할 및 배치	
	3. 활동환경		5. 공간과 설비의 확보 및 관리	4
			6. 안전관리 계획	
개별기준	활동 유형	숙박형	1. 숙박관리 / 2. 안전관리인력확보 / 3. 영양관리 자자격	3
		이동형	1. 숙박관리 / 2. 안전관리인력확보 / 3. 영양관리 자자격 / 4. 휴식관리 / 5. 이동관리	5
특별기준(인증을 받아야 하는 프로그램에 추가 적용)			4-2. 전문지도자의 배치 5-2. 공간과 설비의 법령준수	2

출처: 한국청소년활동진흥원(2016).

〈표 9-4〉 청소년수련활동인증제 활동 유형 구분

활동 유형	내용
기본형	1일 3시간 이상 혹은 1일 2시간 이상으로 2회기 이상에 걸쳐 일정 시간 정기적으로 이루어지는 비숙박활동
숙박형	숙박에 적합한 장소에서 일정 기간 숙박하며 이루어지는 활동
이동형	활동 내용에 따라 선정된 활동장을 이동하여 숙박하며 이루어지는 활동

출처: 한국청소년활동진흥원(2016).

〈표 9-5〉 인증 수련활동 보유기관별 현황

구분	2006	2007	2008	2009	2010	2011	2012	2013	2014	2015	2016	총계
국가, 지방자치단체	–	1	3	1	1	1	2	–	1	2	5	17
청소년수련관 (특화시설)	20	175	274	143	177	121	88	130	218	188	120	1,654
청소년수련원	25	33	36	31	18	57	26	346	481	473	198	1,724
청소년문화의집	9	44	76	38	39	33	67	40	86	74	76	582
야영장, 유스호스텔	–	2	2	7	1	6	7	128	181	31	19	384
청소년단체	14	5	14	12	8	5	2	15	38	11	2	126
기타 공공기관	4	17	13	4	5	5	5	14	30	21	20	138
청소년이용시설	–	1	4	1	2	4	3	26	54	45	19	159
청소년보호복지시설	2	6	19	14	9	3	–	6	10	4	10	83
학교/교육청	–	–	–	3	2	1	2	3	13	35	7	66
일반	5	–	2	1	4	6	10	70	446	417	215	1,176
소계	79	284	443	255	266	242	212	778	1,558	1,301	691	6,109

출처: 한국청소년활동진흥원(2016).

2. 국제청소년성취포상제

1) 제도 현황

국제청소년성취포상제(The Duke of Edinburgh's International Award, Korea, 이하 '포상제')는 1956년 영국 엘리자베스 2세 여왕의 부군인 에딘버러 공작에 의해 시작되어 현재 140개 이상의 국가에서 운영되고 있다. 포상제를 총괄하는 국제포상협회(International Award Association)에는 국가운영기관(National Award Operator, 61개국)과 독립운영기관(Independent Award Center, 70개국)이 속해 있으며, 유럽·지중해·아랍 지역, 아프리카 지역, 아시아·태평양 지역, 아메리카 지역에 사무국이 구성되어 운영되고 있다. 포상제는 비경쟁성, 평등성, 균형성, 성취지향성, 과정중시성, 지속성 등의 열 가지 기본 이념을 바탕으로 활동이 이루어지며, 참여 청소년들이 자기주도성과 도전정신을 통해 자신의 역량을 지속적으로 개발할 수 있는 습관을 가지도록 한다. 포상제에 참여할 수 있는 청소년의 연령은 만 14세부터 만 25세까지로, 만 25세 생일 전까지 포상활동을 마칠 수 있는 청소년이면 누구나 참여할 수 있다. 포상활동은 봉사, 자기개발, 신체단련, 탐험의 네 가지 활동이며 주어진 최소 활동 기간을 충족해야 한다. 금장활동일 경우 네 가지 활동에 더불어 추가로 합숙활동을 해야 한다. 포상 단계는 동장(6개월), 은장(6~18개월), 금장(12~18개월)으로 네 가지 활동 영역 모두 포상활동별 최소 활동 기간을 충족하고 성취목표를 달성해야 포상을 받을 수 있다.

〈표 9-6〉 포상 단계별 최소 활동 기간

구분	봉사	자기개발	신체단련	탐험	합숙
금장 16세 이상	12개월 48시간 이상	12개월 48시간 이상	12개월 48시간 이상	3박 4일	4박 5일 ※ 금장 단계에 한함.
	은장을 보유하지 않은 자는 봉사, 자기개발, 신체단련 중 하나를 선택하여 추가로 6개월 수행				
은장 15세 이상	6개월 24시간 이상	6개월 24시간 이상	6개월 24시간 이상	2박 3일	
	동장을 보유하지 않은 자는 봉사, 자기개발, 신체단련 중 하나를 선택하여 추가로 6개월 수행				
동장 14세 이상		3개월 12시간 이상	3개월 12시간 이상	1박 2일	
	참가자는 봉사, 자기개발, 신체단련 중 하나를 선택하여 추가로 3개월 수행				

출처: 여성가족부(2016b).

2) 포상제 추진 현황

한국청소년활동진흥원은 국제포상협회로부터 2008년 5월 독립운영기관 자격을 취득하였고, 2009년 10월 다음 단계인 임시회원국가(Provisional Membership) 자격을 취득하였다. 한국청소년활동진흥원은 포상제의 한국사무국으로서 2012년 정회원국가 자격 취득을 위해 지역사회 활성화와 국제회의 참석 및 국제행사 개최 등으로 자격 요건들을 갖추어 가고 있으며, 그 일환으로 2010년에는 아시아ㆍ태평양 지도자 워크숍을 개최(10월 24~30일)하였다. 또한 2013년에는 국제성취포상제 신규제도에 의하여 세계 최초 정회원으로 승격되었으며 2014년 국제금장총회를 유치하여 동 제도의 국내 참가자 확대를 위한 계기를 마련하였다. 포상제는 2008년과 2009년에 2단계로 시범사업을 추진하였다. 2008년에는 한국사무국을 중심으로 시범사업을 실시하였고, 2009년에는 지역사회 중심의 시범사업을 추진하기 위해 광역사무국과 중앙운영기관 체제를 적용하였다. 2010년부터는 참여 청소년들의 활동 기록을 체계적으로 관리하기 위해 전 세계 최초로 온라인 정보시스템(www.koraward.youth.go.kr)을 구축하여 운영하고 있다. 온라인 정보시스템 개발로 인해 포상활동 기록의 신뢰성과 업무의 효율성이 증대되었으며, 청소년활동 기록의 포트폴리오 변환 기능 및 인증 시스템으로 관련 기록이 진학 및 취업 시 광범위하게 활용될 수 있도록 하였다. 포상제는 포상 자체보다는 포상활동과정에 의미가 있기 때문에 포상활동에서 도전에 대한 실패는 없다. 다만, 언제든지 다시 시작하여 도전한다면 포상을 받을 수 있다. 이 원칙에 따라 참여 청소년들은 자신과의 약속을 지킬 수 있는 도전을 지속적으로 이어 가고 있다(여성가족부, 2016b).

3. 청소년수련활동신고제

1) 추진 배경

청소년수련활동신고제는 「청소년활동 진흥법」 제9조2에 따라 19세 미만의 청소년을 대상으로 하는 청소년수련 활동계획을 사전에 신고하도록 하고, 관련 정보를 참가자가 편리하게 확인할 수 있도록 인터넷 등에 공개하는 제도이다. 청소년수련활동 관련 안전사고 예방을 위해 2013년 11월 '이동ㆍ숙박형 청소년활동신고제'로 도입되어 2014년 7월부터 '숙박형 등 청소년수련활동신고제'로 신고 대상과 활동을 변경하여 운영 중이다. 신고제를 통해 수련활동의 신고를 준비하는 과정에서 활동 운영 전반의 안전요소를 점검하게 되고, 범죄 경력자 등 결격 사유가 있는 지도자의 참여를 막을 수 있으며, 안전보험 가입을 의무화하여 보다 안전한 수련활동을 진행할 수 있도록 하였다. 또한 신고 수리된 활동 정보를 인터넷 홈페이지(www.youth.go.kr) 등에 공개함으로써 청소년, 학부모 등 정보가 필요한 모든 사람이 쉽게 수련활동 정보를 알 수 있도록 하여 활동 선택과 참여 결정에 도움이 되도록 하였다.

2) 신고제 관련 주체 및 요건

19세 미만의 청소년을 대상으로 숙박형 청소년수련 활동 및 비숙박형 청소년수련 활동을 주최하려는 자는 소재지 지자체에 신고 서류를 갖추어 참가자 모집 14일 전까지 신고해야 한다. 다만, 「청소년활동 진흥법」 이외의 다른 법률에서 지도·감

〈표 9-7〉 청소년수련활동신고제 관련 주체 및 요건

구분		적용 대상 요건
신고수리 주체		• 수련활동 주최자 소재지 특별자치시·특별자치도·시·군·구(청소년정책담당부서)
신고 주체		• 청소년수련활동을 주최하려는 자 ※「청소년활동 진흥법」의 지도·감독을 받는 사설 기관(청소년수련시설, 청소년활동진흥원, 청소년활동진흥센터 등) ※ 법률에 따른 비영리 법인 또는 단체가 아닌 경우(주식회사 등 영리법인이나 영리단체)
신고 기한		• 참가자 모집 14일 전
신고대상 참가자 연령		• 19세 미만의 청소년(9~18세) ※ 19세 미만 청소년과 다른 연령대를 포함하여 청소년수련활동으로 기획하고, 모집 예정인 경우에도 신고 대상
신고대상 활동범위	숙박형	• 이동숙박형, 고정숙박형 등 숙박하는 수련활동
	비숙박형 중 일부	• 청소년 참가인원이 150명 이상인 수련활동
		• 위험도가 높은 청소년수련활동(「청소년활동 진흥법 시행규칙」 별표7 해당 활동)

출처: 여성가족부(2016b).

독 등을 받는 비영리 법인 또는 비영리 단체가 운영하는 경우나 청소년이 부모 등 보호자와 함께 참여하는 경우, 종교단체가 운영하는 경우와 비숙박형 청소년수련 활동 중「청소년활동 진흥법」제36조 제2항에 따라 인증을 받아야 하는 활동이 아 닌 경우는 신고 대상에서 제외된다.

3) 신고 절차

수련활동을 주최하려는 자는 참가자 모집 14일 전에 운영계획서, 주최자 · 운영 자 · 보조자 명단, 세부내역서, 보험 가입 사실을 증명할 수 있는 서류 등을 갖추어 주최자 소재지 관할 지방자치단체 소관과에 신고서를 제출하여야 하며, 청소년수 련활동 신고시스템(www.youth.go.kr/singo.do)을 통해 온라인으로도 접수할 수 있 다. 신고서가 접수되면 해당 처리기관에서 구비서류의 요건을 점검하고, 주최자 등 의 결격 사유를 조회한 후 신고 수리 시 신고증명서를 발급하며, 미비할 경우에는 보완을 요청하고, 보완되지 않은 경우 반려한다. 신고 수리 후 처리기관에서는 신 고 수리된 계획을 여성가족부에 통보하고, 계획을 검토한 여성가족부는 보완사항 이 있는 경우 처리기관에 보완사항을 통보하며, 처리기관은 주최기관에 지적된 보 완사항을 통보한다. 활동 주최자는 신고 수리사항 중 안전점검, 보험 가입, 수련 활동 인증에 관한 사항을 모집활동 및 계약 시 인쇄물, 게시판 또는 홈페이지에 표 시 · 고지하여야 하고, 참가자의 건강 상태를 확인한 후 필요한 조치를 하여야 한 다. 또한 활동 실시 전 변경사항이 발생한 경우 활동 시작 3일 전까지 그 사유와 관 련 서류를 첨부하여 처리기관에 제출하여야 한다.

4) 신고 현황

2016년 11월 말까지 신고 수리된 청소년수련 활동은 경기도가 2,082건으로 가장 많고 다음은 서울특별시가 1,054건이다. 시설 유형별로는 청소년수련원, 청소년수 련관 순으로 신고된 수련활동이 많은 것으로 나타났다.

제4절 청소년활동의 과제

1. 청소년 동아리활동 활성화 방안

청소년의 동아리활동 활성화 방안은 동아리활동 동향에서 시작될 수 있다. 최근의 청소년 동아리활동의 동향을 살펴보면 다음과 같다(권준근, 김지수, 2011).

첫째, 소규모 자생 동아리 모임이 증가하는 현상이다. 이러한 소모임은 소규모 인원의 배타적인 또래집단으로서, 어떤 단체에 소속된 동아리, 즉 클럽보다는 좀 더 자유로우며 강제성이 배제된 최소한의 책임감과 소속감으로 활동하는 자생적인 사모임으로 나름대로의 특징을 갖고 있다. 이러한 흐름을 고려해 볼 때 청소년활동의 한 분야로 동아리활동을 활성화할 수 있을 것이다. 다만, 청소년이 원하는 활동을 할 수 있도록 안전한 장소가 제공되어야 하고, 동아리 운영 규정을 통하여 단순히 시간을 보내는 것이 아니라 보람 있는 시간이 될 수 있도록 지도하는 것이 필요하다. 그러므로 바람직한 동아리활동의 활성화를 위해서는 청소년 동아리활동을 전담할 수 있는 지도자가 필요하다고 볼 수 있을 것이다.

둘째, 현재 운영되고 있는 청소년활동 관련 인증제와의 연계성 모색에 대한 연구도 필요하다. 청소년수련활동인증제, 청소년성취포상제, 청소년 자원봉사활동 등은 모두 청소년활동을 조장하거나 활성화하기 위한 청소년사업이다. 이러한 제도와의 연계성을 높이는 형태로 운영한다면 이를 토대로 청소년 동아리활동을 활성화할 수 있는 효율적인 방안 모색 역시 가능할 것이다.

셋째, 청소년 동아리활동 지원체계를 마련해야 하며 운영예산 확보도 중요하다. 청소년 동아리활동의 사회적 필요성과 중요성에 대한 객관적이고 의미 있는 제안이 필요하며, 그것이 청소년의 진로 개발뿐만 아니라 청소년활동 현장의 안전성을 꾀하고 학교와의 협력적 관계를 모색하는 데 긍정적인 역할을 할 수 있음을 적극적으로 개진할 필요가 있다.

2. 창의적 체험활동의 정책적 발전방안

1) 창의성 지향 창의적 체험활동 프로그램 활성화

창의적 체험활동은 특히 기존의 재량활동과 특별활동의 물리적 · 병렬적 통합에 그치지 않고 학교 교육과정의 창의성교육 확산을 위한 매개 공간으로서 그 의의가 있는 만큼 정규 교과과정 및 방과후 활동 프로그램, 청소년활동 프로그램과 연계 및 통합을 강화하여야 할 것이다.

2) 안전성 확보 지원체계 구축

창의적 체험활동을 포함한 교과활동 전반에 걸쳐 학급 단위의 이동이 빈번해지는 만큼 학교 밖 원거리를 이동하는 경우 학생들의 이동수단에 대한 지원이 절실하다고 볼 수 있다. 교육지원청 단위로 지역의 학교 밖 교육활동 수요를 파악하여 이동을 위한 공동 차량을 확보하고 지원하는 시스템을 구축하여 안전문제에 대한 부담을 감소시켜야 한다.

3) 인력 풀 확장 및 예산 지원 확대

문화예술 강사, 스포츠 강사, 방과후 보조교사, 인턴교사, 지역사회 코디네이터 등 학교에 기배치된 다양한 인력을 창의적 체험활동 인력으로 활용하거나, 학부모 및 지역사회 봉사자들의 학교 참여를 활성화하여 여성가족부에서는 정책적으로 전국 2만여 명의 국가자격을 갖춘 청소년지도사와 청소년상담사를 활용하여 각 학교에 배치할 수 있도록 실직적인 예산 확보 및 지원 방안을 강구해야 할 것이다.

4) 지역 코디기관을 통한 컨설팅 운영

창의적 체험활동 운영에 관한 전문가들로 구성된 학교 사례에 맞는 구체적 컨설팅 지원이 절실하며, 이를 위해서는 학교현장에 직접 투입되어 실효성 있는 컨설팅을 제공할 수 있어야 한다. 단위학교의 역량강화를 위한 지원체계로 컨설팅을 제공하기 위해 교육부의 노력과 함께 여성가족부에서는 지역 코디네이터 전문연수를 통해 전국단위 전문가를 양성하여 지역사회 및 청소년활동 자원을 학교와 효율적으로 연계할 수 있는 컨설팅을 학교에 제공할 수 있을 것이다.

5) 지역 자원 활용을 위한 협의체 구축

창의적 체험활동의 내용을 다양하고 풍부하게 진행하기 위해서는 지역사회의 교육기부 활성화가 필수인데, 기업 공공기관 정부 부처 등이 보유한 각종 물적·인적 자원과의 연계가 중요하다. 지역자원과의 연계를 강화하기 위해 교육부 및 교육청 단위로 MOU를 체결하는 등 사회적 여건 조성 및 지역자원 발굴 노력에 청소년활동기관이 함께해야 할 것이다.

6) 창의적 체험활동 인프라 확대

교육부의 창의 인성 교육넷(CRM), 여성가족부의 청소년체험활동통합정보사이트(YRM), 문화체육관광부의 문화예술교육자원지도(ARM), 한국직업능력개발원의 커리어넷(careernet), 한국고용정보원의 창소년워크넷(youth-worknet) 등 부처별, 기관별로 다양하게 개발되고 있는 자원목록지도를 학생·교사 등 수요자 입장에서 통합적으로 활용할 수 있도록 연계하고 운영체제를 구축하여야 할 것이다(김승보, 2011).

3. 청소년수련활동인증제 발전방안

청소년활동 관련 인증제는 2011년부터 시행된 미래형 교육과정인 창의적 체험활동 시행과 더불어 개인의 실적과 성과를 관리하고 역량을 강화하는 프로그램의 질적 수준 및 실질적 인증의 형태가 사회적으로 요구되고 있다는 점에서 매우 큰 의의를 갖는다. 청소년활동 관련 인증제를 분석한 결과 다음과 같은 발전방안을 도출하였다.

1) 인증기준, 목적, 대상, 절차 등의 재논의 필요

청소년수련활동인증제는 프로그램 인증과 개인 활동실적 인증 제도이다. 즉, 기본적으로는 청소년에게 제공되는 '프로그램'을 인증하지만 참여 청소년의 활동 기록을 누게 관리하고 활용할 수 있도록 지원하고 있다. 프로그램 인증에서는 양질의 프로그램이 갖추어야 할 제반 요건들 모두 고려하여 인증기준으로 삼고 있다. 핵심 기준으로 발달 단계와 특성을 고려한 프로그램의 내용, 프로그램의 운영 자원 및 자발적 참여를 고려한 홍보 및 참여방안, 프로그램의 내용 및 대상에 따른 전문 지도자의 배치, 활동장의 안전, 위생, 영양, 숙박 시 생활지도, 이동 시 이동 구간에 따른 적절한 휴식관리 등의 제반 요건을 갖추어야 한다.

2) 청소년활동 활성화와 보장을 위한 인증제의 목적 강조

청소년수련활동인증제의 궁극적인 목적은 인증 대상의 규격화나 획일화가 아니라 청소년활동을 운영할 수 있는 최소한의 요건을 청소년에게 안정적으로 제공함으로써 청소년들에게 안전하고 신뢰할 수 있는 체험활동 기회와 장면을 보장·제공하는 것이다.

인증기준이나 절차 및 운영체계가 획일화되거나 고정화되지 않고 청소년활동 프로그램의 규격화가 되지 않도록 본래 목적과 방향이 훼손되지 않게 현장과 인증위원의 역할이 매우 중요하다고 할 수 있다.

3) 청소년수련활동인증제 효과성 검증과 개선방안 마련

청소년수련활동인증제의 종단적 효과성을 측정할 수 있는 체계를 마련하고 지속적인 시행을 통해 수정·보완이 필요하다. 장기적인 효과성 검증을 위해 활동에 참여한 청소년들을 위한 지속적인 관리 및 연구가 이루어져야 할 것이다.

4. 국제청소년성취포상제 발전방안

1) 국제청소년성취포상제 효과성 검증

우리나라에 도입된 청소년성취포상제에 대한 효과성 검증이 필요하다. 청소년성취포상제는 네 가지 영역에서 일정 시간 이상의 지속적이고 자발적인 활동을 통해 지·덕·체의 전인적 발달을 꾀한다는 점에서 그 의의를 찾을 수 있다. 이 프로그램에 참여한 우리나라 청소년들 역시 같은 효과를 경험하고 있는지에 대해서는 아직 충분히 연구되지 않았다.

본격적으로 청소년성취포상제 프로그램이 시행되고 있고, 또한 이와 비슷한 개념을 내포하고 있는 저연령대의 아동 및 청소년들에게 적용 가능한 활동 프로그램의 개발 및 운영방안에 대한 언급이 있는 만큼 우리나라 청소년들을 대상으로 한 청소년성취포상제의 효과성에 대한 연구가 본격적으로 실시될 필요가 있다.

2) 진학·진로와 연계한 프로그램으로 개발

현재 우리나라의 중고등학교에 재학 중인 청소년들 중 대부분은 대학입시를 가장 중요한 목표로 삼고 있으며, 학업을 비롯한 그들의 거의 모든 활동이 이에 맞추어 계획·수행되고 있다. 그러나 청소년의 활동이란 현재의 즐거움과 보람이 함께 포함되어야 하며, 이와 더불어 보다 장기적인 안목에서 대학입시뿐 아니라 그 이후의 진로 및 생활에 대한 이상이나 계획까지도 내다보아야 할 것이다.

3) 저연령대 청소년 참가자 확대

청소년성취포상제는 만 14세 이상을 대상으로 하는 프로그램으로 보다 저연령대를 위한 프로그램이 필요하다. 그러나 우리나라 상황을 살펴보면 중학교 2학년은 대부분의 경우 학업에 대한 부담이 점차 커지는 시기이며, 이후에도 고등학교 시기까지는 대학입시로 인해 그 부담이 전혀 경감되지 않고 있다. 이러한 상황에서 청소년들에게 자신의 미래와 진로를 탐색하기 위해 보다 다양한 경험을 쌓으라고 하기 어려운 것도 사실이다. 따라서 중학교 2학년 이후의 시기에는 자신의 진로 탐색을 위한 경험 쌓기보다는 진로 결정을 하고 그와 관련된 영역에서의 활동을 경험해 보라고 하는 것이 보다 현실적인 대안이 될 것이다.

저연령대 아동 및 청소년을 위한 프로그램은 조기 개입을 통해 청소년들이 사춘기 이전에 자신에 대한 신뢰를 키우고 올바른 인성을 가꾸는 기회를 제공함으로써 자신과 환경에 대해 예민하게 반응할 수 있는 사춘기를 보다 성숙하게 넘길 수 있는 기회를 제공할 수도 있을 것이다.

5. 청소년 국제교류활동 활성화 방안

1) 청소년 국제교류의 중요성 인식과 공감대 형성의 필요성

청소년 국제교류가 주는 교육적 효과성은 매우 중요하다. 왜냐하면 청소년 국제교류는 청소년의 세계시민 의식과 글로벌 리더십 함양, 책임감 형성을 위한 효과적인 방법이 될 수 있기 때문이다. 유럽연합이 회원국 내 사회 통합과 결속, 공동의 발전을 위하여 국제교류를 강조하고 있는 것처럼 한국도 인접하고 있는 이웃 국가들과의 청소년 국제교류를 통한 협력체계와 파트너십을 강조할 필요가 있다.

청소년 국제교류의 중요성 확산과 체계화를 위하여 정부와 민간 차원에서 공동노력이 필요하며 국제교류를 담당하고 홍보할 전문가를 양성하거나 확보하는 일도 시급하다.

2) 청소년의 교육과 훈련의 일부로서의 국제교류

청소년의 국제교류를 위한 특별법이나 정책이 마련되어 모든 부처가 통합하고 협력하는 것이 반드시 필요하고, 더 나아가 부처 간 협력을 통해 단순한 교육에서 국가 인적자원의 개발로까지 확대되어야 한다. 또한 청소년 국제교류가 단순히 경험에서 그치지 않도록 하기 위해 진로 탐색과 취업으로 연계하는 방안도 모색할 필요가 있다. 그러나 청소년 정책이나 활동의 전담부서가 존재하지 않는 한, 이러한 정부적 · 범부처적 지원은 미비할 수밖에 없다. 그러므로 청소년 국제교류의 활성화를 위해서뿐 아니라 청소년활동의 활성화를 위하여 전담부서의 설치 및 운영은 반드시 필요하다고 볼 수 있다.

3) 새천년개발목표 달성을 위한 청소년 국제교류활동

우리나라 청소년활동 현장에서는 다소 생소하지만 우리나라는 새천년개발목표 달성을 위하여 전 세계적으로 약속한 바가 있다. 청소년 국제교류활동과 해외원조 그리고 새천년개발목표(Millenium Development Goals: MDGs)의 달성을 위한 사업 계획을 연계한다면 청소년 실천에도 기여하는 것이 된다.

새천년개발목표는 2015년까지 ① 절대빈곤 및 기아 퇴치, ② 보편적 초등교육달 성, ③ 남녀평등 및 여성능력 고양, ④ 아동 사망률 감소, ⑤ 모성 보건 증진, ⑥ HIV/ AIDS, 말라리아 및 기타 각종 질병 퇴치, ⑦ 지속 가능한 환경 확보, ⑧ 개발을 위한 범지구적 파트너십 구축의 달성을 제시하고 있다(한국국제협력단, 2011). 이러한 목 표를 달성하기 위한 방법으로 청소년 국제교류가 활용될 수 있다. 구체적 실행을 위 해서는 해외원조단체 분야와 여성가족부와 청소년 시설 및 단체 간 긴밀한 협력이 전제되어야 하며, 새천년개발목표에 대한 공유와 학습이 선행되어야 한다.

4) 대상과 지역의 확대 및 전문가 양성

마지막으로, 청소년 국제교류 활성화를 위해서는 대상과 지역을 확대할 필요가 있다. 현재 우리나라의 청소년 국제교류활동은 아시아 지역에 치중되어 있는 경향 이 있으나 향후 청소년 국제교류 활성화를 위해서는 전 세계로 그 지역과 대상이 확장될 필요가 있다. 이를 위하여 관련법 제정이나 정책 수립도 수반되어야 할 것 이며, 청소년 국제교류를 전담할 수 있는 전문 인력의 양성이 필요하며, 현행 청소 년지도사 자격검정과 관련하여 관련 교과목으로 채택하거나 현장실습과 연계하는 것도 하나의 방안이 될 수 있을 것이다.

물론 청소년지도사의 자기계발과 역량강화를 위해서도 국제교류에 필요한 이해 와 지식, 관련 언어구사 능력 등을 함양하는 것에 대한 논의와 숙고가 요구된다(박 선영, 2013a).

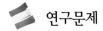 **연구문제**

1. 청소년활동의 중요성에 대하여 논하시오.

2. 효과적인 청소년활동을 위한 학교와의 연계방안에 대하여 토의하시오.

3. 청소년활동의 활성화 방안에 대하여 논하시오.

제10장

청소년상담

개요

　청소년은 성인에 비해 여러 가지 면에서 아직 미숙하며 그 사고도 상대적으로 단순하고 경직되어 있기 때문에, 이러한 스트레스를 적절히 극복하지 못할 경우 극단적인 일탈행동이나 충동적인 행동으로 표출될 가능성이 많다.

　흔히 질풍노도의 시기라 부르는 청소년기에는 갑작스러운 신체 변화와 발달로 인해 심리적인 혼란과 변화를 경험하게 된다. 그래서 이 시기를 어떻게 보내고 준비해 가느냐에 따라 인생 행로가 달라질 수 있는 것이다. 이 중요한 청소년기에 일상의 삶에 구체적이고 직접적인 도움을 줄 수 있는 실제적인 방법이 상담이다. 따라서 청소년 전문가는 청소년상담의 기본적인 이론과 기법을 숙지할 필요가 있다. 이에 이 장에서는 청소년상담의 특성과 형태에 대해서 살펴보고 청소년상담의 방향에 대하여 논의하고자 한다.

학습목표

1. 청소년상담의 필요성에 대하여 설명할 수 있다.
2. 청소년상담의 유형과 각각의 특성에 대하여 설명할 수 있다.
3. 청소년상담 시 활용할 상담이론과 고려할 것은 무엇인지에 대하여 논의한다.

제1절 청소년상담의 의의

1. 청소년상담의 정의

이성진(1996)은 청소년상담을 "성장기에 있는 청소년이 사회에 잘 적응하고 자신의 잠재 가능성을 최대한으로 실현할 수 있도록 도와주기 위한 전문적인 활동"으로 정의하고, 넓은 의미에서 청소년상담을 교육활동의 일환으로 보았다. 그런 의미에서 청소년상담은 "청소년들이 지금 당장 경험하는 고민을 해결해 주면서도 궁극적으로 미래에 잘 적응할 수 있도록 돕는 활동"이라고 볼 수 있다고 하며 예방·발달적인 측면에서 청소년상담을 정의하였다.

그러나 박재황, 남상인, 김창대, 김택호(1993)는 "청소년상담은 청소년 및 청소년 관련인(부모, 교사, 청소년지도자)과 청소년 관련기관(가정, 학교, 청소년 고용업체, 청소년수용기관, 청소년봉사기관)을 대상으로 하여 직접봉사(개인 및 집단 상담, 교육 및 훈련), 자문활동 그리고 매체를 통하여 청소년의 바람직한 발달 및 성장을 추구하는 활동"이라며 예방·발달적이지만 보다 포괄적인 의미에서 청소년상담을 정의하였다.

위의 정의로 볼 때 청소년상담은 일반상담과 크게 다르지 않다. 다만, 청소년들의 심리적 특성과 그들이 처한 환경적 특성을 고려하고 있으며, 다음의 몇 가지 요소를 지닌다.

먼저, 청소년상담 활동의 대상은 청소년, 청소년 관련인(부모, 교사, 청소년지도자)과 청소년 관련기관(가정, 학교, 청소년 고용업체, 청소년수용기관, 청소년봉사기관)을 포함한다. 상담의 대상이 문제를 가진 혹은 발달을 원하는 개인에게 국한되지 않고 그 개인과 관련된 환경을 포함하는 것이 최근의 일반적인 경향이다(이형득, 1993). 특히 청소년상담 활동에서는 청소년 자신뿐만 아니라 관련인, 즉 부모나 교사 등을 포함하는 것이 더욱 중요하다. 왜냐하면 청소년의 문제는 청소년 자신의 발달적 특성으로 인한 경우도 있지만 환경과의 관계에서 발생하는 경우가 많기 때문이다. 청소년은 환경에 영향을 받기 때문에, 청소년이 자기 문제의 원인을 찾고 그것을 극복하려고 해도 주변 환경이 변하지 않는 한 문제가 재발될 가능성이 높다. 따라서 청소년상담에서의 일차적 대상은 청소년들이지만 청소년 관련인 및 청소년 관련 기관 역시 청소년상담의 대상이 된다.

둘째, 청소년상담은 청소년이 지니는 정신적 불건강의 치료 및 문제의 해결뿐만 아니라 정신적 불건강의 예방 및 건전한 발달과 성장을 목적으로 한다. 청소년상담은 청소년이 겪고 있는 정서적인 불안, 부적절한 행동, 정신병 등의 치료를 추구하는 한편, 청소년들이 발달과업을 충실히 달성할 수 있도록 적절한 프로그램을 개발하고 실행하며, 이를 통해 청소년들이 보다 적응적이고 창조적이 되도록 돕는 것을 추구한다. 청소년들이 경험하고 있는 많은 문제는 발달과정에서 겪는 과도기적인 문제들이다. 예컨대, 성 발달과정에서의 혼란, 정체감 형성과정에서의 혼란, 교우관계에서의 기술 부족 등이 그것이다. 이런 문제에 대해서 적절한 정보를 적합한 방식으로 제공하는 것만으로도 상담에서 효과를 볼 수 있다. 이런 측면을 고려하여 청소년을 상담할 때에는 문제가 발생한 후에 그 문제를 치료하는 것보다는 문제의 발생을 예견하여 적절한 조치를 취하는 예방적인 접근을 취하는 것이 더욱 효과적이며 경제적이다. 한편, 청소년상담에서는 문제 발생 상황에 대처할 수 있는 지혜와 힘을 길러 가는 성장 혹은 발달 지향적 접근을 많이 이용한다. 예컨대, 학습방법을 가르쳐 학업 스트레스에 적절히 대처할 수 있도록 한다든지, 대인관계 기술훈련을 미리 습득하도록 하여 대인관계 스트레스에 적극적으로 대처하도록 한다든지, 의사소통 기술을 가르쳐 대인관계에서 오해가 발생하지 않도록 한다든지, 청소년들에게 자기성장 집단에서 자신의 가치와 힘을 발견하여 어려운 상황에 유연하게 대처할 수 있도록 하는 성장 지향적인 접근을 할 수 있다.

셋째, 청소년상담은 방법적인 면에서도 일대일의 개인면접뿐만 아니라 소집단 혹은 대집단으로 교육 및 훈련을 시키거나 매체를 이용하는 것과 같은 다양한 방법을 활용한다. 청소년상담 활동은 문제의 해결뿐만 아니라 문제의 예방 그리고 건전한 성장 및 발달을 지향한다는 점을 고려할 때 다양한 상담접근법이 활용되어야 할 것이다. 그러나 다양한 방법을 활용할 때도 청소년상담의 기본적인 원리나 방법이 응용되어야 한다.

2. 청소년상담의 특징

청소년상담은 청소년의 특성과 관련하여 일반 상담과는 구별되는 특징이 있다. 청소년상담의 특징에 대하여는 한국청소년정책연구원(2007)이 정리한 내용을 중심으로 살펴본다.

1) 대상

청소년상담의 일차적인 대상은 청소년이다. 따라서 상담과정에서 청소년의 발달상의 특성이 잘 반영되어야 한다. 또한 발달과정에 있는 청소년을 제대로 돕기 위해서는 청소년 자신뿐 아니라 청소년의 발달에 영향을 미치는 주변 환경을 대상으로 하는 활동도 필요하다는 주장도 있다(박재황 외, 1993).

(1) 청소년

청소년상담의 직접 당사자인 청소년은 여러 면에서 성인과 다르다. 상담자는 청소년의 특성에 대해 깊이 이해할 필요가 있다. 청소년기의 발달상의 특성에 대해서는 앞 장에서 다루었으므로 여기서는 상담관계 형성과 관련된 내용만을 간략하게 다루겠다.

청소년들은 대체로 주변 어른들과 어떤 관계를 경험했는가에 따라 상담자와의 라포 형성에 차이를 보인다. 어른들과 긍정적인 관계를 맺었던 청소년은 라포 형성에 별문제가 없는 반면, 부정적인 관계를 경험한 청소년은 라포 형성에 어려움을 겪는 경향이 있다. 또한 청소년들은 권위자에 대해 반항적인 태도를 보이는 면이 있기 때문에 상담자와의 관계에 대해서도 저항하는 모습을 보일 수 있다. 따라서 상담자가 내담자와의 작업동맹을 형성하는 데 더 많은 시간과 노력을 들여야 한다(이규미, 이은경, 주영아, 지승희 역, 2005).

(2) 청소년에게 영향을 미치는 환경

청소년은 부모, 교사, 청소년지도자 등의 주위 사람들과 가정, 학교, 청소년 관련

기관 등으로부터 많은 영향을 받는다. 따라서 청소년 내담자에게 긍정적인 영향을 줄 수 있도록 상담, 교육, 훈련, 자문 등을 청소년상담의 범주에 포함시키는 것이 바람직하다는 견해가 있다.

2) 목표

청소년상담도 내담자가 호소하는 문제를 스스로 해결하여 사고, 감정, 행동의 변화를 이루도록 하는 것을 기본 목표로 한다는 점에서는 일반 심리상담과 차이가 없다. 그러나 청소년상담에서는 내담자의 특성상 발달과 예방에 관련된 목표가 강조되는 특징이 있다. 발달과 관련된 목표는 자아정체감 확립과 긍정적 자기개념 형성 등 청소년기의 주요 발달과업을 달성하고 자신의 흥미와 적성을 확인하여 자신의 타고난 가능성을 실현하도록 돕는 것이다. 예방과 관련된 목표는 대인관계 기술, 의사결정 기술과 같은 적응기술 훈련을 통해 부적응과 비행 등의 문제행동을 예방하는 것이다(박성수, 김혜숙, 이숙영, 김창대, 유성경, 1997).

3. 청소년상담의 필요성

청소년기는 아동기를 지나 성인기에 접어들기 전까지의 시기이다. 심리적 이유기로도 불리는 이 시기는 발달 단계상 부모로부터 정신적으로 독립하기 시작하고 자아정체감을 형성해 나가는 시기이기도 하다. 이 시기를 어떻게 보내고 준비해 가느냐에 따라 한 개인의 인생 행로가 달라질 수 있으므로 개인에게는 중요한 시기인 것이다.

이 시기는 급격한 변화와 혼돈의 시기이기도 하다. 청소년기에는 갑작스러운 신체 변화와 발달로 인해 신체적으로는 성인의 모습을 갖게 되지만, 심리적으로는 아직도 아동의 모습을 상당 부분 갖고 있기 마련이다. 급격한 신체적 변화와 함께 심리적인 혼란과 변화를 경험하게 되는 것이다. 그래서 이 시기를 흔히 질풍노도의 시기 혹은 혼란의 시기라고 부르기도 한다. 물론 일부 학자는 청소년기가 반드시 인생의 다른 시기에 비해 더 혼란스럽거나 복잡한 것은 아니라는 주장도 하고 있지만(Dacey & Kenny, 1997), 다른 시기와는 구별되는 급격한 신체 발달과 심리적 변화는 청소년기의 독특한 상황을 보여 준다 하겠다.

우리 사회에서는 대부분의 청소년이 중학교에 입학하면서부터 고등학교를 졸업하기까지 청소년기의 대부분을 공부와 씨름하면서 과도한 학업 스트레스에 시달리고 있다. 그러나 청소년은 성인에 비해 여러 가지 면에서 아직 미숙하며 그 사고도 상대적으로 단순하고 경직되어 있기 때문에, 이러한 스트레스를 적절히 극복하지 못할 경우 극단적인 일탈행동이나 충동적인 행동으로 표출될 가능성이 많은 것도 사실이다. 실제로 가정과 학교생활에 적응하지 못하는 일부 학생은 요즘 언론매체에서 주된 이슈 중의 하나로 등장하고 있는 가출, 일탈, 비행, 약물 남용 등의 길로 빠지기도 하며, 이 외에도 학업 부적응, 따돌림, 충동적인 성행동 등의 문제를 보이기도 한다.

오늘의 이러한 청소년문제의 배경에는 사회환경의 영향도 있다. 현대의 우리나라 청소년들은 과거의 세대와는 전혀 다른 사회적 환경 속에서 살아가고 있는 것이다. 급속히 진행되고 있는 서구화, 산업화, 정보화의 물결 속에서 우리의 가치관과 인생관 역시 급속히 변화하고 있으며, 이러한 사회 변화는 개인적으로도 큰 변화를

[그림 10-1] 청소년상담

겪고 있는 청소년들에게 더욱 혼란과 갈등을 가중시킬 수밖에 없다.

현재 우리나라의 청소년상담은 정부의 청소년 관련 부처, 학교상담실 그리고 청소년 관련 시민운동단체들이 이들 청소년을 대상으로 각종 교육, 지도, 상담 관련 활동들을 펼쳐 오고 있다. 물론 이러한 활동으로 많은 성과가 있었던 것도 사실이지만, 청소년들이 피부로 느낄 수 있는 실제적인 도움을 주기 위해서는 여러 측면에서의 노력이 필요할 것으로 보인다.

제2절 청소년상담의 주요 이론

여기에서는 청소년들에게 적용 가능한 기존의 상담이론들 중에서 청소년상담자나 지도자들이 기본적으로 알아야 할 네 가지 주요 이론을 중심으로 간략히 살펴보겠다.

1. 정신분석적 상담

1) 기본 이론

(1) 이론의 가정

정신분석이론은 무의식의 존재와 결정론이라는 두 가지 가정을 갖는다. 개인의 행동에 미치는 무의식적 힘의 중요성을 강조하는데, 인간의 행동은 억압된 무의식적 동기에 의해 결정되며, 이러한 무의식적 동기와 힘을 자각함으로써 성격과 행동의 변화가 이루어질 수 있다고 본다.

정신분석이론은 또한 결정론적인 입장을 취한다. 개인의 충동, 사고, 감정, 행동은 개인이 과거 생활에서 겪었던 경험의 결과에 의해 결정되며, 마음속에 일어나는 여러 가지 생각이나 감정은 우발적이거나 우연적이거나 서로 무관한 것이 아니라고 본다. 즉, 인간의 성격은 생후 약 6년간의 생활 경험, 특히 양육자와의 관계에 따라 형성되며, 인간은 아동기의 경험을 뛰어넘지 못한다고 가정한다.

(2) 성격이론

프로이트(S. Freud)는 성격을 원초아, 자아, 초자아의 가설적인 세 가지 구조로 구분하였다. 원초아(id)는 심리적 에너지의 원천으로서, '쾌락원칙'에 따라 본능적 욕구를 충족시키기 위하여 맹목적이고 충동적으로 작용한다. 원초아는 노골적이고, 동물적이며, 법도 규칙도 없다. 원초아는 단지 욕망의 충족을 위해서만 움직일 뿐이며, 이러한 과정은 무의식적으로 이루어진다.

자아(ego)는 외부의 현실과 초자아의 제한을 고려하여 원초아의 욕구를 표현하고 만족시키는 정신기제이다. 자아는 '현실원칙'에 따라 외부환경의 요구와 자신의 주관적 욕구를 구분하며, 그 개체의 자기보전과 안전을 확보한다. 자아는 배우고, 생각하고, 추리하고, 결정하고, 기억하는 것과 같은 인지능력을 가지며, 현실 검증의 기능을 한다.

초자아(superego)는 세 가지 성격구조 중 마지막에 발달하는 것으로서, 사회규범과 행동기준이 내면화된 것이다. 초자아는 아동이 부모, 교사와 같은 기성세대와의 상호작용을 통해 옳고 그름, 선과 악, 도덕과 비도덕을 분별할 수 있게 될 때에 비로소 형성된다.

2) 상담목표

정신분석적 상담의 목표는 무의식적 갈등을 의식화시켜 개인의 성격구조를 재구성하는 것이다. 무의식적 갈등은 심리적 긴장이나 여러 가지 증상을 초래하게 되는데, 이러한 무의식적인 갈등을 의식화시키면 긴장 때문에 묶여 있던 에너지가 자아기능에 활용됨으로써 개인의 적응적이고 문제해결적인 기능이 원활해질 수 있다. 이때 원초아의 압력을 약화시키고 자아의 힘을 강화시킴으로써 원초아 지배적 성격구조에서 자아 지배적 성격구조로 바꾼다는 점에서 성격구조의 재구성이 이루어지는 것이다.

3) 상담과정

정신분석적 상담은 크게 초기 단계, 전이의 발달, 훈습, 전이의 해결의 4단계로 구분해 볼 수 있다.

(1) 초기 단계

내담자가 지닌 문제의 성질을 확인하는 단계이다. 초기 상담의 두 가지 목표는 수집된 정보를 근거로 임상적·역동적 진단을 내리고, 내담자가 정신분석적 치료에 적합한 사람인지, 그리고 어떻게 치료해 나갈 것인지를 결정하는 것이다. 이를 위해 내담자의 현재 생활과 곤란한 점, 그가 지금까지 성취한 것, 그의 대인관계 방식, 가족적 배경, 아동기의 발달사 등을 알아본다. 화제의 우선순위는 내담자의 직관에 맡긴다. 내담자가 자신의 문제를 상담자에게 어떤 식으로 제시하는지도 많은 것을 시사할 수 있다. 즉, 초기 단계에서는 내담자의 개인적 성장 및 발달사에 대해 알게 됨으로써 내담자가 가진 무의식적 갈등에 대한 전반적 윤곽을 이해하게 된다.

(2) 전이의 발달

전이와 다음 단계인 훈습은 실제로는 중첩되는데, 치료 작업의 주된 부분이면서 동시에 정신분석적 치료의 핵심이다. 여기서 전이(transference)란 '내담자가 과거의 중요한 인물에게 느꼈던 감정을 상담자에게 투사하는 현상'으로서, 내담자가 아동기의 중요 인물, 즉 아버지, 어머니, 형제자매, 그 밖의 가족에게 느끼고 행동하던 대로 상담자에게 느끼고 행동하는 것을 말한다. 내담자는 자신의 감정을 의식하지만 그것이 반복된다는 것을 깨닫지 못한다. 상담자는 내담자가 말하는 것을 들으면서 현재의 경험과 어렸을 때의 경험이 연결되어 있다는 것을 알 수 있다.

내담자가 상담자에 대해 행동하고 느끼는 방식들 중에서 부적절한 반응을 찾아보면, 내담자가 대인관계에서 맺는 정신역동을 직접 볼 수 있다. 상담장면에서 내담자가 상담자에게 보여 주는 행동 패턴이 평소 내담자가 일상생활에서 나타내는 대인관계 행동의 한 단면인 것이다.

(3) 훈습

훈습(working thraugh)은 '중심적 갈등을 내담자가 반복해서 이야기하고, 상담자가 이를 반복해서 해석하는 과정'이다. 갈등의 본질에 대한 한두 번의 통찰 경험으로 변화가 이루어지지는 않으며, 전이의 분석은 여러 번에 걸쳐, 여러 가지 방식으로 지속되어야 하는데, 이러한 통찰이 계속적으로 반복되고 정교화되고 확대되는 과정이 바로 훈습이다.

내담자는 이 반복과정에서 자신의 방어와 동기가 무엇인가를 의식하게 된다. 특히 주된 저항이나 방어는 한 번의 해석이나 한 번의 면접으로 해결되지 않으며, 역동적 변화는 여러 주, 여러 달의 훈습과정을 거쳐 나타날 수 있다.

(4) 전이의 해결

전이의 분석을 통해 내담자는 현실과 환상, 과거와 현재를 구분할 수 있게 되며, 아동기의 환상적 소망이 얼마나 영속적인가를 깨닫게 된다. 결국 내담자는 자신의 무의식적 환상에 무의식적으로 반응하는 대신에 자신의 충동과 불안이 갖는 비현실적 특성을 평가하게 되고, 보다 성숙되고 현실적인 결정을 하게 된다. 일단 전이 현상을 성공적으로 분석하고 나면, 과거의 사건에 대한 기억이 촉진되며, 이러한 촉진된 기억으로 인해 전이의 본질을 더욱 분명히 알 수 있게 된다. 전이의 이해와 기억 간의 이러한 상호작용은 통찰을 더욱 공고히 해 주며, 해석에 대한 확신을 강하게 해 준다.

전이가 해결되면 종결 단계가 시작된다. 종결 단계의 목표는 상담자에 대한 내담자의 무의식적인 애착을 해결하는 것이다. 종결 단계에서 나타나는 한 가지 현상은 내담자의 증상이 갑자기 악화되는 것이다. 이는 내담자가 무의식적으로 아직 상담을 마칠 준비가 되어 있지 않아서 상담을 계속하고 싶다는 것을 나타낼 수도 있고, 아동기 때부터 지녀온 수동적·의존적 행동 경향 때문일 수도 있다. 또 다른 현상은 이전 단계에서 이루어진 해석을 확인시켜 주거나 정교화시켜 주는 억압되었던 기억들이 나타나는 것이다. 이는 자신에게 새로운 삶을 가능하게 해 준 분석가에 대한 감사의 표시라는 의미를 가질 수 있다.

이 단계에서 상담자는 상담이 끝난 후에 앞으로 일어날 일에 대한 내담자의 환상을 분석해야 한다. 그러한 문제를 다루지 않을 경우, 문제의 재발 가능성은 높아질 수 있다.

4) 정신분석의 주요 기법

(1) 해석

해석이란 자유연상, 꿈, 저항, 전이 등을 분석하고 그 속에 담긴 행동상의 의미를 내담자에게 지적하고 설명하는 것이다. 해석 시에는 전문적인 용어보다는 쉽고 비전문적인 일상용어를 사용한다. 그네가 최고의 높이에 있을 때 살짝 밀어 주는 것처럼, 가장 좋은 해석의 시기는 내담자의 의식이 해석할 내용에 가까이 와 있고 내담자가 그걸 알고 싶어 할 때이다. 해석은 내담자의 자존심이나 감정을 해치지 않을 만큼만 한다. 모든 내담자가 긴장을 견디어 내는 힘에 있어서 같을 수는 없다. 따라서 상담자는 내담자의 상태에 맞추어 해석의 양과 순서를 결정할 수 있다.

(2) 자유연상

프로이트는 처음에 동료인 브로이어(Breuer)와 함께 최면을 사용하여 정서와 관련된 기억을 회복하려고 시도하였으나, 나중에는 자유연상을 통해서도 내담자들이 정상적인 각성 상태에서 기억을 찾아낼 수 있음을 밝혀냈다. 자유연상은 어떤 주제와 관련하여 아무런 형식 없이 떠오르는 대로 자유롭게 보고하는 방법이다.

(3) 꿈의 해석

꿈은 무의식에 이르는 왕도 또는 지름길이다. 꿈을 통해 억압되어 온 정신내용, 즉 자아의 방어적 활동에 의해서 의식에서 제외되고 배출되지 못한 정신내용을 이해할 수 있다. 꿈은 소원 성취적인 공상으로서, 당면한 일상생활상의 관심 및 흥미를 시각적이고 형태적인 이미지로 표현하는 것이다. 대부분의 꿈에는 그 개인의 무의식적인 생각, 감각, 소망이 강하게 응축되어 있다.

(4) 저항의 해석

저항은 '상담자의 치료 노력을 방해하는 내담자의 방어'이다. 저항의 원인은 상담과정에서 위협을 주는 불쾌한 감정, 즉 분노, 죄의식, 수치심, 모욕감, 격분, 두려움 등이다. 이때 상담자가 할 일은 내담자가 말하기 두려워하고 부끄러워하는 내용을 정확히 이해하는 것이다. 해석은 저항이 최소화되었을 때 해야 한다. 내담자의 말하는 속도가 변화하거나, 내담자가 갑자기 말이 많아질 때는 저항을 의심할 수 있다. 또한 반복적으로 상담시간에 늦게 오거나, 시간을 잊어버리거나, 약속시간 몇 분 전에 불충분한 이유로 약속을 취소하거나 변경할 수도 있다.

상담자는 모든 저항의 동기를 생각할 때 항상 전이를 생각해야 한다. 어린아이가 사랑을 잃거나 처벌을 받을까 봐 충동이나 감정 표현을 안 하게 되는 것을 배우듯이, 내담자의 마음속에서는 상담자가 점차 부모상이 되어 가기 때문에 내담자는 이 부모 대리자와의 관계에서 검열과 도피를 나타낼 수 있다. 따라서 상담자는 내담자가 저항하는 것을 알게 되면, 내담자의 저항이 상담자 자신과 어떤 관계가 있는지 생각해 봐야 한다.

2. 내담자 중심 상담

1) 기본 이론

(1) 몰역사적 관점(ahistorical view)

내담자 중심 상담이론에서는 개인의 과거 경험에 집착하지 않는다. 인간의 현재 행위에 영향을 미치는 것은 과거 경험의 사실적 존재가 아닌 과거 경험에 대한 현재의 해석이다. 인간이 왜 그런 행동을 하는가를 발견하기 위해 지난 과거를 재추적해 보는 것은 불필요하다는 것이다. 더욱이 로저스(Rogers)는 개인이 자신의 미래를 어떻게 예견하는가도 현재의 행동에 강하게 영향을 준다고 보았다.

(2) 주관적 세계의 강조

내담자 중심 상담이론에서는 개인의 주관적 경험과 감정 그리고 세계와 자기 자신에 대한 개인적 견해 및 사적 개념을 중요시한다. 로저스는 사람이 어떻게 행동하는가는 그가 세계를 어떻게 지각하느냐에 달려 있다고 본다. 개인의 행동은 그가 세계를 지각하고 해석한 직접적인 사건의 결과라는 것이다. 따라서 자기(self)라는 개념이 중요하며, 그 사람의 행동을 가장 잘 이해하기 위해서는 그 자신의 주관적 경험을 이해해야 한다.

(3) 자기실현 경향의 강조

자기실현이란 인간의 최상의 동기로서, 자신을 유지하고 향상시키기 위해 자신의 모든 능력을 개발하려는 인간의 선천적인 경향성이다. 이 입장에서는 인간의 행동이 자기실현 경향이라 불리는 단 하나의 동기에 의해 일어나고 방향이 지어진다고 본다. 인간의 삶에 있어서 최우선적인 동기는 그 자신을 실현하고 보존하고 개발하는 것, 즉 유전적 특질이 허용하는 한도 내에서 최선의 자기가 되는 것이다.

(4) 자기개념의 강조

자기개념(self concept)이란 '내'가 지니고 있는 특징들에 대한 지각으로서, 내가 무엇이며, 무엇이 될 수 있는가에 대한 지각이 포함된다. 자기개념은 유아기나 아동기 초기의 다른 사람의 평가에 의해 긍정적 혹은 부정적 영향을 받는다. 결과적으로 자기의 구조는 환경과의 상호작용을 통해 형성되는데, 주로 그 개인에게 중요한 사람(예: 부모, 형제, 친척)에 의해 형성되는 사회적 산물이다. 로저스는 불안, 신경증, 정신병리를 이러한 자기개념과 실제 경험 간의 부조화 혹은 불일치로 설명한다.

2) 상담의 목표

내담자 중심 상담은 자기개념과 내담자의 실제 현실 경험이 일치하는 관계를 갖도록 하는 것을 상담의 목표로 삼는다. 따라서 상담과정 역시 개인과 자기개념 사이의 불일치를 적절하게 중재하는 과정으로 이루어진다. 상담과정을 통해 내담자는 이전에 왜곡했거나 부인했던 경험들을 자각하게 된다. 내담자는 점차 상담과정의 무비판적인 이해의 분위기에서 자기가 이전에는 부인했던 개인적 욕구를 자기개념의 일부로 받아들이기 시작한다. 마침내 개인은 상담과정을 통해 자신의 조건부 가치를 버리고, 자신을 온전히 신뢰하고 자신에게 가치를 부여하게 된다.

3) 상담의 과정

(1) 상담의 시작 단계

초기 단계에서 고려해야 할 사항으로는 우선 내담자의 긴장 혹은 억압이다. 상담자는 내담자가 어느 정도 긴장하고 있는지 혹은 억압하고 있는지를 관찰한다.

둘째로는 내담자가 자신의 불쾌한 환경을 견뎌 낼 수 있는 정도를 고려한다. 상담을 통해 자신과 자신의 태도가 새롭게 개선된다면, 내담자는 긴장이 감소된 정상적 상태에서 적응할 수 있게 되고 사회적으로도 보다 만족스러운 생활을 할 수 있다. 그러나 어떤 경우에는 개인의 불행한 환경 때문에 그가 태도를 변화시켜 정상적으로 생활하기가 힘들 수 있다.

셋째는 내담자가 상담자의 도움을 청하는 정도이다. 상담의 결과는 내담자 자신이 상담을 원하고 필요로 할 때 성공 가능성이 높아진다. 그러나 개인이 상담자의 도움을 원치 않음에도 불구하고 권위적 존재에 이끌려서 상담소에 끌려온 경우에도, 처음에는 그 어떤 도움에도 극단적인 저항을 보이다가 나중에는 도움을 효과적으로 받아들이는 경우가 있다.

넷째는 내담자가 가정의 통제에서 독립할 수 있는 정도이다. 아동과 청소년을 대상으로 하는 상담에서 상담자가 반드시 고려해야 할 하나의 문제는 내담자와 가족의 관계이다. 아동이 부모에게 정서적으로 의존하고 있고, 부모의 통제를 받고 있으며, 가정에서 생활한 기간이 길면 길수록 그 아동만을 대상으로 하는 상담은 성공하지 못하는 경우가 많고 오히려 더욱 곤란해질 수 있다. 이 경우 부모상담도 고려해야 한다.

다섯째로는 연령과 지능을 고려해야 한다. 내담자의 연령과 지능 수준에 맞추어 상담의 전략과 계획을 세운다.

(2) 감정의 표현

감정 표현은 모든 심리치료의 가장 중심적인 요소 중 하나이다. 개인의 문제와 갈등의 중심에 있는 생각, 태도, 감정, 정서적 충격 등을 남김없이 표현하도록 하는 것은 모든 상담의 중요한 목표 중의 하나이기도 하다. 이를 위해 상담자는 우선 내담자가 가능한 한 자유롭게 자신을 표현할 수 있도록 격려한다. 상담관계에서 자신을 방어할 아무 필요도 느끼지 않고 자유로이 말할 수 있을 때 내담자의 근본적인 문제를 이해하기가 용이해진다. 이때 상담자는 가능한 한 내담자가 말할 내용을 지시하지 않는 것이 바람직하다.

다음으로, 상담자는 내담자의 이야기 내용보다는 감정에 반응해 준다. 내담자가 말한 지적인 내용보다는 표현된 감정을 파악하고 그에 반응하는 것이다. 상담에서 내담자에게 줄 수 있는 도움 중의 하나는 내담자가 자신의 정서적 태도를 인식하고 표현할 수 있도록 도와주는 것이다. 상담자가 내담자의 표현된 감정을 인식하고 그에 응답하고 그것을 명료화해 준다면, 상담면접은 내담자를 중심적으로 진행될 것이며 내담자의 이야기 내용도 그 자신에게 중요한 주제가 될 것이다.

내담자가 자신의 감정을 진실하게 표현하게 되면, 내담자는 비로소 현실생활의 압력 아래서 억압되었던 감정이나 태도로부터 자유로워질 수 있게 되며, 지금까지보다 한층 더 객관적이고 적절하게 자신을 탐색하고 자유롭게 말하게 된다. 이젠 더 이상 자신을 합리화하거나 부정하는 일 없이 좋아하는 것과 싫어하는 것, 미움과 사랑, 독립 욕구와 의존 욕구 등 자신의 여러 가지 특징적 측면에 직면하게 된다. 결국 자신이 아닌 자기가 되려고 노력하는 대신 진정한 자신이 되려고 노력하게 되며, 자신이 본래부터 갖고 있는 성장 가능성을 발전시키게 된다.

(3) 통찰의 달성

통찰은 감정의 표현에 기초를 둔 자신에 대한 새로운 인식, 즉 자신의 경험에 대해 새로운 의미를 발견하고 이해하는 것이다. 즉, 통찰이란 이미 알고 있는 사실을 전혀 새로운 관계에서 보게 되는 것이다. 내담자는 상담을 통해 자신의 숨겨진 감정에 직면하고 이를 자신의 일부로 수용하게 되며, 더 이상 방어는 필요 없게 된다.

통찰을 촉진하기 위해서는 상담자가 적극적인 역할을 하기보다는 오히려 철저하게 자제하는 것이 중요하다. 내담자 자신의 태도와 감정을 잘 표현할 수 있도록 용기를 북돋워 줌으로써 자연스럽게 통찰적 이해에 이르도록 하는 것이다. 통찰은 이를 유도하려는 상담자의 적극적인 노력에 의해 오히려 지연되거나 불가능해질 수 있으며, 가장 기본적인 기법은 내담자가 자신의 감정과 태도를 완전히 표현할 수 있게 하는 것이다. 이를 위해 상담자는 내담자의 개방적인 태도를 방해하고 방어적이게 만들 수 있는 상담자의 평가, 지시, 시사 따위를 철저히 배제한다.

통찰의 내용으로는 자신의 인간관계적 성질에 대한 이해, 있는 그대로의 자기수용, 스스로 만족할 만한 목표의 자발적 선택 등이 포함된다.

(4) 종결 단계

내담자의 모든 문제가 상담을 통해 해결될 수 있는 것은 아니다. 만족스러운 생활이란 문제가 없는 생활이 아니라 통일된 목적을 가지고 끊임없이 문제를 처리해 나가는 데서 만족을 찾을 수 있는 자신감 있는 생활이다. 내담자는 상담을 통해 자기 문제의 모든 것을 빈틈없이 완전하게 해결하게 되는 것이 아니라, 오히려 자신의 문제에 대해 건설적으로 직면할 수 있는 능력을 얻게 되는 것이다.

따라서 내담 자중심 상담에서는 종결 시 상담자의 도움이 없이도 내담자 자신의 새로운 통찰에 의해서 자신감을 갖고 건전한 생활을 할 수 있도록 돕는다. 종결 단계에서 중요한 것은 내담자가 아무런 도움 없이도 계속해서 통찰에서 발달된 능동적 행동을 해 나갈 수 있다는 자신감을 충분히 얻을 수 있게 해 주는 것이다.

3. 행동주의적 상담

행동주의적 상담은 행동치료 혹은 행동수정으로도 불린다.

1) 기본 이론
(1) 인간 행동의 법칙성

행동치료에서는 인간 행동의 법칙성을 가정한다. 인간의 행동은 여러 가지 변인에 의해 결정되므로, 이 변인들과 행동을 지배하는 법칙을 밝혀낼 수 있다면 인간의 행동도 예측하고 수정할 수 있다는 입장이다. 구체적으로 이 입장에서는 인간의 행동을 학습된 것으로 보고, 학습원리를 활용하여 인간의 행동을 이해하려 한다.

학습원리들 중 특히 조건화(혹은 조건형성)의 원리를 강조한다. 최근에는 내담자의 감정 통제와 사고방식의 수정도 중요시하여 인지적 접근과 결합하여 인지행동치료로 통합되기도 한다.

(2) 이론의 기본적 원리

행동치료의 기본 이론은 고전적 조건화와 조작적 조건화 이론이다. 고전적 조건화는 파블로프(Pavlov)의 체계적 실험연구에서 비롯되었다. 개는 먹이를 보면 타액을 자동으로 분비한다. 그런데 먹이를 보여 주기 전에 종소리를 들려주면 나중에는 종소리만 들어도 타액을 분비하게 된다. 즉, 종소리는 원래 타액을 분비하는 자극이 아니었지만 먹이와 짝지어 제시됨으로써 그러한 속성을 갖게 된 것이다. 이러한 고전적 조건화는 인간의 공포증을 비롯한 많은 심리적·행동적 병리를 설명하는 기제로 사용된다.

조작적 조건화는 손다이크(Thorndike)와 스키너(Skinner)의 연구에 의해 체계화된 학습기제이다. 우리에 갇힌 배고픈 비둘기가 우리 안에서 여러 가지 행동을 하다가 우연히 원판을 쪼게 되는데, 이렇게 원판 쪼는 행동을 할 때마다 먹이를 공급하게 되면 비둘기는 원판 쪼기 행동을 학습하게 된다. 즉, 유기체가 특정 행동을 할 때마다 선택적으로 그 행동에 대해 보상을 제공함으로써 그것을 강화시키는 것이다. 이러한 조작적 조건화는 행동수정의 이론적 근거가 된다.

2) 상담과정

행동치료의 목표는 학습된 구체적인 부적응 행동을 소거시키고, 보다 효과적이고 바람직한 행동을 새롭게 학습시키는 것이다. 즉, 행동치료는 증상의 기저에 있는 어떤 무의식적 갈등보다는 증상 자체를 치료하는 데 중심을 둔다. 이를 위해 상담자는 내담자와 함께 문제행동과 환경 조건을 명확히 정의하고, 구체적인 상담목표와 상담계획을 세우고, 행동치료 기법들을 적용하여 목표행동에 도달할 때까지 진행해 나가게 된다.

3) 상담기법

행동치료 혹은 행동주의 상담의 기법들은 고전적 조건화와 조작적 조건화의 원리를 활용한 것들이다. 여기서는 각각의 원리에 따른 기법들을 구분하여 살펴본다.

(1) 고전적 조건화 원리를 활용한 기법

고전적 조건화를 이용한 기법으로는 단계적 둔화와 혐오치료가 있다.

① 단계적 둔화: 공포 및 불안을 제거하는 데에 주로 사용되는 기법이다. 우선 불안과는 동시에 존재할 수 없는 이완 반응을 유도해 낸 다음, 불안을 느꼈던 상황이나 경험을 상상하게 하는 것이다. 구체적인 절차는 불안을 느끼는 자극 상황들에 대해 불안의 정도에 따라 불안 위계 목록을 만들고, 근육이완 훈련을 시킨 후, 내담자가 눈을 감고 이완 상태에 도달하게 되면 불안 위계 목록 중 가장 약한 불안을 일으키는 자극 상황부터 단계적으로 상상하게 하는 것이다. 이때 불안을 느끼지 않으면 다음 단계의 자극 상황을 상상하는 것으로 진행하고, 도중에 불안을 일으키면 다시 이완훈련을 한 후에 계속해 나간다.

② 혐오치료: 증상이 나타날 때마다 고통스럽고 불쾌한 혐오 자극을 제시하여 문제행동을 소거시키는 방법이다. 이 방법은 혐오 자극으로 문제행동을 처벌하면서, 동시에 문제행동의 바람직한 대안행동에 대해서는 강화를 해 줄 때 효과적이다. 혐오치료는 알코올 또는 약물 중독, 강박증, 성도착증, 폭식증, 도박 등에 사용될 수 있다. 예를 들어, 알코올중독의 경우 술 속에 구토제를 넣어 그 술을 마시게 한다면 술만 보아도 속이 울렁거릴 수 있을 것이다.

(2) 조작적 조건화 원리를 활용한 기법

조작적 조건화를 이용한 기법으로는 정적 강화, 행동조성, 자기표현 훈련, 모방학습, 환권보상치료 등이 있다.

① 정적 강화: 바람직한 행동을 할 때마다 체계적으로 강화물이나 보상을 주어

그 행동을 강화시키는 방법이다. 강화물로는 인정, 칭찬, 돈, 선물 등 사회적 강화물이 사용될 수 있다.

② 행동조성: 바람직한 행동을 여러 단계로 나누어 원하는 행동에 더 접근할 때마다 단계적으로 강화물을 제시함으로써 결국 원하는 특정 행동을 할 수 있도록 유도해 가는 기법이다. 예를 들어, 주의가 산만하고 수업시간에 딴짓을 많이 하는 아동의 경우, 아동이 교사를 바라볼 때, 교사의 설명에 주의를 기울일 때, 열심히 수업에 참가할 때 등으로 나누어 차례로 강화해 줌으로써 원하는 행동을 하도록 변화시킬 수 있을 것이다.

③ 자기표현 훈련: 화나 불만과 같은 부정적인 감정을 잘 표현하지 못하는 사람, 거절을 못하는 사람, 애정이나 호감을 표현하지 못하는 사람과 같이 자신의 마음을 제대로 표현하지 못하는 사람들에게 효과적인 기법이다. 이 훈련은 내담자와 역할을 바꿔 실시하는 역할연습이나 집단 프로그램의 방법을 통해 이루어진다.

④ 모방학습: 다른 사람의 행동을 보고서 자신의 직접적인 체험 없이 새로운 행동을 학습하도록 하는 기법이다. 예를 들어, 개를 무서워하는 개 공포증을 가진 사람에게 다른 사람이 개와 함께 재미있게 노는 행동이나 개를 부리는 행동을 관찰하게 함으로써 개에 대한 불필요한 공포를 줄일 수 있다.

⑤ 환권보상치료: 바람직한 행동을 할 때마다 나중에 내담자가 원하는 물건과 바꿔 쓸 수 있는 환권(token)을 줌으로써 바람직한 행동을 강화시키는 기법이다. 정신박약아나 어린아이의 행동수정에 유용하다.

4. 인지치료

인지치료는 인간의 인지(또는 사고)가 정서와 행동을 중재한다고 전제하는 인지 우선론적인 입장을 취한다. 인간의 성격을 구성하는 정서, 인지, 행동 중에서 인지, 즉 사고의 역할을 가장 우선시하는 것이다. 이 입장에서는 인간의 부적응적 사고과정이 심리적 장애의 주요 원인이라고 간주하기 때문에, 인간의 사고과정을 재구성하거나 수정·변화시킴으로써 정서적·행동적 장애를 제거한다.

인지치료에는 여러 가지 이론이 포함될 수 있지만, 여기에서는 엘리스(Ellis)의 합리적 정서치료와 벡(Beck)의 인지치료에 대해 간략히 살펴보겠다.

1) 엘리스의 합리적 정서치료

합리적 정서치료에서는 정서장애를 유발시키는 원인은 생활 사건 자체가 아니라 사건에 대한 왜곡된 지각이라고 가정한다. 그리고 왜곡된 지각의 뿌리에는 비합리적이고 자기패배적인 관념들이 깔려 있다고 본다.

엘리스의 상담과정은 비합리적인 관념과 생각을 합리적이고 생산적인 것으로 대체해 나가는 작업으로서, ABCDE 모형으로 설명된다. 여기서 A(Antecedents, 선행 사건)는 현재의 부정적 감정을 유발한 선행 사건을 나타내고, B(Belief, 관점이나 신념)는 A의 사건을 해석하고 평가하는 개인의 신념이나 평가체계, C(Consequence, 결과)는 A의 사건을 B로 해석하고 받아들였을 때 경험하게 되는 부정적인 감정을 나타낸다. 그리고 D(Dispute, 논박)는 C를 유발한 비합리적인 신념이나 평가체계, 즉 비합리적인 B에 대한 논박을, 그리고 E(Effect, 효과)는 D의 논박을 통해 비합리적인 B를 합리적이고 현실적인 B로 바꾸었을 때 나타나는 감정의 변화나 효과를 나타낸다. 논박 시 주의점은 내담자 개인이 아닌 내담자의 비합리적인 관념을 논박한다는 것이다.

2) 벡의 인지치료

벡의 인지치료에서는 정서장애가 개인이 갖고 있는 부정적인 자동적 사고가 생활 사건들의 의미를 해석하는 과정에서 체계적인 인지적 오류를 범하기 때문에 발생한다고 본다. 이러한 인지적 오류나 왜곡의 기저에는 어린 시절의 경험에 의해 형성된 역기능적인 신념이나 도식이 있기 때문이라고 가정한다.

인지치료의 핵심은 ① 부정적인 자동적 사고를 명확히 밝혀내고, ② 그것의 타당성에 대해 질문을 던져 도전하고 검증하는 것이다. 여기에서 부정적인 자동적 사고란 의식적인 주의와 노력을 기울이지 않으면 내담자 자신에게 잘 의식되지 않으며,

촉발 사건이나 환경적 자극에 의해 의식되지 않은 채 자동적이고 습관적으로 유발되는 경향이 있다.

인지치료에서는 경험을 왜곡하는 인지적 왜곡의 몇 가지 유형을 구분한다. 여기에는 어떤 한 가지를 실수하면 스스로 '내가 하는 것은 뭐든지 틀렸어.'라고 생각하는 과잉일반화, 자기 경험의 부정적인 측면에만 주의를 기울이는 선택적인 주의, 극단적인 실무율적 사고를 뜻하는 이분법적 논리(예: 시험에서 100점을 맞지 못하면 실패라고 생각하는 것), 자신과 관련이 거의 또는 전혀 없는 일에 대해 책임을 느끼는 개인화(예: 거리에서 친구와 눈을 못 마주치고 그냥 지나쳤을 때, '내가 그를 화나게 한 것이 틀림없어.'라고 생각하는 것), 부적절한 증거를 기반으로 어떤 결론을 도출하는 인위적인 추론 등이 포함된다.

인지치료의 상담과정은 부정확하고 왜곡된 관념을 찾아내어 그것을 정확하고 객관적인 관념으로 대체해 나가도록 돕는 작업이다. 이를 위해 일일 활동표, 단계적 과제 부과, 인지적 재평가 등의 기법들을 사용한다.

제3절 청소년상담의 형태

지금까지의 이론들은 주로 개인상담을 중심으로 기술된 것이다. 청소년상담에는 개인상담 이외에도 집단상담, 사이버상담, 전화상담, 가족상담, 서신상담, 놀이치료 등의 여러 가지 형태가 있다. 이러한 구분은 어떤 하나의 기준에 따른 것이 아니기 때문에 상호 중첩되는 부분도 있을 수 있다. 여기에서는 집단상담, 사이버상담, 전화상담, 또래상담을 중심으로 간단히 살펴보겠다.

1. 집단상담

1) 집단상담 개요
한 상담자가 동시에 여러 내담자를 대상으로 내담자 개개인의 문제해결과 인간적 성장을 촉진하는 상담적 접근방법이다. 집단상담에서는 개인상담과 달리 집단원들 간의 역동적인 상호작용을 치료적으로 활용할 수 있으며, 다른 참여자들로부터 도움을 받을 뿐만 아니라 도움을 제공하는 경험도 가능하다는 특징이 있다.

2) 집단상담이 필요한 경우

집단상담은 특히 타인에 대한 이해능력이 부족하고 자신이 타인들에게 어떻게 보이는지를 알아야 할 내담자, 다른 사람들에 대한 배려와 존중감이 필요한 내담자, 타인과의 대화를 포함한 사회적 기술의 습득이 필요한 내담자, 대인관계에서 자신감이 필요한 내담자, 자기공개에 대해 지나친 위협을 느끼는 내담자 등에게 유용하게 사용될 수 있다. 이러한 내담자들은 타인을 대하는 바람직한 태도나 행동반응을 집단 내에서 즉각적으로 시도하고 그 결과를 확인해 볼 수 있다.

3) 집단상담자의 역할

(1) 집단과정에 대한 인식

집단상담자는 내담자의 감정 이해와 자각 촉진 외에도, 개인의 발언이 집단 전체에 미치는 영향을 관찰해야 한다. 즉, 집단의 역동과 상호관계의 의미를 파악하고 있어야 한다. 상담자는 집단상담의 진행과정에 대한 이해와 식견을 가지고서, 집단과정에 참여하면서 자연스럽게 진행과정을 관찰하고 이루어 나간다.

(2) '지금-여기' 상황에 대한 초점

상담자는 집단원들이 '지금-여기'의 상황에 초점을 맞추어 느끼고 생각하도록 한다. 과거의 이야기보다는 현재 의사소통과정의 검토를 중요시한다. 중요하고 의미 있는 과거는 현재 속에 살아 있기 때문이다. 즉, 현재 집단 내에서의 자신의 대인관계 방식을 살펴봄으로써 자기탐색과 자기이해가 보다 효과적으로 이루어질 수 있다.

(3) 상담과정 중의 언급

상담자는 내담자에게 적절하고 주의 깊게 개입해야 한다. 즉, 내담자가 상담자의 반응을 수용할 수 있는 시점에서, 소화할 수 있을 만큼, 수용할 수 있는 방법으로 하는 것이다. 상담자가 집단원들에게 하는 언급은 주로 행동관찰 자료, 감정의 반영, 직면, 행동의 동기나 의도, 저항, 행동의 의미, 밖에서의 행동과 집단 행동 간의 유사성과 차이점 등에 대한 것이다.

4) 집단상담의 효과

얄롬(Yalom, 1985)은 집단치료의 11개 효과요인을 주장하고 있는데, 여기에서는 얄롬의 주장을 토대로 집단상담의 효과를 간략히 살펴보겠다.

① 희망의 고취: 희망과 긍정적 기대를 심어 주고 유지하는 일은 상담의 기본 요소이다. 내담자들은 상담을 시작하기 전에 이미 상담에 대해 긍정적 기대를 갖게 되며, 이러한 기대는 집단상담의 효과에 기여할 수 있다. 또한 내담자들은 상담이 진행되는 과정에서 다른 내담자들이 긍정적으로 변화하고 호전되는 것을 관찰함으로써 희망을 갖게 된다.

② 보편성: 많은 내담자가 집단에 들어올 때는 자기만이 비참하다거나 자기만이 이런 끔찍하고 용납하기 힘든 생각, 충동, 고민 혹은 문제를 가지고 있다고 생각하기 쉽다. 그러나 이런 생각은 대인관계에서의 사회적 고립으로 인해 고조된 것이며, 일단 집단상담이 시작되면 대부분의 집단원은 자기만이 그런 것은 아니라는 위안과 안도감을 경험하게 된다. 다른 사람의 경험으로부터 완전히 동떨어진 인간의 행동과 사고는 없는 것이다.

③ 정보 전달: 집단상담에서는 여러 가지 유용한 정보를 얻기도 한다. 집단에서 나오는 상담자나 집단원들의 조언이나 충고는 비난이나 평가가 아닌 충고에 담겨진 상호 관심이나 배려로 인해 긍정적 영향을 줄 수 있다.

④ 이타심: 내담자들은 서로에게 지지, 위로, 격려, 제안 그리고 통찰을 제공한다. 그 과정에서 자신이 다른 사람들에게 중요한 뭔가를 줄 수 있는 필요한 사람이라는 느낌을 갖게 되며, 결국 생기와 자존감이 증가할 수 있다. 집단원들은 상담자를 직업인으로 간주하지만, 다른 집단원들의 반응에 대해서는 진

실한 것으로 간주하는 경향이 있다.

⑤ 어린시절 가족 갈등의 집단 내 재현: 대부분의 내담자는 집단 속에서 상담자나 다른 집단원에게 예전에 부모나 형제에게 했던 것처럼 행동하는 경향이 있다. 현재의 행동은 이전에 그리고 다른 장면에서도 반복되는 것이다. 여기서 중요한 점은 집단 속에서 초년기의 가족 갈등이 다시 살아나지만 자신의 경직되고 완고한 역할을 끊임없이 탐색하고 도전함으로써 새로운 행동을 시험하게 되고, 결국은 먼 과거에서부터 풀리지 않았던 문제를 해결하게 된다는 점이다.

⑥ 사회적 기술의 발달: 내담자는 집단상담에서 자신도 모르게 관계에 손상을 주었던 자신의 사회적 행동을 자각할 수 있게 된다. 예를 들면, 상대방의 상태는 고려하지 않고 시시콜콜 사소한 자기 얘기만 일방적으로 늘어놓는 사람은 집단 속에서 이에 대한 집단원들의 반응을 직면하게 되고, 결국 새로운 사회적 기술을 습득하게 된다.

⑦ 모방행동: 내담자는 집단상담에서 상담자나, 혹은 유사한 문제를 가진 다른 내담자에 대한 상담을 관찰하면서 자신도 간접적으로 유사한 도움을 받게 된다.

⑧ 인간관계 학습: 정도의 차이는 있지만, 일반적으로 사람들은 타인의 실제 모습을 보는 대신에 자신의 욕구나 상태에 따라 타인을 왜곡해서 지각하는 경향이 있다. 집단상담은 자신의 지각을 타인의 지각과 비교함으로써 대인관계의 왜곡을 수정할 수 있는 장이 될 수 있다. 즉, 집단상담에서는 일상생활과 달리 보다 안전한 분위기에서 이전의 왜곡된 경험을 수정하고 자신의 행동의 부적절성을 깨닫게 된다.

⑨ 집단 응집력: 응집력이란 집단원들이 집단과 다른 집단원들에게 갖는 매력을 말한다. 응집력이 증가하게 되면 솔직한 자기개방이 증가하고, 과거에 부정했던 자기의 일부를 자각하고 수용하게 되며, 집단활동에 대한 참여 수준이 증가하게 된다.

⑩ 감정의 정화: 정화는 상담의 중요한 필수적 요소이며, 집단상담은 정화가 없다면 메마른 학술적 연습으로 전락하고 말 것이다. 이때 주의할 점은 감정의

표현에는 개인차가 있다는 것과 감정 정화는 인지적 학습에 의해 보완되어야
한다는 것이다.

⑪ 실존적 요인에 대한 자각: 내담자는 집단상담에서 인간의 한계와 불완전함에
　　대해 인식하게 되고 이를 기꺼이 받아들이게 된다. 근본적으로 자신은 혼자
　　이며, 이를 피할 수 없다는 것을 자각하게 된다. 자신의 한계와 죽음에 솔직
　　하고 용기 있게 마주치게 되고, 자신의 한계에 진심으로 직면할 수 있게 되면
　　일상사의 하찮은 일을 사소한 것으로 볼 수 있게 되는 것이다.

5) 집단상담의 종류

　현재 우리나라에서 청소년들을 대상으로 이루어지고 있는 집단상담은 주로 구
조화된 집단상담이 많다. 구조화된 집단상담이란 어떤 특정한 목적을 위해 집단상
담의 전체 진행과정의 내용과 형식을 사전에 계획해 놓은 집단상담의 유형이다. 반
면에, 비구조화된 집단상담은 사전에 계획된 형식 없이 그때그때 집단원들의 요구
와 흐름에 따라 진행되는 것으로서, 집단치료 집단이나 감수성훈련 등이 해당된다.
　현재 각급 청소년상담기관과 학교상담실에서는 구조화된 집단상담 프로그램들

[그림 10-2] 집단상담

이 활발하게 활용되고 있다. 특정 문제의 해결을 주목적으로 하는 집단으로는 학습 습관 향상집단, 스트레스 대처집단, 자기표현 집단, 갈등관리 집단, 진로탐색 집단, 비행청소년 집단, 분노조절 집단, 약물남용 청소년집단, 청소년 시간 · 정신에너지 관리집단, 심리극 집단, 따돌림 받는 학생들의 집단 등이 있다. 한편, 청소년 개인의 자기이해와 성장을 주목적으로 하는 집단으로는 또래상담자 집단, 잠재력개발 집단, 자기성장 집단, 감수성훈련 집단, 가치명료화 집단, 의사소통훈련 집단 등이 있다.

2. 사이버상담

1) 사이버상담의 의미

사이버상담이란 인터넷을 기반으로 하여 도움이 필요한 내담자가 상담자와 함께 자신의 문제를 해결함과 동시에 인간적인 성장을 도모할 수 있도록 도와주는 일체의 조력활동이라 할 수 있다. 이러한 사이버상담의 구체적인 방법으로는 채팅상담, 이메일상담, 영상상담 등이 있다. 사이버상담은 대면상담의 목적과 큰 차이는 없지만 상담방법 면에서 인터넷을 활용하여 문자로 상담이 이루어지기 때문에 상담을 진행하는 데 있어 매체 활용이 익숙해야 하며 문자에 대한 민감성과 단회상담의 특징을 파악하는 것이 중요하다.

2) 사이버상담의 특징
(1) 컴퓨터를 이용한 상담

사이버상담의 가장 두드러진 외형적 특징으로는 상담자와 내담자가 실제로 만나서 상담이 이루어지는 것이 아니라 컴퓨터를 매개로 하여 의사소통을 한다는 점이다. 상담자는 내담자와의 문제나 감정, 생각, 행동상의 특징을 컴퓨터 모니터에 보이는 문자나 영상을 통해서 이해할 수 있다.

(2) 자유로운 상담시간

사이버상담의 경우 실시간으로 이루어지는 채팅상담을 제외하면, 어느 시간대에나 내담자가 상담 서비스를 받을 수 있다. 즉, 사이트에 올려놓은 상담 사례나 문제 해결의 도움을 받을 수 있는 다양한 자료, 음악 파일, 동영상 등은 어느 때나 내담자에게 개방되기 때문에 서비스 이용이 자유롭다.

(3) 공간적 제약 극복

대면상담에서는 주로 내담자가 상담실을 방문한다. 이때 내담자는 상담을 받기 위해 상담실까지 가는 물리적인 거리를 고려해야 하고, 상담자는 상담을 하기 위한 물리적인 시설 및 환경을 갖추고 있어야 한다. 그러나 사이버상담에서는 이러한 공간적인 고려사항에 제약받지 않고, 컴퓨터가 있는 장소가 바로 상담실이 되며 컴퓨터의 성능 정도가 상담받기 편리한 환경의 기준이 된다. 사이버상담은 물리적 한계로부터 자유로운 열린 상담 형태이다.

(4) 문자 중심의 의사소통

사이버상담은 주로 문자를 통해 상담이 이루어진다. 내담자의 배려, 사고, 행동이 문자를 통해 상담자에게 전달되고, 내담자에게 보내는 상담자의 배려, 경청, 이해, 설명 등의 메시지가 문자를 통해 전달된다. 문자 중심의 의사소통의 특징은 전달하려는 내용이 간단하고 모호하지 않은 경우에는 효과적으로 사용될 수 있지만, 내용이 복잡하거나 애매하고 다양한 정서적인 내용을 담고 있을 경우에는 제한적인 의사소통이 되기도 한다는 것이다.

(5) 익명성

대면상담의 경우, 내담자가 상담을 받기 위해서는 상담신청서에 자신의 인적 사항을 기록하게 되어 있고 상담자와 내담자가 실제로 얼굴을 마주할 뿐 아니라 상담신청서에 표기된 직업, 주거 상태, 가족 상황 등의 정보를 보면서 상담을 하게 된다. 그러나 사이버상담에서 내담자는 익명성을 유지할 수 있다. 이름뿐 아니라 자신에 대한 정보(외양, 실명, 나이, 신분, 성별, 학력 등)의 일부 또는 전부를 감추거나 바꿀 수도 있다. 따라서 상담자는 내담자에 관한 최소한의 정보를 가지고 상담을 하게 된다. 이메일상담에서는 내담자가 보내 준 정보만을 가지고 답신을 작성하게 되며, 채팅상담처럼 즉시적인 상담에서는 상담 중 내담자의 성, 나이, 학력 등에 대하여 궁금한 사항을 물어볼 수 있다. 익명성은 사이버상담에서 대화의 외적인 요인들에 주의를 분산시키지 않고 대화의 내용에 집중할 수 있도록 해 준다. 대화명으로만 구분되는 내담자와 상담자의 관계는 상담자나 내담자의 지위, 연령, 외모 등 대인 커뮤니케이션에 영향을 가지는 요소들이 배제되어 평등하고 수평적인 관계가 형성된다.

3) 사이버상담의 장점과 한계
(1) 사이버상담의 장점
① 풍부하고 용이한 정보 획득

사이버상담의 가장 큰 장점은 내담자가 자신의 문제해결에 도움이 되는 풍부한 자료를 용이하게 찾아볼 수 있다는 데 있다. 대면상담이 상담자와 내담자의 일대일 관계 속에서 내담자가 자신의 문제에 대한 통찰을 얻고 해결책을 찾아가고 삶을 설계할 수 있다는 장점이 있다면, 사이버상담은 쉽게 이용할 수 있는 상담 자료를 통해 내담자가 자신의 문제에 대해 이해하고 문제에 대한 정보를 얻는 데 도움이 된다.

② 내담자의 자발적 참여

사이버상담에서는 내담자가 익명으로 문자를 통해서 상담에 응하기 때문에 대면상담에서 만나는 내담자보다 상담과정에서 더 많은 통제력과 주도성을 갖게 된다. 내담자가 자신에 관한 정보를 선택적으로 공개할 수도 있고 언제든지 상담을 중단해 버릴 수도 있기에, 상담자 입장에서 보면 상대적으로 통제권을 내담자에게 빼앗긴다는 느낌이 들 수도 있다. 그러나 이러한 내담자의 주도성이 상담 장면에서는 자발성의 모습으로도 나타나게 된다. 대면상담에서는 청소년 내담자의 경우 부모나 선생님의 권유로 억지로 상담실에 오게 되는 경우가 있지만 사이버상담에서는 내담자가 스스로 문제의식을 가지고 자신의 어려움을 해결하기 위해서 자발적으로 찾아오는 경우가 대부분이다. 이런 점에서 사이버상담의 내담자들은 상담 동기가 높다고 할 수 있다.

③ 시공간의 제약을 극복한 용이한 상담방법

사이버상담의 가장 큰 장점이라면 언제, 어디서나 상담받기가 용이하다는 점이다. 대면상담의 경우, 상담 절차를 보면 전화로 예약한 후 찾아가 접수면접을 하고 그 후 상담자가 결정되면 본격적인 상담을 받게 된다. 그러나 사이버상담은 일부러 시간을 내서 찾아가지 않아도 인터넷이 가능한 컴퓨터만 있다면 언제든지 상담을 받을 수 있으며 사소한 고민거리라도 간단히 이메일로 상담자에게 적어 보내면 단시간 내에 전문가의 답신을 받을 수 있다. 또한 영상 및 문자, 채팅 상담을 통해 즉시적으로 자신의 어려움을 상담자와 함께 다루어 나갈 수 있다는 편리함이 있다.

④ 익명성으로 인한 자기개방의 증가

사이버상담에서 익명성은 신분 노출에 대한 불안에서 벗어날 수 있게 한다. 따라서 대면상담에서 이야기하기 어려운 문제를 갖고 있거나 남 앞에서 자신을 드러내기 어려워하는 내담자에게 자유로운 의사 표현의 기회를 준다. 이러한 점은 사이버상담이 단회상담임에도 불구하고 대면상담보다 단시간에 훨씬 깊은 수준의 자기개방을 가능하게 해 준다.

⑤ 저장기능의 활용

사이버상담의 내용은 저장이 가능하며 이러한 저장기능을 활용하여 상담자와 내담자 모두 필요할 때 다시 내용을 읽어 볼 수 있다. 내담자는 저장된 상담 기록을 다시 보면서 상담을 받을 당시에 비해 현재 얼마나 변했는지, 문제 극복이 어느 정도 되었으며 문제를 극복하기 위해 어떠한 기법과 접근이 있었는지를 알고 이후 발생할 문제에 대처하는 데 도움을 받을 수 있다. 즉, 통찰 상태를 유지하고 상담의 성과를 지속적으로 유지시킬 수 있는 장점이 있다.

(2) 사이버상담의 한계

① 의사소통의 한계

• 비언어적 단서의 제한: 사이버상담에서는 비언어적 단서가 제한되어 있어서
  내담자의 실제 모습을 파악하기 어려우며, 이는 의사소통의 어려움으로 작용
  한다. 채팅상담의 경우 현존감을 느끼게 하는 요인으로 대화명, 글자 크기, 타
  이핑 속도, 상호작용 속도, 이모티콘 등이 있다. 상담자는 채팅상담에서 활용
  되는 이러한 비언어적 단서를 민감하게 감지할 수 있는 능력이 필요하다.

• 상호작용의 혼란: 채팅상담의 경우 상호작용에서 메시지가 수용된 순서대로
  나타나지 않아 대화의 혼동을 가져올 수 있다. 상담자와 내담자는 상대방이 응
  답 중이거나 응답 준비 중이라는 것을 알지 못할 경우 대화가 엇갈리게 되어 혼
  란이 있을 수 있다.

• 올바른 문자 사용: 내담자와 문자로 채팅이나 이메일 상담을 하다 보면 상담내
  용을 기술할 때 정확한 단어와 문장 표현 그리고 띄어쓰기를 무시하고 국어를

[그림 10-3] 사이버상담

파괴적으로 쓰는 경우가 있다. 소위 채팅언어라는 것을 통해 대화를 하는데, 이 경우 내담자의 상담내용을 정확히 파악하는 것이 어려우며 원활한 의사소통이 이루어지기 어렵다. 상담자는 내담자가 보다 정확하고 올바른 국어를 사용하여 효과적으로 상담내용을 전할 수 있도록 지도하는 것이 필요하다. 또한 상담자도 자연스러운 존칭과 올바른 문장, 단어 사용으로 예의를 갖춰 답신을 보내는 것이 필요하다(이영선, 박정민, 최한나, 2001).

② 응급상담의 한계

사이버상담에서 상담자는 내담자가 심각한 문제에 처해 있어도 즉각 개입하기가 어려울 수 있다. 즉, 응급 상황이 발생하더라도 내담자에 대한 정보를 갖고 있지 못해 상담자로서 도움을 줄 수 없는 한계에 부딪히게 된다. 이를 보완하기 위해 사이버상담실을 이용할 경우 회원가입을 통해 최소한의 정보를 입력하도록 할 수 있다.

③ 익명성으로 인한 문제

• 대화 예절의 파괴: 상대를 알 수 없는 익명적인 상황에서는 의사소통 시 몰개성화라는 심리 상태가 나타날 수 있다. 사이버상담에서의 몰개성화는 내담자가 상담에 적합한 예절과 언어 사용을 무시하고 상담내용과 관련 없는 성(性)과 관련한 노골적인 표현이나 질문을 한다든지, 상담자에게 사적인 질문을 한다든지 하며 기본적으로 인간관계에서 지켜야 할 사항을 무시하는 것을 말한다. 이처럼 사이버상담의 특징인 익명성으로 인하여 대화 규칙을 무시하거나, 역할 태도를 파괴하거나, 상대에게 불쾌한 행위를 보일 가능성이 높아진다. 이러한 사이버상담의 한계를 극복하기 위하여 사이버상담을 시작할 때 상호 지켜야 할 규칙과 태도에 대해 구조화하는 것이 방법이 될 수 있다(백지숙 외, 2011).

3. 청소년전화 1388

2005년 4월 27일 국가청소년위원회의 출범과 동시에 청소년 긴급전화 1388, 가출청소년상담전화 1588-0924, 한국청소년상담원의 상담전화 및 청소년(상담)지원센터의 상담전화 등을 1388로 통합(2005년 9월 1일)하여 지역사회청소년통합지원체계(CYS-Net)의 관문으로 운영하고 있다. 청소년전화 1388은 청소년은 물론, 학부모, 교사 등 일반 국민 누구나 청소년을 위하여 이용하는 전화로서 청소년상담, 긴급구조, 자원봉사 및 수련활동 정보 제공, 인터넷 중독치료 등 청소년 관련 모든 문제에 대해 365일 24시간 원스톱 서비스를 제공하는 것을 목적으로 한다.

1388 전화의 일평균 이용 수는 하루 178건에 불과하다가 2005년 9월 통합 이후 2006년 270건, 2007년 666건, 2008년 969건, 2009년 1,164건, 2010년 1,158건, 2011년 1,185건으로 증가하였다. 그러나 최근 청소년의 생활환경 변화로 인해 사이버 및 모바일 상담 등 상담 채널이 다양해지면서 2013년 이후에는 실적이 감소하고 있는 것으로 나타났다. 2015년은 16개 시·도 및 195개 시·군·구 청소년상담복지센터 등 전국 211개 센터에서 청소년전화 1388을 운영하였다(여성가족부, 2016b).

4. 학교폭력 예방을 위한 또래상담

1) 또래상담 개요

또래상담은 청소년이 뽑은 고민 1순위가 '교우관계'라는 점에 착안하여, 또래 간 상담 프로그램 개발을 목적으로 1994년부터 시작되었다. 청소년 교육 및 상담 현장에서 효과를 인정받은 또래상담은 2012년 학교폭력근절 종합대책(2012. 2. 6., 관계부처 합동)의 일환으로 여성가족부와 교육부가 학교폭력 예방 또래상담사업을 공동으로 추진하면서 전국 6,700여 초·중·고등학교로 확대 운영되고 있다.

2) 또래상담 교육 프로그램
(1) 기본교육

또래상담 기본교육은 12시간 과정의 훈련 프로그램으로서 '좋은 친구 되기' '대화하는 친구 되기' '도움 주는 친구 되기'라는 주제의 집단토의와 역할연습, 모델링 등의 활동 프로그램으로 구성되어 있다.

(2) 심화교육

심화교육은 학교폭력 예방을 위한 또래상담자의 역할에 초점을 둔 프로그램으로, 기본교육을 이수한 또래상담자들을 대상으로 8시간 동안 운영된다. 크게 '성장하는 또래상담자' '친구를 돕는 또래상담자' '공감·배려문화를 촉진시키는 또래상담자'의 세 영역으로 구성되어 있고, 세부적으로는 여섯 가지 또래상담자의 역할별 훈련 프로그램으로 이루어져 있다.

(3) 또래상담 추진 현황

1994년 한국청소년상담복지개발원에서 개발된 또래상담 프로그램은 그동안 각 시·도 및 시·군·구 청소년상담복지센터를 중심으로 보급되어 오다가 2012년 여성가족부와 교육부 등 범정부 차원의 학교폭력 대책사업의 일환으로 전국 초·중·고등학교로 확대·보급되었다. 또래상담의 취지는 함께 생활하는 또래상담자의 활동을 통한 학교폭력 조기 발견 및 예방에 있으며, 교사나 부모가 보지 못하는 사각지대에서 발생하는 학교폭력을 발견하고 피해를 사전에 예방할 수 있는 사업으로 평가받고 있다. 한국청소년상담복지개발원은 또래상담 사업의 원활한 운영을 지원하기 위해 다양한 노력을 기울이고 있다.

먼저, 또래상담 지도자 및 또래상담자 양성을 위해 교육 프로그램을 개발·교육하며, 지도자 지침서, 또래상담자 수첩 및 배지 등을 지원하고 있다. 또한 또래상담 홈페이지(www.peer.or.kr)를 운영하여 관련 정보를 현장과 공유하고 있으며, 또래상담자용 스마트 수첩을 개발하여 또래상담자 스스로 상담활동을 쉽고 효율적으로 기록·관리할 수 있도록 하고 있다. 더불어 또래상담 운영학교 데이터베이스(DB) 시스템을 구축하여 지역, 대상, 운영 형태별로 또래상담 지도교사, 또래상담자에 대한 교육 및 활동 실적을 관리하고 있다.

둘째, 또래상담의 롤모델을 제시하기 위해 우수 사례 및 우수 학교운영 사례 공모전을 개최하여 우수 사례를 시상하고, 사례집 제작·배부 및 언론 홍보를 통해 우수 사례의 확산에 힘쓰고 있다. 뿐만 아니라 지역 센터-학교 간 또래상담 운영 노하우 공유를 활성화하기 위하여 또래상담 연합회를 구축하고 지도교사 간담회, 또래상담자 캠프, 사례모임 등을 운영하고 있다.

셋째, 학교 및 청소년상담복지센터 등 운영기관과의 소통을 통해 현장 의견을 적극적으로 수렴하며, 운영 결과 분석을 토대로 학교운영 지침서, 교사 매뉴얼을 개발하여 전국 학교에 보급하고 있다. 학교, 교육청, 청소년상담복지센터 실무자 간담회 및 사업설명회, 권역별 현장 컨설팅, 또래상담 운영학교 컨설팅, 사업평가회 등을 통해 또래상담사업의 추진과정에서 발생하는 애로사항과 개선점을 함께 모색하고 있다.

마지막으로, 다양한 홍보 채널을 통해 또래상담에 대한 대국민 인식 강화에 힘을 쏟고 있다. 신문, TV, 라디오 등 다양한 언론매체를 통한 홍보와 더불어 홍보물(영상, 포스터, 리플릿 등)을 제작하여 지역 청소년상담복지센터 및 학교에 보급하고 있다. 또한 청소년의 접근성이 높은 온라인 매체를 통한 UCC 공모전, 홈페이지 및 SNS 이벤트 등을 진행하고 또래상담활동 주간 운영 등 다방면의 대국민 홍보를 추진하여 사업 인지도 제고를 위해 노력하고 있다.

(4) 또래상담사업의 효과

한국청소년상담복지개발원에서는 또래상담자 미배치 학급과 배치 학급의 또래상담 운영 전후의 효과성(학교생활 만족도, 또래 지지, 배려 정도, 방관에 대한 민감성)을 분석하였다. 그 결과, 또래상담자가 배치된 학급에서는 학년 말 학교폭력 예방 효과성 점수가 학기 초에 비해 대폭 향상된 것으로 나타난 반면, 미배치 학급의 학교폭력예방 효과성 점수는 소폭 증가하는 것에 그쳤다.

이와 같이 각 학급 또래상담자들의 활동이 학생들 간의 또래 지지와 배려 행동을 촉진시키고 학교생활에 대한 만족도를 높임으로써 안전하고 만족스러운 학교생활 문화 조성에 효과적임을 알 수 있다(여성가족부, 2016b).

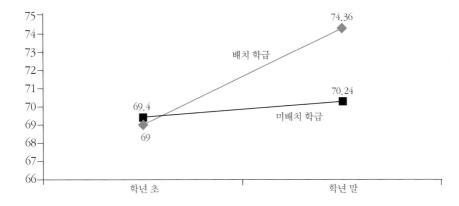

[그림 10-4] 2015년 또래상담사업 효과분석(학교폭력 예방 효과성)

출처: 여성가족부(2016b).

제4절 청소년상담의 방향

우리나라의 청소년 상담과 지도는 1958년 서울시 교육위원회에서 처음으로 학교상담자 연수교육을 시작한 이후 근래에는 정부나 지방자치단체 그리고 청소년 관련 각종 시민운동단체가 많은 청소년상담실을 운영하고 있으며, 학교현장에서는 상담교사나 교도교사를 중심으로 청소년상담이 활발히 이루어지고 있다. 더욱이 이들 청소년상담기관에서는 학업 부진, 진로, 부적응, 비행, 정신건강 등의 문제에 대한 상담과 함께, 최근에는 청소년문제의 예방을 위한 각종 예방 프로그램을 활발히 전개해 나가고 있는 추세이다.

그러나 물론 급변하는 사회적 상황의 영향도 있겠지만 여전히 청소년 관련 각종 문제, 예를 들면 자살, 폭력, 따돌림, 탈선, 비행과 같은 문제들의 심각성과 발생 빈도는 수그러들 줄 모르고 있으며, 여전히 신문과 방송의 주요 기사거리가 되고 있다. 이러한 현실에서 오늘의 청소년상담에 대한 반성과 함께 그 나아갈 바를 모색해 보고자 한다.

1. 청소년상담 시 고려사항

1) 청소년기의 독특성에 대한 고려

청소년이라는 용어는 특정 발달 단계를 가리키는 말이다. 따라서 청소년상담 역시 그러한 특정 발달 단계를 고려하여 이루어져야 한다. 이 시기는 급격한 신체 발달과 함께 그동안 해결되지 못하고 잠복해 있던 여러 가지 유아기 충동이 활성화되는 시기이다. 더욱이 미래에 대한 불확실성과 주변의 갈등적인 기대(성인으로서의 기대와 아동으로서의 기대)는 이러한 청소년기의 어려움을 가중시키는 요인이기도 하다. 에릭슨(E. Erikson)은 청소년기가 자아정체감을 확립해 나가는 시기이며, 그 과정이 순조롭게 이루어지지 않을 경우 역할혼미의 갈등에 빠질 수 있음을 강조하였다. 즉, 청소년기는 자아상의 혼란을 겪는 시기라는 것이다.

청소년 상담이나 지도에서도 이러한 청소년의 발달 단계와 함께 이 시기의 독특한 문제 유형들을 고려해서 이루어져야 한다. 예를 들면, 청소년기의 특징적인 문제 유형들로는 학업, 진로, 대인관계(또래관계), 이성, 성 등을 들 수 있으며, 그 밖에 사회적으로 그 심각성이 증가하고 있는 청소년비행 등의 문제도 함께 고려되어야 할 것이다.

한편, 상담기법의 측면에서는 청소년기가 아동기와 성인기의 과도기라는 점을 감안하여, 성인에게 주로 사용되는 언어적 상담과 함께 아동상담에서 많이 사용하는 놀이치료적, 활동 위주의 상담기법 역시 발달연령에 따라 적절하게 사용되어야 할 것이다. 예를 들면, 체험과 활동을 강조하는 심리극, 역할연습, 각종 도구를 사용하는 놀이치료 등이 있겠다.

2) 개인과 환경의 동시적 접근

성인상담에 비해 청소년상담의 경우에는 주변 환경의 중요성이 더욱 강조된다. 청소년이 아직 발달과정 중에 있다는 사실을 고려할 때, 그들의 주된 생활 무대인 가정과 학교 환경은 매우 중요하다고 볼 수 있다. 실제로 청소년들이 겪는 문제들의 배경에는 가정이나 학교 생활에 대한 불만족이 거의 모든 경우 나타나고 있다.

그만큼 부모, 교사 그리고 또래집단이 청소년들에게 미치는 영향은 지대하다 하겠다. 이런 사실은 실제 조사연구 결과에서도 나타나고 있다. 예를 들어, 청소년들의 자살 충동은 학교폭력 경험, 학교 선생님 만족도, 부모님이 내 의사를 존중해 주는 정도와 유의미한 관련성을 나타낸 바 있다(서울시청소년종합상담실, 1998). 이는 부모나 교사 그리고 또래 친구들과 같은 주변 환경의 중요성을 보여 주는 예라고 하겠다.

 가정적 요인의 경우, 모든 문제의 근본적인 뿌리는 가정에 있다는 어느 상담 격언처럼 실제 현장에서 청소년들을 상담하다 보면 가족, 특히 부모부터 상담하거나 그들의 협조를 얻어야 할 경우가 많다. 청소년들이 현재 겪고 있는 문제와 어려움은 청소년 개인만 변화해서는 결코 해결되기 힘든 상황적 요인의 고려와 그에 대한 적절한 대처가 필요한 것이다. 따라서 아동이나 청소년 상담에서는 부모와 자녀를 함께 상담하는 것이 효과적이다. 그렇지 않고 자녀만 상담하는 경우, 자녀를 부모와 대립시키고 오히려 문제를 증대시킬 수도 있다. 때로 자녀만의 상담에서는 상담자가 부모 자신보다 자녀와 더 밀접한 관계를 맺고 있음을 부모가 알았을 때 부모가 이를 경계하고 적대시할 위험성도 있을 수 있다. 따라서 아동이나 청소년에 대한 효과적인 상담을 위해서는 그들이 정서적으로나 공간적으로 가족의 통제에서 해방되어야 한다는 점, 특히 가족으로부터 정서적으로 독립하고 자율성을 가질 수 있어야 한다는 점이 중요하다.

2. 상담실 이용의 용이성 증대

 앞에서 살펴본 바와 같이 많은 청소년상담실이 활동하고 있지만, 실제로 청소년 당사자들의 상담실 이용은 매우 미미한 것으로 나타나고 있다. 서울시 내 중고생을 대상으로 한 최근의 한 조사연구에서는 현재 고민이나 걱정거리를 가지고 있다고 응답한 학생이 73.8%인 반면, 실제 이를 상담기관에서 상담해 본 경험이 있다고 응답한 청소년은 놀랍게도 전체의 1.6%에 불과한 것으로 나타나고 있다(서울시청소년종합상담실, 1998 참조).

　여기에는 여러 가지 원인이 있겠지만, 일단 학생 청소년이나 산업체 청소년들을 기준으로 살펴보았을 때, 수업 중 혹은 근무 중에는 상담실을 이용하기가 어렵다는 현실적 요인도 있는 것으로 보인다. 따라서 청소년들이 쉽게 상담실을 이용할 수 있도록 학교나 기업체의 배려와 함께 상담자들이 청소년들을 찾아가는 현장 방문 상담도 필요할 것으로 보인다.

　상담실 이용과 관련된 또 하나의 문제는 상담을 받는 것에 대한 인식의 문제이다. 아직까지 상담실에 상담을 받으러 간다고 하면, 무언가 정신적으로 이상하다거나 자신과는 다른 사람이라고 생각하는 경향이 있는 것 같다. 이러한 편견과 오해를 바로잡기 위해서는 상담과 상담기관에 대한 올바른 홍보와 소개 활동이 더욱 강화될 필요가 있다.

　상담에 대한 인식과 관련하여 고려해야 할 사항 중의 하나는 특수문제와 특수집단을 전문으로 하는 전문 상담자나 상담기관의 필요성이다. 예를 들어, 폭력, 약물, 가출, 따돌림, 성, 학습 부진, 진로 결정 등의 문제 각각에 대해 전문적인 지식과 경험을 갖춘 상담자나 상담기관이 있다면, 상담에 대한 인식의 개선은 물론 상담실의 이용 또한 보다 활발해질 수 있을 것으로 보인다.

3. 문제의 예방과 성장을 위한 상담

　청소년상담이 과거에는 고민을 가지고 찾아오는 청소년들을 대상으로 상담실 안에서만 이루어졌으나, 최근에는 적극적으로 청소년들의 현장으로 찾아가는 상담으로 변화하고 있다. 이와 함께 이미 많은 상담기관에서 자기성장 집단, 또래상담자 집단, 인간관계 집단과 같은 예방적 성질을 갖춘 집단상담 형식의 상담에 대해 관심을 갖기 시작한 것도 사실이다. 앞으로는 소수의 문제 청소년에 대한 전문적이고 실효성 있는 상담의 개발과 함께, 이러한 예방 및 성장을 촉진하는 상담의 중요성이 더욱 커질 것으로 보인다.

　대다수의 청소년을 대상으로 하는 이런 상담활동은 문제의 예방은 물론, 우리나라 사회 전체의 건강과 성장을 기약하는 일이기도 하다. 대부분의 건강한 청소년을 대상으로 그들의 성장과 발달을 촉진하고 도와줄 수 있는 상담 프로그램의 개발과 보급 또한 청소년상담자가 관심을 기울여야 할 중요한 역할로 보인다.

4. 청소년상담 관련 연구와 기초자료 조사

현장의 청소년상담자들이 실제 청소년상담을 하면서 연구할 필요성을 느끼는 청소년문제들에 대한 다양한 조사와 연구가 필요하다. 이런 조사와 연구는 청소년상담자들이 직접 실시하거나 혹시 현실적 여건 때문에 여의치 않을 경우에는 관련 학계의 연구자들과 협조하여 실시할 수 있을 것이다. 이러한 실제적인 연구와 조사는 청소년들에 대한 정확한 이해와 이를 토대로 한 효과적인 상담에도 크게 기여할 수 있을 것이다.

5. 건전한 사회적 가치관 확립을 위한 노력

청소년문제의 대부분은 사회의 왜곡된 가치관에서 그 근본적인 뿌리를 찾을 수 있다. 우리 사회에 만연된 경쟁적 분위기, 지위, 학력, 경제 수준 등에 따라 인간마저 등급을 매기는 획일화된 가치관, 성에 대한 왜곡된 태도 등은 청소년문제의 원인이라고 볼 수 있다. 청소년문제는 기성세대 문제의 반영인 것이다. 학교 성적이 떨어진 것을 비관하거나 대학입시에 따른 과도한 부담으로 자살하는 청소년, 학교 성적으로 학생을 평가하는 학교, 고액 과외를 시키다 망신당한 고위층 인사들, 쉽게 돈을 벌게 해 준다고 유혹하여 청소년들을 타락의 길로 모는 몰지각한 일부 어른 등 이런 현상은 결국 어른들의 책임인 것이다.

청소년상담자들은 정신건강적인 측면에서 사회 전반에 걸친 사회적 병리에 대해 주의를 환기시키고 그 위험성을 강력히 경고하는 한편, 다양하고 건전한 사회적 가치관을 확립하기 위한 사회교육 활동에도 참가해야 할 것이다.

6. 가정의 중요성과 역할에 대한 강조

현장에서 아동과 청소년을 상담해 본 상담자들이 공통적으로 느끼는 것은 그들이 겪는 각종 문제의 뿌리는 가정에서 시작된다는 것이다. 예를 들어, 비행 청소년의 부모는 자녀에 대해 거부, 비난, 또는 무시를 하거나 불만을 가지고 있으며, 자녀에 대해 부담스러워하는 경향이 있다고 한다(원호택, 1991). 현장의 상담자들이 청소년을 상담할 때 흔히 부모도 함께 상담받기를 권하거나 최소한 주기적인 면담이라도 하려고 하는 이유가 바로 여기에 있다.

특히 아직 미숙한 청소년들은 부모와 가정의 영향에서 벗어날 수가 없다. 따라서 청소년 개인이 혼자 변화한다고 해도 그가 처해 있는 주변 상황이 바뀌지 않는다면 기본적으로 청소년 개인의 변화 자체가 어려워질 뿐만 아니라, 설혹 변화하더라도 그러한 긍정적인 변화가 실제적으로 지속되기는 힘들 수밖에 없는 것이다.

수년 전부터 많은 청소년상담기관에서는 각종 부모교육 프로그램과 부모상담을 운영하고 있다. 이는 바람직한 현상으로서, 청소년문제를 근본적으로 예방하는 효과적인 방법으로 보인다. 앞으로 이러한 활동들과 함께 필요한 경우 가족상담, 가정 방문상담 활동도 더욱 활성화되기를 기대해 본다.

7. 학교와의 협력체계 구축

사회와 가정을 대상으로 하는 활동과 함께 청소년상담자들이 또한 관심을 가져야 할 것은 대다수의 청소년이 몸담고 있는 학교를 대상으로 하는 활동이다. 중고등학생의 하루 일과 중 대부분은 학교에서 이루어지고 있다. 이들이 호소하는 문제들 중 가장 많은 비율을 차지하는 것 또한 주로 학교에서 발생하는 공부, 진로·적성, 또래관계이다. 이러한 점을 고려할 때, 보다 효과적인 청소년 상담과 지도를 위해서는 학교 당국자와 상담교사들과의 협조체계가 절실하다 하겠다.

이미 일부 자치단체 상담실이나 교육청 산하 상담실에서 이러한 움직임이 나타나고 있지만, 많은 학생에게 실제적인 도움이 되기 위해서는 보다 활발한 활동이

[그림 10-5] 청소년상담

필요한 것으로 보인다. 청소년상담기관에서는 학교 교사들이 필요로 하는 청소년
문제에 대한 자문과 함께, 학교 당국자나 교사들과의 원활한 협조하에 개인상담,
집단상담, 청소년 대상 교육 등의 실제적인 도움과 혜택이 학생들에게 돌아갈 수
있도록 이러한 연계체계를 구축하는 데도 주의를 기울여야 할 것이다.

제5절 청소년상담의 현황과 과제

1. 청소년상담 현황

청소년의 정신건강을 증진하도록 조력하기 위해 여성가족부, 교육부, 보건복지
부에서 다각적인 프로그램을 제공하고 있다.

여성가족부에서는 청소년상담복지센터를 통해 청소년들의 개인상담 및 집단상
담을 실시하여 청소년들의 정신건강 증진을 위해 조력하고 CYS-NET과 Help Call
청소년 전화 1388을 운영하고 있다. 교육부에서는 학생 정서 · 행동 평가를 실시하

여 학생의 정신건강 문제를 예방하고자 노력하고 있으며 전국적으로 Wee 센터를 운영하여 청소년들에게 서비스를 제공하고 있다. Wee 센터는 학교, 교육청, 지역사회가 연계하여 학생들의 학교생활을 지원하는 통합지원 서비스망이다. 보건복지부에서는 정신건강증진센터 운영을 통해 국민건강증진종합계획을 실시함으로써 청소년의 정신건강 문제 조기 발견 및 예방을 돕는다. 구체적으로 청소년상담 관련 기관별 운영 현황을 살펴보면 다음과 같다.

① 청소년상담복지센터
- 주관 부처: 여성가족부
- 지원 및 허브 기능: 한국청소년상담복지개발원
- 시 · 도별: 청소년상담복지센터 16개소
- 시 · 군 · 구별: 청소년상담복지센터 195개소
- 출처: 여성가족부(2016a).

② Wee 센터
- 주관 부처: 교육부
- 지원 및 허브 기능: 한국교육개발원(특임센터)
- Wee 클래스: 1차 안전망, 단위학교, 6,287개
- Wee 센터: 2차 안전망, 지역교육청, 196개
- Wee 스쿨: 3차 안전망, 시 · 도교육청, 12개
- Wee 가정형: 대상별, 지역별, 15개
- 출처: 교육부(2017. 8.). www.wee.go.kr

③ 정신건강증진센터
- 주관 부처: 보건복지부
- 지원 및 허브 기능: 중앙정신보건사업지원단
- 시 · 도별: 광역형 정신건강증진센터 16개

- 시 · 군 · 구별: 표준형정신보건센터, 209개
- 출처: 보건복지부(2017).

2. 청소년상담 과제

청소년상담 과제는 문성호와 김혜리(2012)의 논문을 정리 · 보완하여 제시한 임형태 등(2013)의 자료를 토대로 살펴본다.

첫째, 현재 진행되고 있는 선별주의적인 대상자 선정방식의 상담에서 벗어나 전체 청소년을 대상으로 하는 보편주의적인 접근을 취할 필요가 있다. 현재 예방, 성장, 발달로 확장되어 가고 있는 추세이다.

둘째, 각 기관과의 연계 및 협력을 의무화하는 규정 마련과 함께 진행과정 및 결과에 대한 심층적 연구가 이루어져야 한다. 지역사회 자원과 관계망을 형성하여 네트워크를 구축하는 것이 중요하다. 지역사회 내 사회관계망을 형성하여 상담, 복지 등 다각적인 차원에서 지원을 제공할 필요가 있다.

셋째, 찾아가는 적극적인 상담 서비스를 제공할 필요가 있다. 청소년들은 문제가 발생해도 자발적으로 상담실을 찾아 상담할 필요성을 잘 느끼지 못한다. 청소년이 있는 현장을 찾아가서 도움을 주는 찾아가는 상담을 제공할 필요가 있다. 따라서 앉아서 기다리는 상담이 아니라 청소년들이 있는 현장을 찾아가서 청소년들과 함께 역동적인 상담을 제공할 필요가 있다.

넷째, 급속도로 변화하는 현대사회의 변화 속도와 그 속에서 빠르게 변해 가는 청소년들에 대한 교육과 상담은 그들의 급속한 변화를 따라가지 못하고 있다. 따라서 사회적인 변화에 맞추어 좀 더 역동적이고 능동적으로 접근할 필요가 있다. 긴급한 문제를 보이는 학교부터 점진적으로 모든 학교에 청소년상담사를 배치해서 즉각적인 상담 서비스를 제공할 뿐만 아니라 청소년 및 현장에서 일하는 청소년상담사들의 목소리를 정책에 반영할 수 있는 시스템이 필요하다.

다섯째, 청소년들에게 통합적 치료를 제공할 필요가 있다. 코시니(Corsini, 2008)는 유능한 상담사는 절충적 입장을 취한다고 했다. 이것은 특정 이론이 없다는 것이 아니라 상담장면에서 내담자에게 효과적인 것이 무엇인지 결정해서 적용하는 것이 단일 이론과 기법을 적용하는 것보다 더 효과적이라는 의미이다. 특히 청소년 내담자의 경우 상담 회기마다 다양한 반응을 보인다. 청소년상담사는 청소년 내담자에 맞춰 적절한 이론과 기법을 적용할 수 있는 역량이 필요하다(임형택 외, 2013).

 연구문제

1. 프로이트의 성격이론에 대하여 토의하시오.

2. 전화상담과 사이버상담의 장단점 및 유의사항에 관하여 논하시오.

3. 상담시설의 접근 용이성과 관련하여 효율적 방안을 토의하시오.

제11장
청소년복지

개요

청소년기가 연장되면서 생겨나는 다양한 문제는 이제 임기응변식으로 접근하기에는 한계가 있다. 청소년의 기본적인 욕구를 충족시키고 건전한 성장과 발달을 도모하기 위하여 보다 과학적 · 체계적 · 전문적인 접근이 필요하다.

현대사회는 청소년을 둘러싼 유해환경과 복합적으로 얽혀 있는 각종 사회문제로 인하여 청소년의 보호와 육성이 단순히 부모의 책임만으로는 감당할 수 없으며 보다 조직적이고 통합적인 강력한 접근이 필요하기 때문에 청소년복지가 더욱 중요하다고 할 수 있다. 이에 이 장에서는 청소년복지의 의의와 특성, 필요성, 발달 단계를 살펴보고자 한다.

학습목표

1. 청소년복지의 의의 및 특성에 대하여 설명할 수 있다.
2. 현대사회에서 왜 청소년복지가 필요한지에 대하여 설명할 수 있다.
3. 청소년복지의 발달과정에 대하여 알 수 있다.

제1절 청소년복지의 개념 및 특성

1. 청소년복지의 개념

청소년복지의 개념은 청소년이 누구이며 어떠한 특징을 갖고 있느냐에 대한 관점, 국가의 전반적인 복지 수준 그리고 청소년정책의 방향에 따라 달라질 수 있다. 장인협과 오정수(1987)는 청소년복지를 아동복지와 구분하지 않고 아동·청소년복지라고 혼합해서 사용하고 있다. 그들은 아동·청소년복지가 사회 구성원으로서 아동과 청소년의 기본적인 욕구를 충족시키고 건전한 성장과 발달을 도모하기 위하여 여러 가지 활동을 가능케 하는 공적인 방법과 절차라고 정의하고 있다.

송정부(1991)는 청소년의 생존권이 보장되어 그들이 사회적으로 편안히 잘 지내는 상태가 될 수 있어야 한다고 설명하면서, 청소년복지는 청소년이 사회생활을 유지·발전시킬 수 있도록 작용하는 제도·정책·행위의 체계라고 정의하고 있다. 청소년복지 활동이 청소년들의 기본적인 욕구를 충족케 하고 정신적·정서적·신체적으로 최상의 발달을 기하기 위해서 청소년 자신들에게 직접적으로 또는 가정이나 사회를 통해 간접적으로 제공되는 모든 사회제도적·전문적 활동이라고 정의하고 있다.

홍봉선과 남미애(2001)는 청소년복지가 대상집단이 요보호 청소년 등 특정 집단에 국한되는 것이 아니라 일반 청소년 및 청소년의 생활에 가장 직접적인 영향을 미치는 가족까지도 포함하고 있으며 또한 청소년에 대한 직접적 서비스뿐 아니라 간접적으로 제공되는 모든 정책과 제도를 포함하는 광범위한 개념이라고 하였다.

따라서 이 장에서는 청소년복지를 독립된 사회복지 분야 중의 하나로서 요보호 청소년 등 특정 집단에 국한시키지 않고 모든 청소년의 기본적 욕구 충족과 건강한 성장·발달 촉진은 물론 청소년이 현재 사회 구성원의 한 사람으로서 주체적인 삶을 영위하도록 하고 더 나아가 청소년을 둘러싼 환경이 청소년의 성장을 돕기 위해 최적의 기능을 발휘할 수 있도록 청소년과 가정, 사회를 통해 직간접적으로 제공되는 모든 사회정책과 관련 제도 및 전문적 활동으로 정의하고자 한다.

2. 청소년복지의 의의

청소년복지에 대해 국가가 직접 정책적으로 개입하게 된 배경에는 청소년을 둘러싼 환경이 지나치게 열악할 뿐 아니라 복합적으로 얽혀 있는 각종 사회문제로 인하여 청소년의 보호와 육성이 단순한 부모의 책임만으로는 감당할 수 없으며 보다 조직적이고 통합적이며 강력한 접근이 필요하였기 때문이다. 우리 사회에서 청소년복지의 필요성이 대두하게 된 사회 · 문화적 배경을 가족적 측면과 사회적 측면으로 나누어 살펴보면 다음과 같다.

가족적 측면에서는, 첫째, 핵가족화로 인한 가정의 양육기능 약화 문제이다. 핵가족화 경향으로 한둘밖에 안 되는 자녀에게 과다하게 애정을 쏟는 과잉보호 문제 등 가정의 양육기능 약화를 초래하게 되었다. 이는 청소년문제의 원천이 될 수도 있다.

둘째, 이혼 등으로 인한 가족해체 문제이다. 이혼은 자녀들에게 불안, 갈등, 분노 등 정신적인 고통을 겪게 할 뿐 아니라 어린 시절 부모의 별거나 이혼에서 받은 아픈 상처가 청소년의 성격과 정서 형성에 부정적인 영향을 미친다.

셋째, 청소년 가장의 증가이다. 최근 들어 부모의 사망, 가출, 행방불명 등으로 부모가 없는 소년소녀가장 세대가 매년 증가하는 추세이다.

넷째, 미혼모와 그 자녀의 문제이다. 미혼모는 사회적 은닉성이란 특성으로 인하여 그 실태를 정확하게 파악하기가 어려우며, 아이와 관련하여 모성 역할에서 많은 현실적 어려움을 경험하게 된다. 특히 아이 양육을 위한 재정적 지원, 생활비, 의료비, 주거비, 법적 보호 등 많은 문제가 있다.

다음은 사회적 측면으로, 첫째, 문화 가치의 실조 문제이다. 경제성장에 치중된 사회 변화과정은 황금만능주의, 이기주의와 성과주의에 맞춰짐으로써 청소년들에게 성숙한 시민으로서의 윤리에 혼란을 가져왔고, 각종 잔혹 범죄와 폭력, 윤리적 타락은 청소년들에게 규범의 부재 현상을 가져왔다. 또한 모든 계층의 청소년이 전통문화로부터의 단절과 일부 상업주의적인 외래 대중문화의 영향으로 문화의 혼란과 왜곡 상태에 노출되었다.

둘째, 환경의 파괴이다. 지구 온난화, 오존층의 파괴, 산성비와 각종 폐기물, 그리고 유독 화학물질의 유출로 인한 산림·토양·수질의 파괴와 생물체의 멸종이 빠른 속도로 진행되고 있을 뿐만 아니라 물과 식량이 양적으로 결핍되어 있지는 않다 해도 마음 놓고 먹을 수 없는 것이 현실이다. 오염된 음식물 혹은 화학약품의 무분별한 섭취와 환경 전반의 유해성은 바르게 성장해야 할 청소년들에게 치명적인 영향을 줄 수 있다.

셋째, 고질적 교육환경 문제이다. 과밀교실을 비롯해서 건축 자재, 놀이터 및 놀이 기구의 유해성, 온·난방 및 위생시설의 취약성, 체격에 맞지 않는 책상과 의자, 급식제도의 결핍 혹은 미비 등을 위시해서 과대한 학습량, 건전한 오락 기회 및 시설의 결핍, 학교 주변의 유해환경, 그리고 우리 사회에 뿌리 박혀 있는 권위주의적인 획일적 교육제도는 청소년들이 창의적이고 개성 있는 민주시민으로 성장하는 데 장애요소가 되고 있다.

결론적으로, 청소년복지는 국가나 사회가 청소년복지에 대한 책임을 인식하고 청소년복지 증진에 주도적으로 개입함으로써 청소년들이 가정적·사회적 위험요소로부터 보호받으면서 과업이나 문제를 원만하게 해결하도록 도울 뿐 아니라 그들의 잠재능력을 최대한 발휘하여 자아실현은 물론 책임 있고 건강한 사회 구성원으로 기능할 수 있도록 돕는 데 그 의의가 있다(김진숙, 유용식, 2003).

3. 청소년복지의 특성

청소년복지는 사회복지의 한 분야로서 청소년을 대상으로 그들의 복지 증진을 목적으로 국가를 비롯한 사회 구성원 전체가 행하는 접근이다. 청소년복지는 학문적 정체성을 확립하지 못하고 있는데, 청소년이 차지하는 위치와 역할의 중요성과 청소년에 대한 사회적 책임의 인식이 다른 대상 분야에 비해 늦으며 청소년복지의 이론적 정립보다 응급적 대처의 성격이 매우 강하게 나타나고 있다.

청소년기가 연장되면서 생겨나는 다양한 문제는 이제 임기응변식으로 접근하는데 문제가 있으며, 청소년의 욕구와 문제가 다양해지면서 청소년들의 개별적인 문제나 욕구에 능동적이고, 실질적으로 대처하기 위해서는 보다 과학적 · 체계적 · 전문적인 접근이 필요하다. 청소년복지의 대상과 수단에 대한 조흥식의 언급을 살펴보면, 청소년복지가 예전에는 요보호 청소년과 문제 청소년 위주였으나 오늘날에는 전체 청소년으로 확대되고 있으며, 전체 청소년의 삶의 질을 목적으로 하고 있다.

김영모 등(1991), 이용교(1995) 등은 청소년복지의 특성을 다음과 같이 밝히고 있다. 첫째, 청소년복지는 단지 청소년복지정책뿐만 아니라 가족정책, 산업정책, 지역복지정책 등 다른 사회정책과 밀접한 관련이 있다. 둘째, 학교교육의 연장과 그 역기능 속에서 청소년복지의 필요성이 다루어진다. 셋째, 청소년복지를 위한 정부와 민간의 협력이 강조되고 있다. 넷째, 청소년을 복지의 대상으로만 인식하지 않고 사회변동의 주체로 인식하는 경향이 높아지고 있다.

청소년복지는 사회복지의 기본 이념이나 가치, 방법 등을 그대로 이어받지만 청소년기의 특성과 청소년이라는 계층에 초점을 둠으로써 다른 분야와는 차별화되는 독특성을 갖고 있다.

청소년복지의 특성을 보다 상세히 정리하면 다음과 같다(홍봉선, 남미애, 2001).

첫째, 청소년은 독립적이고 통합된 인격체로서 존중되어야 한다. 청소년은 성인과 동등한 자주적이고 독립적인 인격체인 동시에 어떠한 상황에서도 존중되어야 할 사회적 존재이다. 따라서 빈곤, 장애, 비행 등 어떠한 조건에서도 차별 없이 인간으로서의 존엄성이 유지될 수 있어야 하며, 그들의 개별적이고 다양한 욕구가 인정되어야 한다.

둘째, 청소년은 완성된 존재가 아니라 성장과정 중에 있기 때문에 청소년복지에서의 접근은 긍정적이며 신속하게, 지속적으로 이루어져야 한다. 청소년은 신체적 · 인지적 · 정서적 · 사회적으로 변화하며 성장하는 과정에 있다. 따라서 청소년에게 있어 포기, 실패는 존재하지 않는다고 보아야 한다. 또한 청소년을 전체적 · 통합적으로 보지 않고, 어느 한 측면만을 부각시킨다면 다른 측면의 성장이 저해됨으로써 균형적인 발달이 어려울 뿐 아니라 변화의 방향을 왜곡하는 등 바람직하지 못한 결과를 초래하기 쉽다. 무엇보다도 청소년복지에서는 청소년의 부족한 점, 어려운 점을 보완해 줌과 동시에 청소년들이 가진 긍정적인 점, 강한 점을 더 강화하고 극대화시킬 수 있는 방향으로 접근이 이루어져야 한다.

셋째, 청소년복지는 독립된 발달 단계인 청소년기를 고려한 과학적·체계적·전문적인 개입이어야 한다. 청소년기는 다양한 발달과업을 수행하는 독특한 발달단계이다. 아동기나 성인기와 차별되는 독특한 특성을 가진 시기임을 고려하여 그들에 대한 과학적이고 체계적인 이해와 더불어 전문적인 지식과 기술에 근거한 지원이 필요하다.

넷째, 현재 사회 구성원인 청소년은 청소년복지의 대상인 동시에 주체이다. 청소년은 한 사람의 인간으로서 모든 권리와 의무를 가지지만 시기적인 특성으로 인하여 가정과 사회로부터 특별한 보호를 필요로 하는 존재이며, 성인과 동등한 인간으로서의 권리를 가진 평등한 사회적 존재이고, 나름대로의 자의식과 창의력, 개발성, 호기심과 도전의식, 무한한 잠재능력 등 성인에게는 찾아볼 수 없는 우수한 역량을 가진 개체이다. 따라서 청소년복지에서는 청소년이 성인과 더불어 현 사회를 주도하는 중요한 파트너임을 명심하여 그들의 권리와 참여가 보장되고 증진될 수 있도록 해야 한다.

다섯째, 청소년복지는 관련 사회정책과의 밀접한 관계 속에서 통합적으로 다루어져야 한다. 청소년복지는 사회보장제도, 가족복지, 아동복지, 교육정책, 노동정책 등 관련 정책과 연계되어 일관성 있고 통합적으로 추진되어야 하며, 특히 정권이나 정치적인 변동에 좌우되지 않고 장기적으로 거시적인 안목에서 청소년과 가족의 복지 증진을 최우선으로 하여 정책이 수립되고 집행되어야 한다.

여섯째, 청소년복지가 본래의 이념과 목적을 달성하기 위해서는 청소년 개인의 변화뿐 아니라 환경의 변화도 함께 수반되지 않으면 안 된다. 따라서 청소년복지는 상담가, 교사, 치료사의 역할 이외에도 필요한 자원을 개발하여 청소년과 환경에게 공급하여 연결해 주는 조정자, 중재자의 역할 등 보다 능동적이며 적극적인 역할을 수행하지 않으면 안 된다.

　일곱째, 청소년복지에는 정부와 민간의 협력은 물론 전문가에서부터 지역 주민 등 다양한 사람의 협조가 필요하다. 따라서 청소년복지의 실행에 있어 사회복지사뿐만 아니라 정신과 의사, 교사, 경찰, 청소년지도사, 가족치료사, 변호사 등 전문가의 참여와 팀워크가 절대적으로 필요하며, 필요한 경우 자원봉사자 등 지역 주민의 참여도 이루어지는 상호 협력적 체계 구축이 절실히 필요하다.

　여덟째, 청소년복지는 문제가 있는 청소년부터 일반 청소년까지 모든 청소년을 대상으로 하며 또한 치료나 재활뿐만 아니라 예방적 차원에서의 다양한 서비스가 행해져야 한다. 그러나 청소년 중에서도 사회적 필요와 욕구가 크고 상대적으로 더 열악한 상황에 처해 있는 청소년에 대한 개입과 지원이 더 우선되어야 하며, 지원 수준에 있어서도 최저 생활보장 수준이 아니라 건강하고 문화적인 삶이 영위될 수 있는 최적 수준이 되어야 할 것이다.

[그림 11-1] 청소년복지 캠페인

제2절 청소년복지의 발달과정

1. 청소년복지의 발달

청소년복지는 역사적·문화적 산물이다. 청소년에 대한 변화된 역할과 새로운 기대는 역사적 시기, 청소년의 성별, 계층 그리고 문화에 따라 다르게 나타났다. 대체로 산업화가 진전된 시대와 나라일수록 청소년의 교육기간은 늘어나고 같은 시기와 지역에서는 부유한 가정의 남자 청소년들에게 더 나은 조건이 제공되었다.

그러나 전통적으로 아동과 청소년을 양육하는 것이 가정의 역할로 인식되었기 때문에, 국가 개입이 있는 경우에도 처음에는 매우 한정적으로 개입이 이루어졌다. 아동과 청소년은 부모의 부속물이라는 시각에서 벗어나 청소년의 요구와 이익은 부모와 다를 수 있다는 것을 최근에서야 새롭게 인식하게 되었고, 아직도 가족이 아동과 청소년 보호를 적절하게 하지 못할 때만 복지가 필요하다는 생각을 가진 정책 입안자들이 적지 않다(Frost & Stein, 1989).

예컨대, 영국의 경우 1948년에 「아동법」이 통과된 후에야 아동부가 생기고 독립적인 아동 서비스를 실시할 수 있었다. 아동부의 주된 임무는 대리가정을 지도·감독하고 예방사업으로 개별 사회사업을 하는 것이었다. 그러나 오일 쇼크로 복지비의 지출이 삭감되고 대처 행정부의 보수주의자들은 복지 서비스가 가족, 법과 질서 그리고 국가 권위를 잠식한다고 비판하였다.

우리나라에서도 아동·청소년복지는 일차적으로 가족의 영역으로 인식되어 왔다. 「아동복리법」이 제정된 1961년에 아동복지의 대상은 요보호 아동이었다. 즉, 아동이 그 보호자로부터 유실, 유기 또는 이탈된 경우, 그 보호자가 아동을 양육하기에 부적당하거나 양육할 능력이 없는 경우, 또는 기타의 경우에 이 법에 의하여 보호를 받을 아동만이 법적 보호 대상이었다. 복지의 대상이 전체 아동으로 확대된 것은 1981년 「아동복지법」이 제정된 이후이지만 여전히 아동복지의 주된 대상은 기아, 미아, 가출아 등 요보호 아동이었고 이들을 수용·보호하는 것이 주된 사업이었다.

아동과 별도로 청소년을 복지의 대상으로 한 정책은 1987년 「청소년육성법」에서 찾을 수 있다. 이 법은 청소년육성에 대한 국민적 관심을 반영하여 청소년 건전 육성에 대한 정부의 책임과 의무를 강화하고 청소년전담 행정부서를 두게 되었다는 점에서 의의가 있다. 그러나 청소년의 소득, 보건, 교육, 직업, 주거, 여가 등의 다양한 욕구를 충족시키기에는 크게 미흡했다.

정부는 청소년정책에 대한 장기계획으로 청소년기본계획을 세우고 이를 효과적으로 수행하기 위해서 1991년에 「청소년 기본법」을 제정하였다. 그런데 청소년기본계획은 3대 사업의 하나로 청소년복지를 제시하고 있지만 청소년활동에 대한 의욕적인 정책과 비교할 때 청소년복지는 기존의 복지사업과 크게 다른 점이 없었다 (김영모, 1993).

한편, 2004년에는 청소년의 인권보장 및 자치권 확대, 청소년의 우대 및 청소년증 발급, 청소년의 건강 증진, 특별 청소년의 지원, 청소년의 교육적 선도 등을 내용으로 하는 「청소년복지 지원법」이 새로 제정되었다(문화관광부, 2004). 2005년 4월 27일에 문화관광부 청소년국과 청소년보호위원회가 국가청소년위원회로 통합되었고, 2008년 3월 아동정책과 청소년 정책이 통합되어 보건복지가족부로 명칭이 바뀌었다가 2010년 3월에 여성가족부로 개편 및 이관되었다(여성가족부, 2015).

2. 우리나라 청소년복지의 발달과정

청소년복지의 발달과정은 주요 법이나 제도의 변화에 따라 세 가지 시기로 나누어 볼 수 있다. 즉, 청소년복지가 아동복지와 그 영역이 분화되지 않은, 해방 후부터 「아동복리법」이 제정된 1961년까지는 청소년복지의 태동기이고, 1962년부터 「청소년육성법」이 제정된 1987년까지는 청소년복지의 도입기이며, 1988년부터 2004년까지는 청소년복지의 전개기, 2005년부터 현재까지는 청소년복지의 확대기로 볼 수 있다.

우리나라에서 청소년복지가 어떻게 발달되어 왔는지에 대해서, 이 장에서는 이용교(2004), 조성연 등(2016)이 제시한 발달 단계를 토대로 우리나라 청소년복지의 변천과정을 살펴보고자 한다.

1) 청소년복지의 태동기(해방이후~1961년)

해방 이후부터 「아동복리법」과 「미성년자보호법」이 제정된 1961년까지는 청소년복지가 조선구호령(1944)과 몇 개의 미군정 법령 및 그 처무준칙에 따라서 실시되었다. 이 시기에는 청소년복지가 아동복지와 그 영역이 구분되지도 않았을 뿐만 아니라 아동복지도 다른 사회복지 영역과 별 구분 없이 긴급구호를 하는 수준이었다. 그러나 요보호 아동의 보호와 연소노동자 보호, 그리고 비행소년의 보호에서 우리나라 청소년복지의 태동을 찾을 수 있다.

(1) 요보호 아동의 보호

이 시기의 공공구호 대상은 65세 이상의 무의탁 노인, 6세 이하의 아동을 부양하는 여자(모)와 13세 이하의 아동, 불치병으로 신음하는 사람, 요보호 임산부, 심신장애인 등으로, 청소년은 배제되어 있었다. 물론 일부 나이 어린 청소년도 포함되었지만 청소년은 아동의 연장선에서 보호한 것이다.

(2) 아동시설의 인가제와 유형

사회복지시설이 그 서비스 대상에 따라 구분되어서 아동시설이 정체성을 갖게 되고 정부의 지원과 감독이 강화된 것은 의의 있는 일이다. 이것은 정부가 '후생시설 설치기준'(1950)을 공포하여 아동시설을 '인가시설'로 규정한 근거가 되었으며 이후 '후생시설 운영요령'(1952)으로 강화되었다. 이 밖에도 후생시설을 모자원 정신치료 감화원, 불구자 수용원, 맹아원, 직업보도원, 양로원 등으로 구분하였다.

(3) 아동노동의 보호

청소년을 보호의 대상으로 인식한 것은 「아동노동법규」(1946)에서 찾아볼 수 있다. 미군정은 「아동노동법규」에서 아동의 노동을 보호하기 위하여 상공업체 고용

금지(14세 미만), 중공업체 또는 유해업체 종사 금지(16세 미만), 위험직종 또는 유해직종 종사 금지(18세 미만) 그리고 일일 노동시간의 제한(16세 미만 8시간 이내)을 규정하였다. 이 법규가 비록 '아동'이라는 용어를 사용하고 있지만 18세 미만 '근로 청소년'을 보호하기 위한 최초의 규정이란 점에서 의의가 있고, 이러한 정신은 「미성년자 노동보호법」(1947)과 「근로기준법」(1953)에 의해서 계승되었다.

(4) 비행소년의 보호

비행아동에 대한 시설보호는 일제하에서 시작되어 영흥학원, 목포학원 등이 설치·운영되었다. 이에 대한 법으로 소년령(1942)이 제정되고, 경성소년 재판소(1942)란 소년법원이 설치되었다. 반사회적 성향을 가진 20세 미만 소년의 생활환경 조성과 성행 교정을 위해 보호처분을 행하고, 형사처분을 행하고, 형사처분에 있어 특별조치를 취하기 위한 「소년법」(1958)이 제정되었다.

이 시기의 보호 대상은 일차적으로 요보호 아동이었지만, 그 대상에 따라 연령이 약간씩 차이가 있음을 알 수 있다. 즉, 시설보호 대상은 13세 이하로 제한하고 있지만 근로아동은 18세 미만, 비행소년은 20세 미만으로 확대되었다. 생계 욕구에 대한 복지 서비스의 대상을 '아동'에 한정시켰지만 노동과 인권의 옹호에서는 '소년'까지 확장시킨 것이다. 그러나 당시의 보호 수준은 매우 열악하였고 서비스의 질에 대한 국가 책임의 한계도 명확하지 않았다.

2) 청소년복지의 도입기(1962~1987년)

우리나라에서 청소년복지가 도입되기 시작한 것은 「미성년자 보호법」과 「아동복리법」(1961)의 제정부터이다. 「아동복리법」의 제정 이전에도 「보호시설에 있는 고아의 후견직무에 관한 법률」(1961), 「아동입양특례법」(1961)이 제정되었지만 그 이름에서 알 수 있듯이 극히 일부인 '고아'에 대한 보호가 입법목적이었다. 또한 청소년복지의 시각에서 볼 때 「미성년자보호법」(1961)이 제정되어 청소년의 보호와 선도를 위한 법적 장치가 마련되었다.

한편, 「아동복리법」의 체제가 전면 개편되어 「아동복지법」(1981)이 제정되면서 보호의 대상이 요보호 아동에서 전체 아동으로 크게 바뀌었다. 이는 아동복지의 대상을 일부가 아닌 전체로 본다는 점에서 큰 변화였다. 이 법에서는 '아동'이란 용어를 사용하고 있지만 사회 통념상 '청소년'이 포함되어 있다.

청소년복지의 도입기에는 비행의 우려가 있는 미성년자의 보호와 근로 청소년의 복지 그리고 장애 청소년의 복지에 초점이 맞춰졌다. 일반 청소년에 대한 복지도 포괄적인 욕구의 충족과 문제의 해결보다는 선도와 보호에 한정되었다.

(1) 요보호 아동의 보호

「아동복리법」은 요보호 아동의 연령을 기존의 13세 이하에서 '18세 미만'으로 상향시키고 아동복지에 대한 국가의 책임을 규정했다는 점에서 그 의의가 크다. 보호 대상을 18세 미만의 아동으로 확장시킨 것은 비록 '아동'이란 용어를 사용하고 있지만 '청소년'까지 포함한 것으로 볼 수 있다. 또한 보호의 대상인 '요보호 아동'에 대한 정의를 명확히 하고 그들에 대한 국가의 책임을 명시하였다. 즉, 아동이 그 보호자로부터 유실, 유기 또는 이탈되었을 경우, 아동의 건정한 출생을 기할 수 없는 경우, 그리고 기타의 경우에 아동이 건전하고 행복하게 육성될 수 있도록 하였다.

(2) 아동복리시설의 세분화

「아동복리법」은 아동복리시설로 아동상담소, 보육시설, 조산시설, 정신박약아시설, 맹아양호시설, 농아양호시설, 신체허약아 보호시설, 아동휴양시설, 교호시설, 부랑아 보호시설, 소년직업보도시설, 지체부자유아 보호시설, 모자보호시설의 13종류로 규정하였다. 이를 후생시설 운영요령의 시설 유형과 비교하여 볼 때 시설의 종류가 세분화되었고 특히 장애 아동을 위한 시설이 성인시설과 구분되었음을 알 수 있다. 전문화된 복지 서비스는 대상자의 분류와 욕구에 따라서 제공되어야 하는데, 청소년복지는 아동복지와 별도로 인식되지 않았고 아동복지의 연장선에서 다루어졌다.

아동상담소는 기존의 아동복리시설과는 다른 기능들을 수행하였다. 이전 시기의 시설들은 요보호 아동을 긴급 구호하는 차원에서 수용보호가 핵심이었고 아동의 연령과 장애 유무로 분리 수용하는 정도였다. 그러나 아동상담소는 가정에서 보호자로부터 유실, 유기 또는 이탈된 아동을 상담하고 귀가 조치하거나 수용시설로 이송하는 기능을 수행하였다. 따라서 이 상담소는 가정과 수용시설의 중간 지점에 있으면서 요보호 아동을 보호하였는데, 특히 가출·부랑 아동과 학대받은 아동을 상담하는 기능을 수행하였다. 아동복리시설에 아동휴양시설을 포함시킨 것은 장차 「청소년육성법」에서 청소년이용시설을 포함시킬 수 있는 선례가 되었다.

(3) 장애 청소년에 대한 복지사업

장애 청소년에 대한 복지는 장애 아동 혹은 전체 장애인에 대한 복지와 분화되지 않은 상태에서 이루어졌지만 뚜렷한 진전을 보였다. 「특수교육진흥법」(1977)은 장애인에 대한 특수교육을 증진하여 그들에게 필요한 생활 지식과 기능을 전수함으로써 일반 사회생활에 참여하게 함을 목적으로 하였다. 장애인에는 시각장애, 청각장애, 정신지체, 정서장애, 언어장애, 기타 심신장애 등을 가진 사람이 포함되었다. 이들은 국공립 특수교육기관에 취학하거나 사립 교육기관 중 의무교육과정에 취학할 경우 무상교육을 받을 수 있도록 하였는데, 일차적인 수혜자는 장애 아동과

[그림 11-2] 장애 청소년복지 사례(네일아트 교육)

청소년이었다.

　장애인복지에 대한 관심은 1981년 '세계장애인의 해'를 계기로 증대되어서 「심신장애인복지법」이 제정되고 보건사회부에 전담부서인 재활과가 설치되었다. 이법은 장애인복지에 대한 국가와 지방자치단체의 책임이 미약하고 장애의 예방과 장애인의 고용 촉진에서 한계가 있다는 비판도 받았지만, 「장애인복지법」(1989)으로 전문 개정될 때까지 장애인복지사업의 근거법이 되었다.

(4) 미성년자의 보호와 선도

　청소년에 대한 복지는 생계, 보건, 교육, 주거 등 인간의 기본적 욕구에서 아동과 차별화한 것이 아니라 풍속이나 여가에서 구분하는 데 그쳤다. 이 시기에 청소년을 대상으로 한 대표적인 법인 「미성년자보호법」(1961)은 미성년자(만 20세 미만)의 흡연, 음주, 기타 선량한 풍속을 해하는 행위를 금지하고, 미성년자의 보호에 필요한 사항을 규정함으로써 미성년자의 건강보호와 선도를 도모하고자 하였다. 미성년자에게 규제하는 행위는 대부분 성인들이 아무런 죄의식 없이 하는 것임에도 불구하고 미성년자란 지위 때문에 '비행'으로 낙인이 찍혔다.

(5) 근로 청소년을 위한 복지사업

　정부가 청소년에게 구체적으로 복지 서비스를 제공한 것은 근로 청소년에 대한 교육과 여가 사업에서 찾아볼 수 있다. 일반학교에 부설된 야간 특별학급과 산업체 부설학교의 개설(1977)은 중고등학교에 취학할 기회를 박탈당한 근로 청소년에게 중등교육의 기회를 제공하였다. 이 사업은 산업체에는 고용 안정을 주고 근로 청소년에게는 일하면서 공부할 수 있는 기회를 준 이중적 목적을 가졌다. 근로 청소년의 학력과 연령이 높아지면서 이 사업은 점차 축소되었지만, 그것은 아동이 아닌 청소년에게 직접적인 혜택을 주는 사업이었다. 또한 근로 청소년의 건전한 여가생활을 도모하기 위해 1981년에 주요 공단 지역에 근로 청소년회관을 건립하기 시작하였고, 미혼 여성 근로자의 주거 욕구를 충족시키기 위해서 1981년 근로 청소년 임대아파트를 건립하였다.

(6) 청소년 보호대책의 실천

이 시기에 정부가 명시적으로 청소년을 정책의 대상으로 설정한 것은 중앙청소년보호대책위원회(1964)의 설치부터였다. 이 위원회의 설치와 운영은 이 시기 청소년복지의 위상을 가늠하게 해 준다. 즉, 청소년은 보호의 대상으로 인식되고, 국가의 책임은 행정적인 대책을 세우는 것이며, 그 책임은 위원회로 분산되었다는 것이다. 그러나 매년 청소년보호대책위원회가 열렸지만 청소년복지의 제도화 등 획기적인 정책은 수립되지 않았다. 이 위원회는 후에 청소년대책위원회(1997)로 개칭되고 위원장이 내무부 장관에서 국무총리로 바뀌었지만 그 역할은 크게 달라지지 않았다.

3) 청소년복지의 전개기(1988~2004년)

우리나라에서 청소년복지가 아동복지와 구분되는 하나의 독립된 영역이 될 수 있었던 것은 「청소년육성법」(1987)의 제정부터이다. 그런데 이 법의 어느 조항에서도 '청소년복지' 혹은 '복지'란 단어는 없다. 다만, 「청소년육성법」은 "청소년의 인격형성을 도모하고 청소년의 보호·육성·선도 및 지원에 관한 사업을 효율적으로 추진함으로써 청소년이 국가·사회발전에 이바지할 수 있는 건실하고 유능한 국민으로 성장하도록 함"(제1조)을 목적으로 제정된 것이기에, 청소년복지의 수행을 위한 근거법이 될 수 있었다. 「청소년육성법」의 대체법으로 제정된 「청소년 기본법」(1991)에서는 "청소년의 복지 증진"(제3조)을 법의 목적으로 규정하였다.

(1) 청소년정책의 영역 설정

「청소년육성법」의 제정이 청소년복지에 미친 영향은 청소년정책을 설정하고 그것을 담당할 수 있는 행정체계를 확립하였다는 것이다. 정부는 체육부에 청소년국을 설치하고(1988), 시·도에 가정복지국 청소년과를 설치하였으며, 청소년의 육성 등을 위한 가정·학교·사회 각 영역에 걸친 종합계획을 수립·시행하도록 하였다.

이 종합계획의 주요 내용은 청소년 건전활동 지원, 가정의 교육기능 강화, 학교의 선도기능 강화, 청소년 유해환경 정비, 위약계층 청소년보호 · 선도, 청소년육성 추진기반 조성 등으로 편성되었으며, 청소년복지는 위약계층 청소년보호 · 선도에서 다루어졌다. 그런데 위약계층 청소년보호 · 선도의 내용으로는 근로 청소년, 농 · 어촌 청소년, 무직 · 미진학 청소년, 요보호 청소년, 비행 청소년 등 주요 대상별로 추진사업을 열거하고 있을 뿐이다. 이러한 사업의 수준이 국제적인 기준에서 볼 때 어떠하며 그 사업이 청소년의 욕구와 문제를 얼마나 충족시켜 주고 있는지를 알려 주지 못하고 있다. 이런 점에서 「청소년 기본법」도 청소년육성은 청소년복지의 증진을 통해서 이루어진다는 것을 명시하고는 있지만 청소년복지의 정의, 청소년복지시설의 종류, 그리고 청소년복지에 대한 정부의 책임을 구체적으로 명시하지 않았다는 한계를 안고 있다.

(2) 교육보호의 제도화

이 시기에 빈곤 청소년에게 가장 도움을 준 복지는 「생활보호법」의 개정과 그 후속조치에서 찾을 수 있다. 「생활보호법」의 개정(1982)으로 기존의 네 가지 보호(생계보호, 의료보호, 해산보호, 장제보호)에 교육보호와 자활보호를 첨가한 것은 청소년복지에 획기적으로 기여하였다. 특히 교육보호는 그 대상자가 중고등학생이기 때문에 생활보호를 받는 빈곤 청소년들이 실질적인 혜택을 받았다. 1987년에 처음 실시될 때에는 보호 대상자가 생활보호 대상자의 일부로 제한되었지만 점차 저소득층 자녀에게 중학교와 고등학교의 입학금과 수업료를 면제해 주었다. 청소년기의 가장 큰 욕구가 교육 욕구라고 할 때, 이러한 교육보호는 빈곤 청소년을 위한 가장 필요한 복지사업의 하나이다.

(3) 청소년시설의 제도화

「청소년육성법」은 청소년단체의 지원과 청소년시설의 설치 · 운영을 핵심적인 내용으로 담고 있는데, 그중 청소년시설은 청소년전용시설과 청소년이용시설로 구분되었다. 청소년시설의 정의는 「청소년 기본법」에서 청소년수련시설로 바뀌면서 생활권 수련시설, 자연권 수련시설, 유스호스텔로 정리되고, 수련시설이 아닌 전용시설과 이용시설은 법적 지원과 감독의 대상에서 제외되었다. 이처럼 「청소년 육성법」은 청소년시설에 "학교시설 외에 청소년의 심신단련과 정서계발을 목적으로 설치된 시설"(제2조)을 모두 포괄하였고, 「청소년 기본법」은 체육청소년부가 관장할 수 있는 시설만을 수련시설로 분류하였다.

양 법에서 청소년복지시설은 매우 소홀히 다루어졌다. 특히 요보호 청소년을 일시적·장기적으로 수용 보호하고 치료하는 청소년쉼터, 가출청소년 보호시설, 학대받는 아동 일시보호시설, 약물오·남용 치료시설, 청소년 중간의 집 등의 설치·운영 및 이러한 복지시설에 대한 정부 지원 등에 관한 규정을 전혀 명시하고 있지 않았다.

(4) 청소년상담사업의 확대

정부는 전체 청소년의 건전한 육성과 더불어 특히 요보호 계층 청소년의 고민상담, 취업과 진로, 여가 문제들을 지원할 수 있는 청소년종합지원센터를 1990년도에 대구와 광주에 설치하였다. 이 지원센터는 일 년 동안 시범 운영한 결과 전문적인 청소년상담사업을 전개하기 위하여 1991년부터 시·도 청소년상담실로 개칭하고 다른 시·도에도 확대되었다(최현 외, 1991).

시·도 청소년상담실은 일반 청소년을 위한 복지기관이 거의 없는 상태에서 청소년의 고민을 상담할 수 있는 통로가 되었고 운영비를 중앙정부와 시·도가 공동으로 분담하는 재원 조달방식을 제시하였다. 또 청소년상담실은 기존의 근로 청소년회관과 달리 행정공무원이 운영하지 않고, 청소년단체 등 청소년 관련기관이 시·도로부터 위탁받아 운영하면서 사회복지사 등 전문가를 채용하였다는 점에서 청소년복지사업의 전문성을 제고하였다.

(5) 사회복지사업과의 낮은 연계

현행 청소년복지사업의 가장 큰 문제점은 사회복지사업과의 연계 없이 이루어진다는 것이다. 사회복지사업의 수행에 기본이 되는 「사회복지사업법」(1970년 제정, 1997년 개정)은 사회복지사업의 관계법령으로 「청소년 기본법」과 「청소년 보호법」을 포함시키지 않고 있다. 이 때문에 청소년복지의 수행을 위해서 불가피하게 필요한 사회복지법인의 등록, 사회복지사의 채용, 사회복지시설에 대한 국가의 책임 등이 모두 배제되고 있는 셈이다. 청소년사업의 하나로 청소년복지가 논의되고 있지만 이를 담보로 할 수 있는 구체적인 틀이 없기 때문에 현재 우리나라 청소년복지사업은 대부분 법적 보호를 받지 못하고 있다.

4) 청소년복지의 확대기(2005년 ~ 현재)

청소년복지에 있어 획기적 발전이라 할 수 있는 일은 그동안 여러 부처에서 관장하던 청소년업무를 국가위원회로 일원화한 것과 「청소년 기본법」을 지원하기 위한 「청소년복지 지원법」을 제정한 것이다. 행정부서의 통합과 「청소년복지 지원법」의 제정으로 청소년복지는 확대기를 맞았다고 할 수 있다.

참여정부가 들어서면서 2004년 12월 17일 정부혁신 · 지방분권위원회는 문화관광부 청소년국과 국무총리 소속 청소년보호위원회로 분리되었던 청소년행정조직을 국무총리 소속의 국가청소년위원회로 일원화하였다. 정부혁신 · 지방분권위원회가 청소년육성과 청소년보호의 이원화된 청소년행정조직을 통합하기로 결정하고, 새로운 청소년정책 환경 변화에 역량을 집중함으로써 정부 공공정책으로서의 기능을 강화하게 되었다. 따라서 새로 출범한 청소년위원회는 국가인적자원개발의 한 축으로 시대적 변화와 다양한 사회적 요구를 반영하여 새로운 청소년복지정책을 펼쳐 나갈 제도적 기반을 마련하였다. 또한 「청소년육성법」(1987)과 「청소년기본법」(1991) 이후에 이를 보다 확대시킨 「청소년복지 지원법」의 제정(2004)을 통해 법적 기반을 마련하였다.

국가청소년위원회는 사회적 필요성을 반영하기 위하여 2005년부터 위기청소년을 위한 안전망구축을 위해 지역사회 청소년통합지원체계를 구축하고(Community Youth Safety Net: CYS-Net), 세분화와 전문화를 통한 청소년쉼터의 증설과 방과 후 지도에 정책의 강조점을 두었다.

(1) 「청소년복지 지원법」

「청소년복지 지원법」은 「청소년 기본법」, 「청소년 보호법」, 「청소년활동 진흥법」과 함께 우리나라 청소년의 복지증진을 위한 핵심적인 법률이다. 2004년 2월 9일에 제정되어 2005년 2월 10일 시행된 「청소년복지 지원법」은 "「청소년 기본법」 제49조 제4항에 따라 청소년복지 증진에 관한 사항을 정함을 목적으로 한다(제1조)."고 함으로써 형식은 독립된 법률이지만 그 내용은 「청소년 기본법」을 보완하려는 것이었고, 청소년복지 향상에 관한 「헌법」 제34조 제4항의 "국가는 노인과 청소년의 복지 향상을 위한 정책을 실시할 의무를 진다."는 취지를 구현하여 청소년의 권리를 보장하기 위함이기도 하였다.

「청소년복지 지원법」은 시행 이후 청소년의 복지 향상에 상당 부분 기여하였지만, 개정의 필요성이 꾸준히 제기되었다. 그리하여 2005년에 일부 개정을 하였으며, 이후 국가청소년위원회 위원장은 2006년 9월 8일에 '청소년복지 지원법 일부 개정(안) 입법예고'를 하였다. 국가청소년위원회는 개정 이유를 "타 법이나 제도에서 보장받지 못하는 특별한 보호가 필요한 청소년에게는 보호 · 자립할 수 있는 복지서비스 제공을 제도화하는 한편, 모든 청소년에 대한 인권보장, 청소년복지시설의 체계화 등에 대한 사회 및 국가의 책임과 의무를 정하고 이를 실천하기 위한 기본적인 사항을 청소년 안전망 구축으로 구체화하는 등 현행 제도의 운영과정에서 나타난 일부 미비점을 개선 · 보완하려는 것"이라고 밝혔다(이용교, 2006).

다시 2008년 2월 29일 「청소년복지 지원법」을 개정하였으며, 개정 취지는 청소년복지에 대한 다양한 수요에 대응하고 청소년을 효율적이고 체계적으로 지원하기 위하여 지방자치단체의 장을 중심으로 지역사회가 협력하여 업무를 수행하는 지역사회 청소년통합지원체계를 구축 · 운영하도록 하는 것이다. 또한 위기청소년의 유형별로 다양한 지원 방안을 마련하는 등 위기청소년에 대한 보호 및 지원을 강화하며, 청소년복지지원기관 및 청소년복지시설의 설치 · 운영에 관한 내용을 체계적으로 정비하고 이주배경청소년지원센터의 설치 · 운영 근거를 마련하는 한편, 그 밖에 현행 제도의 운영상 나타난 일부 미비점을 개선 · 보완하려는 것이다(법제처, 2015).

(2) 청소년의 참여권

우리나라는 청소년 보호와 육성 등 고유 업무 중심체제로 인하여 청소년과 국민의 주요 관심사인 청소년과 교육, 고용, 복지, 보건 등의 과제를 포괄하지 못함으로써 청소년정책에 대한 국민적 공감대와 지지가 미흡하고 국가 청소년정책으로서의 포괄적이고 통합적인 정책이 결여되어 있다(한국청소년개발원 편, 2003, p. 35). 즉, 청소년복지정책은 정부 주도로 추진되어 왔고, 정책의 대상자인 청소년을 배제시키고 기성세대의 시각에서 정책이 수립되어 추진됨으로써 청소년들의 참여와 호응을 얻지 못함으로써 그 효율성이 낮다. 유엔의 '세계청소년행동계획'의 15개 영역 중 하나가 '참여'인데 우리나라에서는 최근에야 비로소 청소년이 자신들을 대상으로 하는 청소년정책에 참여하게 되었다. 다시 말해, 제2차 청소년육성 5개년 계획의 일환으로 청소년참여가 부각되기 시작했고, 2005년부터 실시된 청소년특별회의는 우리 사회의 청소년참여에 한 획을 긋는 계기를 마련하였다.

(3) 특별 청소년지원

「청소년복지 지원법」의 핵심 내용인 특별지원청소년에 관해 동법 제2조에서 "'특별지원청소년'이라 함은 청소년의 조화로운 성장과 정상적인 생활에 필요한 기초적인 여건이 미비하여 사회적·경제적 지원이 필요한 청소년을 말한다. 다만, 「국민기초생활 보장법」 등 다른 법률의 적용을 받는 청소년을 제외한다."고 규정하고 있다. 그러므로 「청소년복지 지원법」이 지원하고자 특별지원청소년은 실질적인 보호자의 보호를 받지 못하거나 학업을 중단하였거나 비행의 위험이 있어 청소년의 조화로운 성장에 어려움이 있거나 어려움이 예상되는 청소년들을 사회·국가적으로 지원하고자 한다는 것을 알 수 있다. 특별 청소년지원은 2017년(2017. 3. 21. 시행)「학교 밖 청소년 지원에 관한 법률」로 변경되어 학교 밖 청소년이 건강한 사회구성원으로 성장할 수 있도록 하고 있다(법제처, 2017).

제3절 청소년복지의 과제

청소년의 복지권에 대한 논의가 미약한 상황에서 성인의 복지권보다 더 미래 지향적인 양상을 띠어야 한다는 점과, 아동과 청소년을 동일선상의 발달 대상으로 보아 복지권을 논의하는 게 바람직한 것인지에 대한 의문하에, 이 장에서는 사회적 권리로서의 청소년복지권의 특성과 성격을 명확히 규정하고, 이를 증진하는 방안을 제시하고자 하였다. 청소년의 복지권은 아동의 복지권과는 다른 규범구조를 갖고 있으며 이에 근거하여 아동복지권과 차별화되는 청소년복지권의 모형을 도출할 수 있다. 이러한 특징은 청소년복지권을 증진하는 구체적인 방향과 방안을 도출하는 데 지표가 될 수 있을 것이다. 하나의 확장된 권리는 다른 책임을 수반하고 또 다른 권리와 충돌할 수도 있다. 또한 권리를 구현하는 구체적 방법이 다른 권리를 침해할 수 있으며 권리의 우선순위 문제도 있다. 청소년복지권이 아동복지권과 다른 성격을 강조하고 그에 따른 복지적 증진방법을 논의하면서도 이러한 의문은 떠나지 않는다. 그럼에도 불구하고 복지란 현재의 모습도 중요하지만 미래 지향적 삶의 태도이기도 하다.

이러한 인식을 바탕으로 청소년복지권을 증진하기 위한 구체적인 대안을 제시하면 다음과 같다.

첫째는 올바른 복지권 향상을 위한 복지권리의 교육이다. 아동과는 달리 교육권 중에서 다양한 교육을 받을 권리 그리고 학교교육을 대신할 교육 프로그램을 설치하고 받을 권리를 포함한다. 이것은 특히 우리 현실에서 여가, 놀이 및 문화예술활동(「청소년활동 진흥법」 제31조)과 관련이 있다. 아동도 성인과 마찬가지로 휴식과 여가를 즐기고, 놀이와 오락 및 문화생활과 예술에 자유롭게 참여할 권리와 이를 위한 균등한 기회를 가질 수 있는 권리가 있고(김영지 외, 2013), 청소년들은 이에 더하여 학교교육뿐만 아니라 제도교육 밖에서 교육적 혜택을 누릴 권리까지 보장해야 할 것이다. 청소년복지권과 관련한 교육은 현실적인 복지권리를 확보하는 방법에 대한 교육과 함께 제3세대의 권리까지도 맡아야 한다는 미래 지향적인 권리에 대한 인식을 전달해야 한다(노혁, 2009). 즉, 청소년이 성인이 되었을 때까지도 상정하는 미래 지향적 복지권리에 대한 포괄적인 논의가 이루어져야 한다. 이러한 교육은 직접적 복지 지원뿐만 아니라 환경권과 공공자원의 이용적 권리까지에 대한 책임과 권한 그리고 활용의 문제를 포함해야 한다.

둘째는 청소년 개인과 사회적 권리를 넘어선 미래 권리로의 확대이다. 미래 권리에 대한 논의에 참여하고 그 행복한 세계를 구현하는 데 기여할 수 있는 복지적 관심과 논의권이다. 대표적인 것은 환경적 권리라고 할 수 있다. 환경권은 미래 권리로서 복지권과 밀접한 관련이 있으며 그 자체가 복지권의 중요한 내용이라 할 수 있다. 환경권은 현재와 미래 그리고 현 세대와 다음 세대, 더 나아가 그다음 세대의 행복한 환경을 보장해야 하는 권리로서 상호 연계적이다. 환경을 이해하고 보호하고 잘 아껴서 사용하고 보존하며 삶의 질이 높아질 수 있도록 친화적인 생각과 태도 그리고 행동까지 하나의 권리로서 포함되어야 한다.

셋째는 실질적인 복지 프로그램의 개발이다. 특히 아동과 같이 가정을 근간으로 한 복지 서비스에서 한 걸음 더 나아가 청소년들에게 주체적 권리를 확보할 수 있는 자율적 역량을 주는 서비스 프로그램이 제공되어야 한다. 청소년수당도 그중 하나가 될 수 있다. 청소년수당은 다양한 목적과 방법으로 활용할 수 있는데, 취약계층 청소년이나 아니면 부당노동 행위로부터 보호받을 권리에서 노동을 할 권리 그리고 노동시간과 청소년에 걸맞는 노동 유형을 선택할 권리 등 경제적 착취로부터 실제적으로 보호되고 대응할 권리를 갖는 데 기초가 될 수 있다. 또한 아동복지와는 달리 가정을 통한 지원이 아닌 직접적인 금전과 비금전적 수혜를 병행하는 노력도 기울여야 한다. 노인복지에서 노인수당이 복지적 권리로서 이해되듯이, 청소년수당도 청소년기를 보내는 청소년들의 복지권리의 하나로, 나아가 하나의 근로 또는 사회 연계의 중요한 복지수단으로 제시되고 하나의 권리가 되어야 한다.

넷째는 청소년복지권의 자치입법이다. 청소년복지권은 정책적 결단의 문제로부터 시작해야 한다. 국가 전체가 복지권 확대를 위해서 노력해야 하겠지만, 이념과 제도 문제 이전에 국가정책의 우선순위로서 위치부터 확인해야 한다. 아직도 선별과 보편적 복지 논쟁이 여전한 현실에서 청소년복지권의 구체적인 실천은 쉽지 않다. 그렇다면 국가 전체보다는 청소년들의 복지적 권리에 대한 지역적 합의가 이루어진 지역부터 시행하는 것이 바람직할 것이다. 물론 현실적으로 지방 정부에서 지역 주민들과 취약계층에 대한 복지 지원 확대가 바람직하다는 것은 알고 있지만 재정적 문제로 인해 쉽지 않은 형편일 것이다. 청소년복지권은 법과 제도로서 실효성이 담보될 수 있다는 것은 두말할 나위가 없다. 이런 면에서 청소년복지권과 관련한 법과 제도의 장치 마련에 부담이 되는 것은 사실이다. 하지만 앞서 말한 대로 청소년복지권은 경제뿐만 아니라 비경제 부문에서도 무한히 개발될 수 있다. 이런 점에서 본다면 지역 주민과 지방 정부와 의회 중심으로 조례 등을 제정함으로써 청소년복지권을 확보하는 것이 바람직할 것이다. 오래전 일이지만 지역 청소년과 시민단체의 압력으로 시 조례를 통해서 담배자판기 설치를 막은 것이 하나의 예라 하겠다.

　앞으로 청소년복지권에 대한 논의는 유엔 아동권리협약의 실효 담보를 기반으로 청소년 연령에 대한 포괄적인 사회적 합의 수준에서 현재와 미래의 권리를 규정하고 증진하기 위한 논의가 이루어져야 한다. 또한 청소년복지와 관련한 다양한 연구를 통해서 청소년복지권의 성격과 이념 그리고 내용과 실천방안을 확보하는 것이 지속적으로 이루어져야 할 것이다.

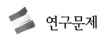 연구문제

1. 청소년복지의 발달과정에 대하여 논하시오.

2. 청소년복지에서 바람직한 가정 양육환경 제공을 위한 사회적 역할방안을 제시하시오.

3. 청소년복지권을 증진하기 위한 구체적인 대안에 대하여 논하시오.

제3부 청소년교육의 발전방향

제12장

청소년 정책과 제도

🔍 개요

청소년 전문가는 '청소년에 관한 국가정책'인 청소년 정책과 제도에 대한 이해가 반드시 필요하다. 청소년정책에 관한 이해가 전무한 상태에서는 현장에서 청소년 관련 실무를 담당하기 어렵고 청소년을 지도하기가 어렵다. 정책을 무시한 업무 수행은 결국 그 불이익이 청소년의 몫으로 돌아간다. 따라서 청소년 전문가는 다른 것보다 먼저 청소년에 관련된 정책과 제도에 대한 이해가 선행되어야 한다. 이 장에서는 우리나라 청소년정책의 기초과정에 대하여 살펴본 후, 구체적으로 청소년육성·보호·복지정책에 대하여 살펴본다.

학습목표

1. 청소년정책의 의의와 역사에 대하여 설명할 수 있다.
2. 청소년육성정책에 대하여 설명할 수 있다.
3. 청소년보호정책에 대하여 설명할 수 있다.
4. 청소년복지정책에 대하여 설명할 수 있다.

제1절 청소년정책의 이해

청소년정책은 '바람직한 청소년의 삶을 위해 수립한 정책목표와 이를 달성하기 위해 필요한 정책수단에 대해 권위 있는 정부기관이 공식적으로 결정한 기본방침' 혹은 '청소년 연령세대와 관련이 있는 시급한 문제들을 권위적(합법적)으로 해결함으로써 청소년의 삶의 질과 공익을 향상시키고자 하는 정부 및 공공기관의 미래지향적인 활동방침 또는 활동목표'라 할 수 있다. 여기서 정책의 대상이라 할 수 있는 청소년은 국가적 · 역사적 전통의 산물로 각 국가마다 서로 다르게 정의하고 있지만(윤철경, 정회욱, 2001), 우리나라의 경우에는 「청소년 기본법」에 따라 9세부터 24세의 연령세대를 의미한다.

1. 청소년정책의 범주와 의의

1) 청소년정책의 범주

청소년정책의 범주는 청소년과 청소년정책의 개념을 어떻게 보느냐에 따라 크게 광의적 범주와 협의적 범주로 나누어 볼 수 있다. 먼저, 넓은 의미에서 살펴보면, 청소년정책은 정책의 대상인 9세 이상 24세 이하의 청소년 인구집단을 대상으로 한 국가정책을 의미하며, 여기에는 당연히 교육정책과 함께 청소년과 관계된 범정부 차원의 정책 모두가 포함된다. 반면, 좁은 의미에서 살펴보면, 청소년정책은 청소년육성정책 아래 청소년활동 진흥, 소년복지 지원, 청소년보호정책 등을 근간으로 하는 협의적 범주에서 학교 교육정책과 상호 보완적인 관계에 있다.

이번에는 대상에 따라 청소년기를 아동과 구분하지 않고 아동정책과 청소년정책을 통합하여 넓은 의미에서 청소년정책으로 살펴보기로 한다. 그런데 일정 연령을 아동기와 청소년기로 나누어 아동정책과 청소년정책을 구분하기도 한다. 전자를 대상에 따른 광의적 범주의 청소년정책이라 한다면 후자는 대상에 따른 협의적 범주의 청소년정책이라 할 수 있다.

2) 청소년정책의 의의

사회 구성의 일부인 청소년의 온전한 성장과 발달, 그리고 그들을 건강한 사회 구성원으로 발달시키기 위한 사회적 · 국가적 지원이란 의미에서 청소년정책을 구체적으로 살펴보면 다음과 같다.

첫째, 청소년에 관한 정부정책의 수립은 청소년에 대한 관심과 지원의 노력을 국가 수준에서 경주하게 함으로써 미래 주역이자 현재 사회 발전의 주요 동반자인 청소년의 건강한 성장과 발달을 적극 도모하고 인적 자원 개발에 대한 전략적인 계획 수립을 가능케 한다(김민, 2006, pp. 240-268). 실제로 유엔이나 기타 관련 국제기구에서도 최근 청소년 개발(youth development)을 주요 청소년정책 과제로 삼아 국가 성장과 미래 발전 전략의 핵심 과제로 권고하고 있는 추세이다.

둘째, 청소년정책은 사회적 수준에서 청소년 삶의 질적 향상과 이를 위한 실제적 지원을 수행함으로써 개별적 차원에서 방치하기 쉬운 청소년의 기본적 삶의 여건을 조성하고 지지하는 데 뜻을 둔다. 청소년복지정책의 기본 이념은 '청소년이 정상적인 삶을 영위할 수 있는 기본적인 여건을 조성하고 조화롭게 성장 · 발달할 수 있는 사회적 · 경제적 지원'으로서 정책적 의의가 있다.

셋째, 청소년정책은 사회적 유해환경으로부터 청소년을 보호하고 나아가 보호의 책임과 의무를 청소년 개인 및 가족의 범주에서 벗어나 학교 · 지역사회 · 국가로 확대한다. 우리는 청소년보호의 의미를 규제 및 처벌의 의미로 제한하고 있지만, 나라에 따라 '청소년보호'란 개념은 청소년의 진로, 교육, 고용, 훈련, 건강, 주거, 법률 등의 영역에서 국가 및 지역사회가 적극 지원하는 넓은 의미의 정책 영역이다(윤철경, 2005).

2. 청소년정책의 변천과정

1단계는 1948년 8월부터 1964년 9월까지로, 이 기간은 특별히 청소년정책을 조정하는 정부 행정기구도 없고 전담하는 기구도 없던 시기이다.

2단계는 1964년 10월부터 1977년 8월까지의 약 13년의 시기이다. 이 시기에 내무부 및 무임소장관실에 청소년보호대책위원회가 설치·운영되었는데 문제 청소년에 대한 규제 및 정책으로, 부처 차원의 조정, 규제·보호 위주의 청소년정책으로 요약할 수 있다.

3단계는 1977년 8월부터 1988년 6월까지의 11년간 지속되었다. 이 시기에 이르러 정부 차원의 청소년 관계정책의 조정이 이루어지기 시작하였다. 즉, 국무총리실에 청소년대책위원회를 설치하여 범정부적 차원의 청소년정책 조정이 시작되었으며, 3단계의 막바지인 1987년 11월 28일 청소년정책 발전의 모태라 할 수 있는 「청소년육성법」이 제정·공포되었고, 1988년 7월 1일 동 법률이 시행되었다.

4단계는 1988년 6월부터 2005년 4월 청소년위원회가 설치되기 전까지의 시기로 「청소년육성법」이 본격 시행됨으로써 비로소 청소년에 대한 새로운 시각의 구축과 인식의 전환이 이루어졌다. 또한 이 시기에 청소년 관련 전담조직이 설치·운영되기 시작하였다. 이 시기에 들어와 전체 청소년에 대한 종합적·장기적 정책을 수립하고 이를 추진하기 위하여 체육부가 관장하는 청소년육성위원회가 설치되었으며, 체육부 내에 청소년국이 신설되었다. 이 시기 중에 우리나라 청소년정책의 근간이 되는 한국청소년기본계획이 수립되었고(1991. 6. 27.), 제1차 청소년육성 5개년계획이 수립되었으며(1993. 6.) 「청소년육성법」을 대체하는 「청소년 기본법」이 제정되었다(1991. 12.). 청소년보호위원회가 1998년 2월 국무총리 산하로 이관됨에 따라 청소년정책은 청소년육성을 전담하는 문화관광부와 청소년보호를 전담하는 청소년보호위원회로 분리되게 되었다. 4단계에는 청소년에 관한 주요 관계법령의 제정과 시행이 이어졌고 중앙정부 차원의 청소년 중장기기본계획이 수립·추진되면서 청소년에 대한 긍정적인 관점과 개발(참여와 권리 존중)이 본격적으로 확산되었고 청소년정책에 대한 국가와 사회적 책임이 강조되기 시작하였다.

5단계에는 2005년 4월 27일 국무총리 소속하의 청소년위원회를 공식적으로 발족하였으며, 「청소년 기본법」 개정에 따라 2006년 3월 30일 국가청소년위원회로 명칭을 변경하였다. 이 시기에는 위기청소년통합지원체계 등 청소년복지 기반이 조성되었고 청소년참여와 인권 등이 지속적으로 확대되었다. 아울러 이 시기에 청소년정책 전담부처의 통합 일원화 등 행정체계가 정비되었다.

〈표 12-1〉 청소년정책의 변천

단계	시기	특성	명칭	주무부처(기구)	주요 관계법령
1단계	1948. 8.~ 1964. 9.	부처별 산발 추진	부처별 관련 업무 추진	각 부처	
2단계	1964. 10.~ 1977. 8.	부처차원의 조정	청소년보호 대책위원회	내무부 무임소장관실	
3단계	1977. 8.~ 1988. 6.	정부차원의 조정	청소년 대책 위원회	국무총리실 문교부	「청소년육성법」 제정
4단계	1988. 6.~ 2005. 4.	정부차원의 조정, 부처차원의 총괄 집행	청소년 육성 위원회	체육부/체육청소년부/문화체육부/문화관광부/문화관광부-국무총리실(청소년보호위원회)	「청소년 기본법」 제정 「청소년 보호법」 제정 「청소년 성보호법」 제정 「청소년활동 진흥법」 제정 「청소년복지 지원법」 제정
5단계	2005. 4.~ 2008. 2.	청소년조직 통합, 단일청소년 전담조직 출범	청소년위원회/국가청소년위원회	국무총리실	
6단계	2008. 3.~ 2010. 2.	아동정책과 청소년정책의 통합	보건복지가족부	보건복지가족부	
7단계	2010. 3.~ 현재	여성가족부 개편 및 이관	여성가족부	여성가족부	「학교 밖 청소년 지원에 관한 법률」

출처: 여성가족부(2015).

6단계는 2008년 3월 정부조직 개편으로 아동정책과 청소년정책의 통합이 추진되면서 청소년정책이 보건복지가족부로 편입된 이후 2010년 2월 여성가족부로 이관되기까지의 시기를 말한다. 하지만 아동정책과 청소년정책의 통합 추진은 상당한 갈등을 겪으면서 결국 주무부처가 여성가족부로 이관되어 다시 분리되기에 이르렀다.

7단계는 2010년 1월 18일 가족해체 및 다문화가족 등 현안사항에 적극 대응하기 위하여 보건복지가족부의 청소년 및 다문화가족을 포함한 가족기능을 여성가족부로 이관하는 내용의 정부조직법을 개정하고 여성부가 여성가족부로 개편되어 지금에 이르는 시기이다. 이 기간에 여성정책의 조정과 종합, 여성의 권익 증진 등 지위 향상뿐만 아니라 가족정책이 일층 강화되었다. 그러면서 청소년정책을 여성·가족정책과 연계 발전시키려는 전략을 지향하게 되었다. 한편으로는 여성정책 및 가족정책의 강화에 비해 상대적으로 청소년정책이 위축되어 그 외연이 축소되었다는 비판도 있다. 2014년 5월 「학교 밖 청소년 지원에 관한 법률」이 제정되고 2015년 5월 동 법률이 시행되면서 청소년 정책의 대상이 학교 밖 청소년을 포괄하여 모든 청소년으로 확대되었다. 아울러 이 시기는 해병대 캠프 사고, 세월호 참사 등의 안전사고들로 인해 청소년 정책 및 사업에 있어 청소년의 안전이 무엇보다 강조되었다.

제2절 청소년정책 기본방향 및 추진방향

1. 청소년정책 기본방향

우리나라는 「청소년 기본법」에 근거하여 1993년부터 5년마다 범정부적 차원의 중장기 청소년정책 기본계획을 수립·추진해 왔다. 이를 기반으로 정부는 그동안 청소년체험 활동 활성화를 위한 기반 확대, 청소년의 정책 참여 기회 확대, 지역사회 통합지원 체계 구축 및 위기청소년 지원 강화, 인터넷 게임 중독 예방을 위한 법·제도 개선 및 치료 지원 강화 등의 뚜렷한 성과를 거두어 왔다. 그러나 이러한 성과에도 불구하고 청소년 인구의 지속적인 감소, 가족구조의 다변화와 가족기능의 위축, 뉴미디어와 통신기술의 급격한 발달, 청년 노동시장의 위축 및 고용 불안정 등 청소년을 둘러싼 사회·경제적 환경 변화가 가속화됨에 따라 이에 선제적으로 대응할 수 있는 범정부 차원의 포괄적이고 종합적인 청소년정책의 필요성이 꾸준히 제기되었다. 이에 따라 정부는 보다 미래 지향적이고 실효성을 갖춘 정책을 마련하고자 제5차 청소년정책기본계획 수립을 위한 기초연구를 실시하고 이에 대한 청소년 관련 학계, 시설, 단체, 청소년, 학부모 등 각계각층의 의견을 광범하게 수렴하여 '제5차 청소년정책 기본계획'(2013~2017년)을 수립·추진하고 있다.

제5차 청소년정책 기본계획에서는 '청소년이 행복한 세상, 청소년이 꿈꾸는 밝은 미래'를 비전으로 청소년의 역량 함양 및 미래핵심인재로 양성, 청소년의 자기주도적 참여와 권리증진, 청소년의 균형 있고 조화로운 성장, 청소년의 안전하고 건강한 생활환경을 목표로 설정하였으며, 이를 위해 현재 5대 영역(청소년의 다양한 역량강화, 청소년 참여 및 권리증진, 청소년 복지 및 자립 지원, 청소년 친화적 환경 조성, 청소년정책 추진체제 강화)의 15대 중점과제와 75개 세부과제를 추진하고 있다. 제5차 청소년정책 기본계획에서 추진하고 있는 5대 영역별 정책방향은 다음과 같다.

첫째는 청소년의 다양한 역량강화 영역으로서, 청소년들의 균형 있는 성장을 위해 다양한 체험활동 기회를 확대하고 글로벌 역량강화를 위한 청소년 국제교류를 활성화하며, 청소년문화의집 등 청소년 역량개발 추진체제를 확대하고 지역사회 협력을 통한 청소년체험 활동을 꾸준히 활성화하고 있다. 또한 인성·배려·나눔 함양을 위해 청소년 시기에 꼭 필요한 자원봉사활동, 기부활동, 인성 및 민주시민 교육을 지원하고 있다.

둘째는 청소년 참여 및 권리증진 영역으로서, 정책의 주체인 청소년들이 직접 정책 결정과정에 참여할 수 있는 기회를 확대하고 다양한 매체를 활용해 적극적인 참여를 유도하며, 청소년들의 의견이 실질적으로 반영될 수 있는 제도적 장치를 마련하고 있다. 또한 청소년의 신체적·정신적 건강 강화를 위한 지원 및 유엔 아동권리협약 권고사항에 대한 이행을 점검하여 청소년권리 교육을 강화하는 내용을 담고 있다.

셋째는 청소년 복지 및 자립 지원 영역으로서, 소득 양극화에 따른 취약계층 청소년 지원을 확대하고 대상별 맞춤형 서비스를 강화하며 지역사회 청소년 통합지원 체계를 확대·강화하고 있다. 이로써 빈곤, 학교폭력, 가출, 인터넷 중독, 학업 중단 등 위기청소년 및 취약계층 청소년을 체계적으로 지원하며, 학교에서의 진로교육을 강화하고 지역사회 진로 체험 기회를 확대·추진하는 한편, 원활한 성인기로의 이행을 위하여 창업, 취업 지원 및 주거 문제해결을 위한 실질적 정책을 추진

| 비전 | 청소년이 행복한 세상, 청소년이 꿈꾸는 밝은 미래 |

↓

| 목표 | • 청소년의 역량함양 및 미래핵심인재로 양성
• 청소년의 자기주도적 참여와 권리증진
• 청소년의 균형 있고 조화로운 성장
• 청소년의 안전하고 건강한 생활환경 |

↓

5대 영역, 15대 중점과제

정책과제	청소년의 다양한 역량강화	1. 청소년 역량증진 활동 활성화 2. 글로벌·다문화 역량강화 3. 청소년의 인성 및 민주시민 교육 강화
	청소년 참여 및 권리증진	4. 청소년의 참여 활성화 5. 청소년의 건강권 보호 6. 청소년의 권리증진 기반 조성
	청소년 복지 및 자립 지원	7. 대상별 맞춤형 서비스 강화 8. 위기청소년 보호·지원 강화 9. 청소년(청년) 진로체험 및 자립 지원
	청소년 친화적 환경 조성	10. 건강한 가정 및 지역사회 조성 11. 안전한 생활환경 조성 12. 건전한 매체환경 조성 및 의식 제고
	청소년정책 추진체제 강화	13. 법무처 정책 총괄·조정 기능 강화 14. 청소년 지원 인프라 보강 15. 청소년정책 추진기반 강화

[그림 12-1] 제5차 청소년정책 기본계획(2013~2017년)의 비전, 목표 및 정책과제
출처: 여성가족부(2012).

하고 있다.

넷째는 청소년 친화적 환경 조성 영역으로서, 청소년들의 삶의 질을 높이기 위한 종합적인 사회안전망을 구축하고 청소년들이 안전하고 폭력 없는 환경에서 건강하게 성장할 수 있도록 가정 및 학교, 지역사회 등 생활환경 전반을 청소년 친화적으로 조성하며 청소년 유해매체에 대한 체계적·통합적인 관리체계를 구축하여 청소년 유해매체 대응능력 제고를 위한 매체교육을 강화하고 있다.

다섯째는 청소년정책 추진체계 강화 영역으로서, 청소년정책에 관한 주요 사항의 심의·조정기능을 실질적으로 강화하기 위하여 기존의 청소년정책 관계기관 협의회를 청소년정책위원회로 개편하고, 지자체 청소년육성위원회의 위상을 강화하고 청소년전담과 설치 등 지자체 청소년정책 추진체계를 정비하며, 청소년정책 추진에 있어서 민간의 참여와 역할 확대, 청소년지도자의 처우 개선 및 역량강화, 청소년정책 영향평가제 도입을 위한 청소년정책의 합리적이고 과학적인 정책 추진기반 마련을 도모하고 있다.

2. 청소년정책 추진방향

우리나라 청소년정책 추진방향은 『청소년 백서』(2016b)의 자료를 토대로 살펴보고자 한다.

2016년 청소년정책의 추진방향은 '청소년이 균형 있게 성장하는 사회'의 건설이었다. 이를 위해 다음과 같이 청소년의 창의적 역량강화 및 안전한 활동여건 지원, 위기청소년 사회안전망 및 자립 지원 강화, 청소년의 건강한 성장을 위한 사회환경 조성, 청소년정책 추진기반 강화 등을 중심으로 청소년정책이 추진되었다.

1) 청소년의 창의적 역량강화 및 안전한 활동 여건 지원

청소년의 창의적 역량강화 및 안전한 활동 여건 지원은 다음과 같이 네 가지로 나누어 살펴볼 수 있다.

첫째, 다양한 청소년활동 프로그램에 청소년들이 적극 참여하여 균형 있는 역량을 제고·함양하도록 지원하였다. 이를 위해 청소년들의 참여 증진과 다양한 청소년활동의 활성화를 위해 정책적 지원을 하였다. 청소년참여 증진은 청소년의 주체적이고 창의적인 역량을 강화하는 데 실질적인 도움을 주는 청소년활동이다. 여기에는 청소년특별회의와 청소년참여위원회 및 청소년수련시설 운영위원회 운영, 청소년참여 지역사회변화 프로그램 등이 있다. 청소년특별회의는 전국 17개 시·도 청소년 대표와 청소년 전문가들이 토론과 활동을 통하여 청소년의 시각에서 청소년이 바라는 정책과제를 정부에 건의하는 회의체이다. 2004년 시범회의를 시작으로 2005년 제1회 특별회의를 비롯해 2016년에 제12회 청소년특별회의가 운영되었다. 청소년참여위원회는 청소년들이 여성가족부 및 지방자치단체의 청소년 정책 수립 및 추진 과정에 주체적으로 참여하여 청소년시책의 실효성을 제고하고 청소년 권익 증진을 도모하고자 하는 목적을 가지고 있다. 1998년 문화관광부 내 청소년위원회가 설치된 후 확산되어 2016년 기준 여성가족부 중앙청소년참여위원회를 비롯해 전국적으로 189개의 청소년참여위원회, 약 4,000여 명의 청소년참여위원들이 활동 중이다.

　청소년운영위원회는 청소년수련시설의 운영 및 각종 프로그램 등에 청소년들이 직접 자문·평가·참여하도록 함으로써 청소년이 시설의 주인이 되도록 하는 데 목적을 가지고 있다. 2016년 기준 전국 청소년수련시설 305개소에 청소년운영위원회가 설치되어 5,201명의 운영위원들이 활동 중이다. 청소년들이 지역사회 변화의 주체로서 지역사회 문제를 개선하기 위한 프로그램을 직접 기획·운영하여 개인의 역량을 개발하는 것은 물론 청소년 사회참여활동에 대한 사회적 인식 및 공감대 확산을 목적으로 하는 청소년참여 지역사회변화 프로그램은 공모를 통해 프로그램 기획·추진·정산 등의 사업 진행을 모두 청소년이 주도하여 진행하도록 사업을 시행하고 있다.

　둘째, 자유학기제 전면 시행에 따른 청소년수련시설 활용, 직업·진로체험 활동이 강화되었다. 2016년 2학기에 전면 시행된 자유학기제를 맞아 생활권 청소년수련시설을 중심으로 청소년들의 진로와 직업 연계 프로그램 참여를 활성화하도록 하였다. 이를 위해 자유학기제와 연계하여 공공 청소년수련시설 프로그램 운영 지원(212개소)과 국립 수련시설의 농업생명, 해양, 우주분야 직업·진로체험 활동이 대폭 강화되었다(18개 프로그램).

셋째, 특성화 국립시설 및 생활권 인프라 확대 등 청소년활동 여건이 확대·조성되었다. 현재 5개 전문화·특성화로 운영되고 있는 국립 수련시설을 비롯해 향후 2개소 건립을 계획하고 있다. 구체적으로 국립생태안전체험센터(부산 을숙도)와 국립산림생태체험센터(경북 봉화)가 건립될 예정이다. 집·학교 근처 생활권 중심의 청소년수련시설 확충도 이루어졌다.

넷째, 현장에서 체감하는 청소년활동 안전을 실질적으로 확보하는 노력을 기울여 2015년 4월에 출범한 청소년활동 안전사고 예방과 관리를 전담하는 전문기구인 청소년활동안전센터가 자리를 잡아 감에 따라 다양한 청소년활동 안전 관련 활동들이 시행되었다. 청소년수련원·유스호스텔·청소년야영장 등 296개소의 청소년수련시설에 대한 종합 안전점검·평가가 수행되며, 청소년수련활동 신고·인증 프로그램도 확대·제공되었다.

2) 위기청소년 사회안전망 및 자립 지원 강화

위기청소년 사회안전망 및 자립 지원 강화는 다음과 같이 세 가지로 나누어 살펴볼 수 있다.

첫째, 위기청소년 지원 인프라 확충을 통한 서비스 대응력 강화이다. 여기에는 청소년상담복지센터, 지역사회 청소년통합지원체계(Community Youth Safety Net: CYS-Net), 청소년쉼터, 청소년동반자 프로그램, 청소년 특별지원사업 등이 포함된다. 청소년상담복지센터는 청소년의 건강한 성장과 복지 증진을 목적으로, 청소년 상담, 긴급구조, 자활, 의료 지원 등의 역할을 담당하고 있다. 각 지방자치단체는 지역 특성과 여건에 따라 직영(별도의 법인 설립 포함) 또는 청소년단체 등을 통한 위탁 운영의 방법으로 청소년상담복지센터를 지원한다.

주요 업무로는 청소년과 부모에 대한 상담·복지 지원, 상담·복지 프로그램의 개발 및 운영, 상담 자원봉사자와 청소년지도자 교육 및 연수, 청소년상담 또는 긴급구조를 위한 전화 운영, 청소년폭력·학대 등으로 피해를 입은 청소년의 긴급구조와 법률·의료 지원 및 일시보호 지원, 청소년의 자립능력 향상을 위한 자활 및 재활 지원 등이 있다. 2016년 기준 16개 시·도 및 206개 시·군·구 청소년상담 복지센터 222개소가 운영되고 있다. 지역사회 청소년통합지원체계(CYS-Net)는 지역사회 내 청소년 관련 자원을 연계하여 위기청소년에 대한 상담·보호·교육·자립 등 맞춤형 서비스를 제공하는 사업으로, 가정과 사회로 복귀·자립할 수 있도록 지원하는 데 목적을 두고 있다. 지역사회 청소년 통합지원 절차는 위기청소년의 발굴을 위한 청소년 전화 1388, 청소년사이버상담(www.cyber1388.kr) 및 문자·카카오톡 상담(#1388), 필수 연계기관(경찰서, 교육청, 청소년비행센터 등), 1388청소년지원단을 통한 위기청소년 발굴, 긴급구호·일시보호 및 심리검사 등을 통한 개입(intake), 전문상담사나 청소년 동반자를 통한 정서적 지지, 학비·생활비 특별 지원 등 경제적 지원, 의료·법률 지원, 쉼터 또는 양육시설을 지원하는 통합 서비스 제공 및 연계 순으로 이루어진다.

지역사회 청소년 통합지원 체계 및 다양한 청소년상담 채널을 통해 위기청소년 맞춤형 서비스가 제공되었다. 청소년 동반자 프로그램은 청소년 동반자가 우울증, 가출, 폭력 피해, 인터넷중독 등 보다 심화된 위기 상황에 직면한 청소년에게 직접 찾아가는 상담 서비스로, 지역사회 자원 연계 서비스를 제공하고 건전하게 성장할 수 있도록 상담 서비스를 제공한다. 청소년이 동반자와 연결되면 CYS-Net의 전체적인 정보와 자원을 활용할 수 있도록 지원하고, 개별 청소년의 특성을 고려해 안정적이고 일관성 있는 맞춤형 지원 서비스를 제공한다.

청소년 특별지원사업은 정상적인 삶을 영위할 수 있는 기본적인 여건을 조성하고 조화롭게 성장하고 발달할 수 있도록 지원이 필요한 청소년을 위기청소년으로 규정하고, 다른 제도 및 법에 의하여 동일한 항목의 지원을 받지 못하는 청소년을 돕는 서비스이다. 청소년상담사, 청소년지도사, 사회복지사, 교원, 공무원, 청소년 본인, 보호자, 관계자 등이 시·군·구에 신청하거나 CYS-Net 운용기관에서 발굴하여 신청하면 구체적인 지원이 이루어지게 된다. 지원내용으로는 기초생계비와 숙식 제공, 건강검진 및 치료, 고등학교 입학자격 검정고시 또는 고등학교 졸업학력 검정고시 등의 교육 비용, 취업을 위한 훈련비, 폭력이나 학대 등 위기 상황에 필요한 법률상담 및 소송 비용, 그 밖에 청소년의 건전한 성장을 위하여 필요하다고 인정하는 비용의 지원 등이 있다.

둘째, 보호 사각지대 해소를 위해 학교 밖 청소년의 연결고리를 강화하였다. 학교 밖 청소년 지원센터 지정·운영사업은 학교 밖 청소년의 개인적 특성과 수요를 고려한 상담 지원, 교육 지원, 직업 체험 및 취업 지원, 자립 지원 등 학교 밖 청소년이 건강한 사회 구성원으로 성장할 수 있도록 지원하기 위해 「학교 밖 청소년 지원에 관한 법률」 시행(2015. 5. 29.)에 맞춰 본격적으로 실시하고 있다. 2007년부터 일부 지역 청소년상담복지센터에서 운영해 온 학교 밖 청소년 지원 프로그램을 2015년에 전국적으로 확장하여 2016년 기준 총 199개소 학교 밖 청소년 지원센터(꿈드림)에서 학교 밖 청소년을 대상으로 운영하고 있다.

학교 밖 청소년 지원센터에서는 학업 중단 예방 및 학교 밖 청소년의 자립역량 강화를 목적으로 초기상담 및 욕구 파악에서부터 교육 지원, 직업 체험 및 취업 지원, 자립 지원에 대한 프로그램이 운영된다. 학교 밖 청소년 지원을 위해 여성가족부를 포함한 교육부, 고용노동부, 법무부, 문화체육관광부, 보건복지부, 경찰청 등 관계부처 합동 '학교 밖 청소년 지원대책'(2015. 5. 22.)을 발표하여, 정부-지역-민간 협업을 통해 학교 밖 사각지대를 해소하고 촘촘한 지원체계 마련을 위한 기초를 다지고 있다. 올해에는 관계부처 합동으로 학교 밖 청소년들을 적극 발굴하고 연계체제를 구축하기 위해 학교 밖 청소년 지원센터를 중심으로 유관기관 협력망을 구축·운영하였다. 이를 위해 관계부처 합동으로 2016년 학교 밖 청소년 발굴·지원 강화대책을 마련하여(2016. 6.) 학교 밖 청소년들을 연계해 정책의 실효성을 높이고자 하였다. 이 외에도 학업중단숙려제, 전국 교육청에 구성되는 미취학·장기결석 관리 전담기구에 학교 밖 청소년 지원센터 참여를 제도화하였다. 이를 위해 「초·중등교육법 시행령」 개정 및 구성·운영 지침을 마련해 추진하였다(2017. 3. 30. 시행). 이 외에도 학교 밖 청소년 발굴 확대를 위한 법률 개정도 추진하였다. 주요 내용으로는 개인 정보 동의 주체에 친권자를 포함하고 친권자 등과 연락이 되지 않는 청소년 중 상담·보호가 필요한 경우 학교 밖 청소년 지원센터에 연계한 후 센터에서 동의를 받도록 한 것이다.

셋째, 학교 밖 청소년의 자립역량 강화를 위한 지원을 다각화하였다. 학교 밖 청소년들을 일대일로 상담한 후 특성별 맞춤형 서비스를 지원하여 학업 지원, 취업 지원, 자립역량 등으로 구분해 그에 따라 맞춤형 지원을 실시하였다. 학업 지원으로는 학습 동아리, 멘토링, 검정고시, 대학입시 설명회 지원을, 취업 지원으로는 학교 밖 청소년 맞춤형 직업훈련 및 인턴십 제공을, 자립역량으로는 자유공간 마련, 문화활동 지원, 해외봉사 기회 제공 등을 통해 학교 밖 청소년의 특성에 따른 맞춤형 지원 서비스 체제를 구축하여 실시하였다. 또한 학교 밖 청소년에 대한 부정적 인식 개선 및 차별대우 시정을 조치하였고, 학교 밖 청소년 건강검진(잠복결핵 검진 포함) 확대 및 건강검진 DB 구축을 통해 학교 밖 청소년의 건강관리도 강화하였다.

3) 청소년의 건강한 성장을 위한 사회환경 조성

청소년의 건강한 성장을 위한 사회환경 조성은 청소년 인터넷·스마트폰 중독 예방·해소 지원 및 강화, 정서·행동장애 청소년 치유·재활 지원, 유해환경으로부터 청소년 보호 및 근로권익 강화 등으로 나누어 살펴볼 수 있다.

첫째, 청소년 인터넷·스마트폰 중독 예방·해소 지원 및 강화사업은 청소년 인터넷·스마트폰 중독의 예방·해소를 위한 단계적·체계적 대응 강화와 인터넷·스마트폰 중독 위험 단계별 상담·치료 연계 등 맞춤형 종합적 서비스 지원을 목적으로 추진되고 있다. 매년 학령전환기(초4, 중1, 고1) 인터넷·스마트폰 이용습관 진단조사가 실시되고 있고 이를 통한 청소년 인터넷·스마트폰 중독의 조기 발굴, 중독 위험 수준별 개인상담, 집단상담, 집중치료를 위한 치유특화 프로그램(인터넷치유캠프, 가족치유캠프), 의료기관 치료비 지원 등 종합적인 사후관리가 이루어진다.

둘째, 정서·행동장애 청소년을 대상으로 종합적이고 전문적인 치유·재활 프로그램을 지원하고 있다. 2012년에 개원한 국립중앙청소년디딤센터는 정서와 행동 문제로 어려움이 있는 청소년을 대상으로 상담·치료·보호·교육의 전문적·종합적인 치료재활 서비스를 실시하는 기관이다. 정서·행동장애 청소년의 치유·재활을 위해 2016년 9월 기준, 디딤센터 오름과정(1개월 과정)에 54명, 디딤과정(4개월 과정)에 113명, 힐링캠프(4박 5일 과정)에 489명이 참여하였다. 사전·사후

행동변화 측정 결과, 우울과 불안 등 위험지수가 감소하였고 자기존중감 등 긍정지수는 향상되면서 정서적 안정감이 증진된 것으로 보고되었다. 치유 효과 지속을 위한 가족 프로그램인 패밀리멘토 프로그램도 운영하고 있는데, 2016년 9월 기준 43가족을 대상으로 자녀양육 방법 코칭 및 정서적 지원 프로그램을 실시하였다.

셋째, 유해환경으로부터 청소년 보호 및 근로권익을 강화하고 있다. 청소년유해환경 감시기구로 청소년유해환경감시단이 운영·관리되고 있다. 청소년유해환경 감시단의 운영·관리는 초·중·고등학교의 교사·학부모, 시민단체(청소년단체 포함) 임직원 및 회원 등 지역사회 내에서 청소년보호에 관심을 가지고 활동 중인 단체를 청소년유해환경감시단으로 지정하여 청소년의 선도·보호와 각종 청소년 유해환경 정화를 위한 감시·고발 활동을 수행할 수 있도록 지원하는 사업이다. 주요 활동으로는「청소년 보호법」위반행위에 대한 감시 및 신고·고발, 청소년의 보호·선도 및 건전생활의 지도, 청소년 유해환경 정화를 위한 업주·지역 주민 등 대국민 계도, 청소년 유해매체물의 모니터링 및 제도 개선사항 관계기관 시정 건의, 워크숍 개최, 캠페인 전개, 유해환경 교육 및 홍보 등 청소년보호를 위한 유해환경 정화활동, 아동 안전 및 보호, CYS-Net, 청소년쉼터 등과 연계한 청소년보호 활동 등이 있다. 근로 청소년의 권익침해 사례 발굴 및 피해구제 강화도 이루어지고 있다.

4) 청소년정책 추진기반 강화

청소년정책 추진기반 강화는 청소년정책 분석·평가를 통한 청소년정책 추진기반 내실화, 범정부적 협력 강화로 정책의 실효성 제고, 청소년증 기능 확대로 청소년증 이용 활성화 등으로 나누어 살펴볼 수 있다. 먼저, 청소년정책 분석·평가를 통한 청소년정책 추진기반 내실화이다. 국가와 지방자치단체 청소년정책의 효과 분석을 위한 평가를 강화하기 위하여 한국청소년정책연구원에 청소년정책 분석평가센터를 구축한 이후, 2017년에는 청소년정책 평가지표 개발 및 시범평가를 실시하였다. 특히 시·도 청소년정책 시행계획 추진실적을 시범 평가하여 우수사례를 발굴하고, 지자체 컨설팅 등 평가 결과를 환류하였다. 또 제5차 청소년정책 기본계획 추진 현황을 분석하여 제6차 청소년정책 기본계획(2018~2022년) 수립 시 분석 결과를 활용할 예정이다. 둘째, 범정부적 협력 강화로 정책의 실효성을 제고하였다. 여성가족부는 청소년정책위원회 운영 내실화를 통해 청소년정책 총괄·조정의 기능을 강화하였으며 지역 청소년참여위원회 활성화를 통하여 청소년시책의 실효성 제고 및 권익 증진을 도모하고자 지역 청소년참여위원회 현장방문 컨설팅 등을 실시하였다. 셋째, 청소년증 기능 확대로 청소년증 이용 활성화를 도모하였다. 청소년증에 청소년이 선호하는 교통카드 기능을 추가하였고, 학교 밖 청소년 발굴·연계 등 청소년정책의 기초 자료로 활용하였다. 이를 위해 한국조폐공사와 청소년증 기능 확대를 위한 업무 협약을 체결하였고(2016. 9.), 보건복지부와 협력하여 청소년증 발급 시스템(행복e음시스템)을 보완하였다(여성가족부, 2016b).

제3절 청소년육성·보호·복지정책

1. 청소년육성정책

「청소년 기본법」 제3조 제2호에서는 "청소년육성이라 함은 청소년의 복지를 증진하고, 청소년의 수련활동을 지원하며, 청소년 교류를 진흥하고, 사회여건과 환경을 청소년에게 유익하도록 개선하여 청소년에 대한 교육과 상호 보완함으로써 청소년의 균형 있는 성장을 돕는 것을 말한다."라고 규정하고 있다.

이렇게 청소년의 건전한 육성을 정책적으로 계획·수립하여 효율적으로 수행하기 위하여「청소년 기본법」은 목적 조항에 "……청소년의 권리 및 책임과 가정·사회·국가 및 지방자치단체의 청소년에 대한 책임"을 정해 두고 있으며 "……청소년육성정책에 관한 기본적인 사항을 규정"하고 있다.

다음은 우리나라 최초의 청소년 관련법률인「청소년육성법」(1987. 11. 28. 제정)의 탄생 배경을 시작으로 청소년육성정책에 대하여 알아보기로 한다.

1)「청소년육성법」의 탄생 배경

18세기 이후 관심을 갖게 된 청소년의 교육 주체성 사상은 20세기의 복지국가의 새로운 인권사상과 결부되어 청소년에 대한 국가기능에도 큰 영향을 미치게 되었다. 국가행정이 종래의 소극적인 청소년보호·규제대책에서 벗어나 그들의 건전한 성장과 발달을 위하여 적극적으로 육성하려는 정책과 제도를 시행하게 되고 이것이 법에 반영되어「청소년육성법」을 형성하게 되었다.

이러한 분위기 속에 세계사적 추세를 대표하는 법적 규범이 바로 1989년 유엔이 채택한 '아동의 권리에 관한 협약(Convention of the Rights of the Child)'이다. 제1차 세계대전(1914~1918)으로 수많은 아동과 청소년이 희생되자, 1924년 '아동의 권리에 관한 제네바 선언'이 국제연맹에 의해 채택되었다. 1945년 창설된 유엔은 그 직후인 1946년부터 '아동의 권리에 관한 헌장'을 만드는 작업에 착수하여, 1959년 유엔의 '아동의 원리에 관한 선언' 채택 등 아동·청소년에 대한 지구적 관심을 선언하는 과정을 거쳐 1989년 유엔 회원국의 만장일치로 '아동의 권리에 관한 협약'이라는 구속력 있는 국제법규를 탄생시켜 오늘날 청소년육성법제의 마그나카르타와 같은 지위를 가지고 있다.

이 협약은 청소년에 대한 보호·지원과 같은 종래의 기능뿐만 아니라 육성의 기능까지 망라하는 통일적 법규로서 국내외를 막론하고 최초의 것으로, 18세의 아동·청소년에 대한 보호·육성의 기본원칙과 이를 실현하는 구체적인 권리·의무를 규정하고 있다.

2) 청소년육성정책의 발달과정

우리나라 청소년육성정책이 구체적으로 실현되기는 1961년「미성년자보호법」과「아동복리법」이 제도 입법화된 이후부터라고 할 수 있다. 「미성년자보호법」은 미성년자의 흡연과 음주 및 선량한 풍속을 해하는 행위를 제한 또는 금지함으로써 미성년자의 건강을 보호하고 선도·육성함을 목적으로 하고 있다. 「아동복리법」은 아동이 그 보호자로부터 유실·유기 또는 이탈되었을 경우, 그 보호자가 아동을 양육하기에 부적당하거나 양육할 수 없는 경우, 아동의 건강한 출생을 기대할 수 없는 경우, 또는 기타의 경우에 아동이 건전하고 행복하게 육성되도록 그 복리를 보장함을 목적으로 하고 있다.

1945년 해방과 1950년 한국전쟁의 소용돌이 속에서 발생한 수많은 고아와 기아 등 사회적 보호를 우선으로 하는 아동이 급증하면서 태동한 것이 청소년육성정책이라 할 수 있다. 따라서 이러한 법규들은 오늘날의 육성보다는 보호 · 선도 측면의 비중이 클 수밖에 없었다.

이는 전면개정과 제정을 거듭하면서 꾸준히 발전하였고, 청소년정책 수행의 전기를 마련하였다는 점에서 청소년정책의 역사에서 중요하다. 특히 보호 · 선도 측면의 비중이 크다고는 하지만 이때 처음으로 청소년육성과 관련한 인격도야 · 심신단련 · 청소년 교류에 대한 필요성이 청소년 관련법규에 처음 대두되었다는 점은 특기할 만할 사항이다.

이를 토대로 1987년 11월 28일 「청소년육성법」이 제정되었고, 1991년 6월 10개년 동안 시행되는 '한국청소년기본계획'이 수립되었다. 그리고 1991년 12월 31일 「청소년 기본법」이 탄생하였으며, 1997년 「청소년 보호법」이, 2000년에는 「청소년의 성보호에 관한 법률」이 탄생하기에 이르렀다.

2. 청소년보호정책

우리 법제사상 청소년의 규제 · 보호에 관한 최초의 단행 법률은 1961년 12월 30일에 제정된 「미성년자보호법」(법률 제834호)과 「아동복리법」(법률 제912호)이다. 이들 법률은 변천을 거듭하면서 발전되어 오다가 「청소년육성법」을 탄생시켰고, 「청소년 기본법」의 모태가 되었다. 이런 흐름 속에서 사회는 산업화 과정을 거치면서 물질적으로 풍요한 시기를 맞게 된다. 따라서 이전의 단순한 보호 차원을 넘어 청소년육성에 관심을 가지게 되었다. 이에 1991년 제정된 「청소년 기본법」은 청소년육성을 그 목적으로 하고 있으며, 청소년보호에 관하여는 단행 법률인 「청소년 보호법」이 별도로 제정되기에 이르렀다. 청소년보호정책의 변화과정은 다음과 같다.

1)) 해방 전후 시기(1940~1949년)

이 시기에 우리 사회는 해방의 감동 가운데서도 정치적 혼란과 경제적 종속성으로 민간의 생활은 궁핍할 수밖에 없었다. 1945년 8월 15일 광복이 되자 대부분의 사설감화원을 폐쇄하고 경성소년원의 명칭을 서울소년원으로 바꾸고 비행소년 보호 및 교정 기관으로 새 출발을 하게 되었다. 그 후 비행소년에 대한 교정 · 보호의 필요성이 증대하여 대구, 안양, 광주, 부산, 김해 등지에 소년원시설을 증설하였다. 해방 이후 사회는 질서 혼란, 생계 곤란, 전쟁고아의 급증으로 범죄소년, 우범소년, 걸식 부랑아가 늘어나게 되었으며 당시 국 · 공립원 보호단체에 이런 소년들을 수용하였으나, 대부분이 시설을 탈출하여 거리로 나와 범죄소년이 날로 증가하였다.

2) 한국전쟁 전후 시기(1950~1959년)

1948년 정부 수립과 더불어 과도정부로부터 소년원 4개소, 분원 2개소를 인수하여 운영하다가 1950년 한국전쟁으로 시설의 대부분이 파괴되었다. 그래서 1953년부터 시설 보수 작업에 착수하여 1957년까지 동란 이전의 수준으로 회복하였다. 대한민국 정부 수립 이후, 1948년 11월 대통령령 제21호로 법무부 산하기구인 법무국 아래 소년과를 두었으며 소년과에서 소년의 심판과 교정 · 보호 및 범죄 예방 등 소년보호 업무를 관장하였다.

그러나 1950년 3월 대통령령 제307호에 의해 법무부가 축소되면서 소년과가 폐지되어 소년보호 업무가 법무과로 이관되었으나, 전쟁 이후 청소년범죄의 급증으로 다시 1954년 9월 소년과를 부활하여 소년보호 업무를 관장하였다. 대한민국 「헌법」이 제정 · 공포됨에 따라 「헌법」의 인도주의 이념과 사회문화적 복지주의 요청에 입각하여 그것을 실현하기 위해 「조선소년령」 및 「교정원령」을 폐지하고, 1958년 7월 24일 「소년법」(법률 제489호)을 제정하고 그해 8월 법률 제493호로 「소년원법」을 제정함으로써 소년보호 행정의 기틀이 마련되었다.

「소년법」의 중요한 특징으로는 소년보호 사건을 서울가정법원 및 지방법원의 소년부에서 관할하게 하고, 보호의 대상을 범죄소년 · 촉법소년 · 우범소년으로 하여 검사의 선결주의를 취하면서 과학적인 조사 방침을 정하여 조사관에게 사회 · 환경적 증거를 수집하게 하였다는 점이다.

3) 정치변혁과 경제발전의 시기(1960~1969년)

이 시기는 청소년 보호정책이 구체적으로 수립되는 발아의 시기이다. 1961년 12월 「미성년자보호법」과 「아동복리법」이 제정되었다. 「미성년자보호법」은 미성년자의 끽연과 음주 및 선량한 풍속을 해하는 행위를 제한 또는 금지함으로써 미성년자의 건강을 보호하고 선도·육성함을 목적으로 하고 있으며, 「아동복리법」은 아동이 그 보호자로부터 유실·유기 또는 이탈되거나 기타의 경우에 아동이 건전하고 행복하게 육성되도록 그 복리를 보장함을 목적으로 하고 있다.

1964년 5월에는 청소년의 달을 지정하였고, 1964년 9월에는 청소년의 선도 및 보호에 관한 종합적인 대책을 강구하기 위하여 국무총리 소속하에 청소년보호대책위원회를 설치하게 되었다. 또 1965년에는 청소년단체협의회가 설립되어 단체 간의 상호 협력을 도모하였다. 1969년 법률 제2118호 「스카우트 활동에 관한 육성법」이 제정되면서 한국보이스카우트연맹과 한국걸스카우트연맹이 법적 지원을 받는 근거가 되었는데, 이 법안으로 인하여 청소년단체에 대한 국가와 지방자치단체의 재정적 지원이나 시설의 대여가 이루어졌으며 각 지부장에게는 조세감면의 혜택이 있어 청소년단체에 대한 개인, 단체, 법인의 출연을 조장하였다.

4) 경제의 고도성장기(1970~1979년)

1970년 국회에서 「청소년 보호법」이 발의되었으나 의결되지 못하고 해를 넘기면서 폐기되었고, 1974년 10월 중앙청소년보호대책위원회에서 '청소년선도종합대책기구 설치 건의안'을 국무총리실에 제출하였는데 1977년 7월 대통령령 제9679호에 의해 청소년대책위원회가 구성된다. 이 청소년대책위원회는 청소년보호대책위원회를 계승한 것과 차이가 있었다. 첫째, 위원장이 내무부 장관에서 국무총리로, 위원들이 이전에는 차관급에서 장관급으로 격상됨에 따라 조직들 또한 시·도, 시·군·구뿐만 아니라 읍·면·동까지 확대되었다. 둘째, 청소년지도·육성·보호에 관한 기본계획과 종합적인 정책이 수립되었다. 특히 내용을 보면 '청소년의 인격도야 및 심신단련과 민간 청소년단체 종합지도 및 육성'을 추가하였다.

5) 민주적 독재화의 시기(1980~1989년)

1980년대 초반「새마을운동 조직육성법」에 의해 한국새마을청소년후원회(4-H 활동)가 법적 지원을 받았고, 교육개혁 조치가 1980년 7월에 발표되어 청소년시설 정책의 변화를 가져와 민간기관 혹은 민간인의 청소년시설 참여가 법적으로 가능 하였다. 그러나 시설을 설치하기 위한 장소의 확보가 어렵고 법적 지원과 정부의 통제요인 때문에 이는 실질적으로 가능하지 않았다.

1981년 신군부에 의해 전국청소년연맹이 창설되었으며「한국청소년연맹 육성 에 관한 법률」이 제정되었다. 그리고 부설 한국청소년연구소는 조사사업과 학술 세미나 등을 주관하였다. 이러한 한국청소년연구소의 학술 자료는 1984년 제정된 「청소년보호·육성을 위한 기본법」의 기초 자료로 제공되었다. 1982년에는 체육 부 창설과 더불어 체육부 장관의 임무 안에 청소년행정의 소관업무 규정을 두었다. 1987년 정부는「청소년육성법」을 제정하고 1988년에는 체육부에 청소년국을 설치 하여 청소년종합대책을 수립하였으며, 체육부가 청소년 업무를 전담함과 동시에 각 시·도에 청소년과를, 시·군·구에 청소년계를 설치하여 학교 중심의 청소년 육성정책을 지역사회 중심으로 전환하는 계기를 마련하였다. 1987년 7월에 정부 출연 연구기관인 한국청소년연구원(현 한국청소년정책연구원)이 개원되었다.

6) 문민자치시대(1990년 이후)

청소년보호대책은 1990년대, 특히 문민정부가 출범하면서부터 크고 작은 변화 를 가져왔지만, 1990년 12월 체육부가 체육청소년부로 개칭된 것과 청소년국이 청 소년 정책조정실로 확대 개편된 것이 가장 큰 변화라고 할 수 있다. 그리고 1990년 5월에 '청소년헌장'을 정비하여 재공포하였다. 1987년 11월「청소년육성법」이 제정 되었으나 실질적인 사업이 없었는 데 반해, 1991년 12월 기존의「청소년육성법」의 한계점을 보완·개정한「청소년 기본법」이 제정됨으로써 청소년육성을 위한 기본 법제를 갖게 되었다. 이 법에 의거하여 정책사업적인 면에서 중장기 정책계획을 수립하여 '청소년육성종합계획'을 발표하였고 청소년보호의 총체적이고 장기적인 대책이 수립되었다. 또한 명지대학교에 청소년지도학과, 중앙대학교에 청소년학과가 신설되어 사회의 청소년문제에 더욱 관심을 가지고 연구하게 되었다.

법무부 보호국 내부에서도 소년감별소가 소년분류심사원으로 바뀌어 보다 과학적이고 체계적인 분류심사와 감별을 가하였고, 소년원 내의 교과과정을 정규교육화하여 교과과정에 있어서도 많은 내실을 이루고 있다. 1990년 보호관찰에 따른 수강명령 및 봉사명령이 실시되었고, 보호관찰 또한 경미하고 범죄성이 미약한 소년사범 및 비행소년에게 실시되었던 것이 1994년부터 청소년보호 차원에서 더욱 확대되어 실시되고 있다.

또 향락음식점 출입 혹은 노래방 출입 등에 관하여 사회단체, 청소년단체 등에서 미성년자 출입제한구역의 청소년 출입에 대한 논란, 담배자판기 설치 제한에 관한 논란, 청소년의 노래에 대한 논란이 있었다. 특히 이러한 출입제한구역의 출입 연령에 대해서 많은 논의가 있었는데, 1992년도에「풍속영업의 규제에 관한 법률 시행령」이 제정되면서 현 20세에서 18세로 낮추자는 경찰청의 의견 제시로 본격화되었으나 반대 의견에 부딪혀 철회되었다.

이러한 시련 끝에 1997년「청소년 보호법」(법률 제5297호)이 제정된다.「청소년 보호법」은 날로 심각해지는 청소년 유해환경을 종합적으로 규제할 수 있는 법률의 필요성에 따라 제정된 것이다. 또 1997년 7월 5일에 청소년보호위원회가 발족되었고, 2000년 2월 3일에는「청소년의 성보호에 관한 법률」(법률 제6261호)이 제정되기에 이른다.「청소년의 성보호에 관한 법률」은 청소년의 성을 사는 행위, 성매매를 조장하는 온갖 형태의 중간 매매행위 및 청소년에 대한 성폭력 행위를 하는 자들을 강력하게 처벌하고, 성매매와 성폭력 행위의 대상이 된 청소년을 보호 · 구제하는 장치를 마련함으로써 청소년의 인권을 보장하고 그들이 건전한 사회 구성원으로 복귀할 수 있도록 하였다.

3. 청소년복지정책

우리나라에서 청소년복지라는 용어가 사용되기 시작한 것은 최근의 일이다. 이전에는 아동복지 속에 포함되거나 아동복지의 연장선상에서 청소년복지가 다루어졌다. 그나마 독립적인 하나의 학술적 체계의 측면에서 정의를 내리지 않고, 청소년문제에 대한 하나의 청소년지도라는 의미에서 극히 소극적으로 배려되었다. 따라서 청소년복지에서는 이념의 주체인 청소년 개개인의 인권이 보장됨은 물론 청소년이 사회의 일원으로 존중되어야 한다. 다시 말해, 이제 청소년복지는 물리적인 시설뿐만 아니라 정신적·심리적·신체적 환경의 상호작용까지를 포함하여 포괄적으로 연구되어야 한다.

「청소년 기본법」에 명시된 청소년복지 정의에 따르면, "청소년복지란 청소년이 정상적인 삶을 영위할 수 있는 기본적인 여건을 조성하고 조화롭게 성장·발달할 수 있도록 제공되는 사회적·경제적 지원을 말한다"(제3조). 이를 실현하기 위하여 동법 제49조(청소년복지의 향상)에서는 "국가는 청소년들의 의식·태도·생활 등에 관한 사항들은 정기적으로 조사하고, 이를 개선하기 위하여 청소년의 복지향상 정책을 수립·시행하여야 한다. 또한 국가 및 지방자치단체는 기초생활의 보장, 직업재활훈련, 청소년활동지원 등의 시책을 추진함에 있어서 정신적·신체적·경제적·사회적으로 특별한 지원을 필요로 하는 청소년에 대하여는 우선적으로 배려하여야 한다."라고 규정하고 있다.

 연구문제

1. 우리나라 청소년정책의 문제점과 발전방향에 관하여 토의하시오.

2. 우리나라 청소년정책 추진방향 중 위기청소년을 위한 정책에 대하여 토의하시오.

3. 청소년 보호정책의 변화에 대하여 살펴보고 향후 발전방안을 모색하시오.

제13장

청소년교육의 과제와 전망

◉ 개요

인간은 태어나면서 죽을 때까지 여러 환경 속에서 다양한 상황에 당면하여 스스로를 적응시켜 가면서 생활하여야 하기 때문에 항상 자기를 둘러싸고 있는 환경의 지배와 그 영향을 받게 된다. 특히 청소년기는 생활환경이 급격하게 확대되어 환경적 요인이 개인의 성장과 발달에 큰 영향을 미치게 된다. 이 장에서는 청소년교육에 있어 중요한 가정, 학교, 사회에서의 교육환경을 살펴보면서 바람직한 청소년상 확립을 위한 청소년교육의 과제에 대하여 논의하고자 한다.

학습목표

1. 자녀의 바람직한 청소년상 확립을 위한 바람직한 가정의 교육방향에 대하여 설명할 수 있다.
2. 바람직한 청소년지도를 위한 학교교육의 방향에 대하여 설명할 수 있다.
3. 청소년들의 건전한 인격 형성을 위해 사회의 역할과 교육방향에 대하여 설명할 수 있다.

제1절 가정에서의 청소년교육

1. 청소년과 가정

우리는 흔히 문제 청소년의 뒤에는 문제 부모와 문제 가정이 있다고 말한다. 이 말은 청소년의 문제행동에 가정에서의 문제가 작용하고 있다는 것을 시사해 준다. 가정은 청소년 발달에 있어서 직접적인 영향을 미치는 집단이며, 적극적인 역할을 담당하는 곳이다. 따라서 가정에서의 역할이 제대로 이루어지지 않을 때 청소년들의 발달에 문제를 일으키게 된다.

1) 청소년 발달과 가정의 역할

청소년의 발달에 영향을 미치는 가정의 변수로는 부모의 기질적 특성과 부모의 발달사, 부모의 부부관계, 가족의 사회경제적 지위, 부모의 압박 그리고 청소년의 성(sex)과 기질적 특성 등이 있다. 그러나 이와 같은 가정에서의 변수들이 누구나 똑같이 그 결과를 필연적으로 나타낸다고 볼 수는 없다. 왜냐하면 똑같은 환경적 조건이라도 어떤 청소년들은 문제를 일으키기도 하지만, 어떤 청소년들은 그렇지 않을 수도 있기 때문이다. 따라서 이와 같이 주어진 가정의 변수에 영향을 미치는 또 다른 원인을 파악하여야 한다. 사회적 상호작용의 관점에서 볼 때 중요하게 떠오르는 것이 부모와 자녀의 상호작용 관계이다. 왜냐하면 청소년들의 사회 · 정서적, 인지적 발달은 학습을 수반하며, 그중 상당수가 부모와 자녀 간의 무수히 많은 사회적 상호교환에서 일어나기 때문이다.

이와 같이 청소년의 발달에 있어서 가정의 역할은 능동적이고 적극적이다. 왜냐하면 청소년들이 후에 갖게 될 귀속감, 사회적 책임성, 자아에 대한 새로운 의식 등은 유아기 때 부모와의 정서적 분위기가 어떠했느냐에 따라 영향을 받기 때문이다. 또한 청소년들의 발달은 부모의 발달과도 관계가 있다. 부모들은 그들 자신의 발달은 그동안에 사회화되었던 방식을 사용하여, 직업적이고 사회적인 역할이나 부부

간의 역할을 성공적으로 수행하는 데 필요한 일반적인 기술과 그들 자녀들을 효과적으로 사회화시키는 데 필요한 특정한 기술을 쓰게 된다.

2) 가정의 문제

전통사회에서의 청소년들은 현대사회보다 훨씬 더 공동체적인 성격이 강한 가족단위 혹은 소규모 집단이나 가정과 유사한 교육장에서 지도를 받을 수 있었다. 그러나 현대사회는 전통적인 가정이 붕괴되고 그 기능 또한 변화함으로써 가정의 역할이 축소되는 경향을 보이고 있다. 즉, 과거에 가정은 작업장인 동시에 생활의 장이며, 교육의 장으로서 인격과 인격의 만남이 이루어지고 상호작용을 통해서 정서적 · 지능적 · 성격적 발달과 성장을 가능케 하는 곳이었다. 그러나 산업의 발달로 인하여 그러한 기능이 전문 교육기관인 학교에 맡겨지게 되고, 점차 학교의 규모가 커지고 역할과 기능이 비대해짐에 따라 그전의 가정과 같은 소규모의 공동체적 성격과 교육적 역할을 수행하지 못하게 되었다.

(1) 아버지의 역할기능 약화

가정에서 급속한 변화를 맞이한 것은 아버지의 권위와 역할이다. 전통적 가정에서는 아버지의 권위가 잘 유지되었다. 특히 유교사회인 우리나라에서는 아버지의 권리가 절대적이었다. 그러나 과학의 발달과 사회의 급격한 변화는 가족제도에 영향을 미치게 되었고, 산업구조의 변화 또한 부모의 기능을 약화시켰으며, 특히 아버지의 역할 및 권위가 급속히 하락하였다.

아버지는 가정에서 온 가족을 지도함으로써 가정의 대표자 역할을 한다. 또한 외부 사회에 참여하여 활동함으로써 자녀들에게 사회생활에 필요한 행동양식의 학습 모델이 된다. 아버지는 사회와 가정을 연결해 주고 조정해 주는 역할을 하고, 자녀는 아버지를 통해서 사회성이 발달한다. 그러나 현대사회에서는 이와 같은 아버지의 역할과 기능이 매우 약화되었으며, 이로 인한 아버지의 부재 현상이 날로 심화되어 자녀들에게 한 사회인으로서의 역할 모델이 상실되고 있다.

아들에게 있어서 아버지는 남성으로서의 행동 발달 본보기로서 중요한 인물이

며, 딸에게 있어서는 첫 이성의 본보기이다. 만일 아버지가 이와 같은 역할의 중요
성을 깨달아 자녀교육에 적극적으로 참여한다면, 아들에게는 미래의 아버지로서
의 본보기, 딸에게는 미래의 배우자의 기준으로서의 모델이 된다.

(2) 어머니의 역할기능 약화

어머니는 모든 가족 구성원 중에서 가장 중요한 역할을 한다. 모든 인간은 어머
니의 뱃속에서 잉태되고 어머니의 생명을 담보로 하여 이 세상에 나온다. 또한 인
간이 태어나서 처음 만나고 피부의 접촉을 하는 사람은 어머니이며, 어머니의 보살
핌이 없이는 생명을 유지하지 못할 만큼 나약하다. 따라서 어머니와의 기본적인 따
뜻한 상호작용의 관계는 자녀들의 마음속에 상상할 수 없는 안정감과 만족감을 느
끼게 한다. 그러므로 인간 발달에 있어서 자녀들의 성장은 어머니의 체험 전부라고
해도 과언이 아니다.

(3) 어머니의 부재 현상

어머니의 역할이 점점 기능을 상실함에 따라 어머니의 부재 현상을 초래하고 자
녀들은 따뜻한 어머니의 품을 떠나 방황하고 있다. 고도의 산업 발달에 따른 핵가
족의 증대와 여성의 취업 증가는 지금까지의 가족의 틀을 해체하고 새로운 가족의
틀을 만들면서 새로운 가족 모델을 구성하고 있으나, 아직까지 새롭게 정립되지 않
은 과도기적 불안정으로 인하여 어머니와의 기본적인 양육관계가 점차 상실되고
있다. 어머니의 사랑이 상실된 애정 결핍은 모든 청소년의 정신적 · 신체적 발달의
저해요인이 되며, 더 나아가서는 그들의 정신적 · 신체적인 폭력 또는 비행으로 발
달된다. 설령 어머니와 함께 생활하였더라도 어머니로부터 학대받으면서 자란 아
이들은 성장하여도 충동적 · 공격적 · 반사회적이며 항상 우울하고 정서적인 결핍
이 쉽게 발견되는 것으로 보아, 청소년의 비행과 문제행동의 저변에 어머니와의 관
계가 얽혀 있음을 알 수 있다.

2. 가정에서의 교육방향

인간의 기초는 가정교육에서 완성된다고 볼 수 있다. 어릴 때의 가정교육이 인간의 평생에 영향을 미친다면 가정교육은 결코 소홀히 할 수가 없다. 그러나 지금의 가정교육 또한 수많은 문제가 지적되었음에도 불구하고, 부모-자녀교육에 대한 전문적인 지식이 부족하고 또한 부모 자체도 자녀가 어릴 때에는 부모 자신도 연령이 낮고 경험이 적기 때문에 부모 각자의 소박한 교육관이나 희망, 소신에 의해 이루어지고 있다.

어떻게 가정교육을 해야 되는가? 먼저, 가정의 환경을 자녀들의 바람직한 성장·발달을 위한 환경으로 만들어야 한다. 구체적인 방법으로는, 첫째, 가정을 따뜻한 분위기로 만들어 주어야 한다. 대개 가정환경이 어떠냐고 물어보면, 경제적·물질적 부모의 교육 수준 등 외형적인 모습 등을 떠올리기 쉽다. 그러나 이러한 것들보다는 부부간의 사랑, 형제간의 화목, 따뜻한 부모-자녀관계 등 가정의 따뜻한 사랑과 이해심이 넘치는 그러한 모습을 떠올릴 수 있는 가정을 만들어 주어야 한다.

둘째, 부모들은 가정을 훌륭한 교육의 장소로 만들어야 한다. 대부분의 자녀의 주된 교육 장소가 학교라고 생각하여 자녀들의 모든 것에 대한 책임을 학교교육에 미루어 왔다. 그러나 자녀들을 위한 교육은 가정·학교·사회가 평생 교육적 관점에서 상호관계를 유지하면서 이루어져야 한다. 자녀교육의 장소를 어느 하나 따로 생각할 수는 없으나 역시 가장 중요한 장소는 어릴 때 인간의 모든 기초가 이루어지는 가정이 아닐 수 없다. 그러므로 부모들은 가정이 물리적·심리적으로 좋은 자녀교육 장소이자 적절한 환경이 될 수 있도록 항상 노력해야 한다.

셋째, 부모가 훌륭한 교육자가 되어야 한다. 그런데 요즈음 자녀에 대한 교육을 제3자에게 떠맡기고 부모는 단지 뒤에서 교육비만 부담하는 경향이 있다. 이러한 방법이 지식 위주의 주입식·암기식 교육에는 성공할지 모르나 정서교육·인간교육·전인교육이라는 측면에서 볼 때는 가정교육의 실패요, 나아가 자녀의 실패라고 할 수 있다.

역시 자녀들은 아버지와 어머니가 힘을 합해서 사랑으로 어루만져 주었을 때 올바르게 자랄 수 있는 것이다. 과중한 가사일에 지치거나 직장 일로 아이들의 뒷바라지에 힘에 겨운 어머니와 가정을 단지 심신의 피로나 푸는 장소로 인식하는 아버지의 태도는 가정교육에 역행하는 것이며 저해요인이다.

넷째, 항상 대화하는 부모가 되어야 한다. 인간은 반드시 다른 사람과 어울려 살아가는 과정에서 틀이 잡힌다. 이와 같이 어울려 생활하는 과정에서 마음과 정신에 필요한 양식을 공급해 주는 구실을 하는 것이 대화이다. 가족 구성원들이 가정에서 함께 대화하는 시간이 많을수록 서로를 사랑하게 되고 마음에 병이 들지 않는다. 부모와 자녀 사이에는 언제나 열린 마음으로 대화가 오고 가야 한다. 부모와 자녀가 늘 대화를 나누는 가정 분위기가 이루어져야 비로소 자녀들의 문제나 심리적 갈등 또는 불만 등을 정확히 파악할 수 있다. 그리하여 자녀들이 문제를 미리 알아차려 해결해 줄 수 있고, 그들의 비행이나 이탈 행위를 미연에 방지할 수 있다.

다섯째, 여가시간을 자녀와 함께 보내야 한다. 여가시간은 인생의 각 발달 시기에 꼭 필요하고 중요하다. 특히 청소년기는 신체적·정신적으로 가장 충동성이 강한 시기이므로, 이 시기에 여가활동을 어떻게 하느냐 하는 것은 매우 중요한 과제이다. 부모가 자녀와 함께 생활한다는 것은 서로의 사랑이 오가고 감정이 통하는 상호 인간관계가 이루어지는 것을 뜻한다. 함께 생활하고 서로가 사랑으로 맺어지는 가운데 건전한 인격, 정서적 안정, 바람직한 생활 습관을 갖게 된다.

여섯째, 가정의 경제적인 문제로 인한 불화, 부부의 잦은 갈등과 다툼, 부모의 건전하지 못한 행동 등은 자녀들에게 심리적·정서적으로 심각한 영향을 끼친다. 그러므로 자녀의 심리적 건강을 위해서는 부모가 행복한 모습, 부모의 건전한 생활 태도, 자녀에 대한 사랑 등을 보여 주어야 한다.

제2절 학교에서의 청소년교육

1. 학교의 역할과 기능

학교는 아동기 및 청소년기 발달과 깊이 관련된 중요한 사회기관이다. 사회가 복잡해짐에 따라 가정과 다른 사회기관들의 영향은 줄어드는 반면 학교의 영향은 커져 가고 있다. 이는 학생들에게 학교의 역할이 중요하며 학교는 교육과정을 통해 학생들을 사회화해 나가는 책임이 있음을 강조하는 것이다. 또한 학교는 학생들이 교육의 목적과 목표를 달성할 수 있도록 적절한 환경을 제공하여야 하고, 학생들은 학교교육을 통해 시민으로서의 기능을 배울 권리가 있다. 그러나 학교교육의 중요성에도 불구하고 교육 여건과 환경은 교육의 목적을 달성하기에 효과적이지 못하다. 학교교육은 개인의 적성이나 흥미 등을 고려하지 않고 있으며, 교육방법도 입시 위주로 이루어지고 있다.

학교는 학생들의 교육을 담당하는 기관으로 의도적이고 계속적인 교육을 실시하기 위해 만들어진 곳이다. 이전에는 아이들의 교육을 가정에서 담당하였으나 문화의 발달과 사회생활의 복잡화로 인하여 더 이상 자녀교육을 가정과 사회에서 감당할 수 없게 되어 교육을 하기 위한 특별한 장소로서 학교가 출현하게 되었다. 따라서 학교는 가정에서 감당해야 할 교육과 양육의 기능을 담당하여 학생들이 장래한 사회의 일원으로서 제구실을 할 수 있도록 가르치고 기르는 곳인 것이다.

그런데 이와 같은 학교교육의 역할에 대해 부정적인 평가와 함께 '과연 학교가 아이들을 제대로 가르치고 길러 내고 있는가?'에 대한 비판과 회의를 가지게 되었다. 특히 청소년들의 일탈과 비행이 가정, 학교, 사회의 복합적인 원인으로 야기되지만 대부분의 시간을 학교에서 보내는 청소년들의 입장에서는 학교교육의 병리현상을 소홀히 할 수가 없다. 따라서 학교가 본래 가지고 있었던 기능과 역할을 회복하고, 청소년들의 전인적 성장을 위해 건강한 학교체제로서의 전환이 필요하다.

1) 사회화

학교가 사회에 기여하는 일반적 역할은 우리가 쌓아 온 문화유산을 후대에 전달해 주는 창구의 역할이다. 이 기능을 일종의 교육의 사회화(socialization) 기능이라고 한다. 사회화 과정이란 한 개인이 사회의 구성원으로 성장·발달해 감에 있어서 그가 소속한 사회의 사고, 행동, 습관, 감정 등을 내면화하고, 그 사회가 요구하는 생활양식에 따라 행동하게 되는 과정을 의미한다.

이런 사회화 과정은 인간이 출생하여 사회생활을 하는 인생의 전 과정에 걸쳐 계속된다. 유아기로부터 노년기에 이르기까지 가정, 학교, 사회 교육을 통하여 평생 영향을 받는 사회·문화의 습득과정인 것이다. 이것은 사회 구성원으로 하여금 그 사회가 인정하고 요구하는 언어, 사고, 감정, 태도, 행동의 제 양식을 학습하게 하고 건전한 사회생활을 할 수 있게 하는 교육적 과정인 것이다.

학교에서의 사회화는 크게 두 가지 형태로 나누어진다. 하나는 인지적 사회화로, 지식이나 기술을 습득시키는 것이다. 다른 하나는 규범적 사회화로, 가치관이나 행동양식을 형성시키는 것이다.

2) 사회 통합의 기능

학교는 이 사회를 하나로 묶어 주는 통합의 기능을 한다. 학교교육을 통하여 개인은 시간과 규율을 지키고 순종성, 근면성 등의 생활 태도를 배우며, 그 사회가 요구하는 중핵 가치(中核價値), 규범, 태도 등을 습득함으로써 사회 일원으로서의 자격과 역할을 잘 수행할 수 있다. 모든 국가가 의무교육제도를 통하여 국민의 지적 수준과 문화 수준을 향상시킴으로써 새로운 국가목표를 일반화시키고, 국가 증진을 꾀하는 것도 이러한 맥락으로 해석할 수 있다.

사회 통합의 기능은 사회와 국가의 여러 기관에서 담당하는 것이나 가정과 학교의 사회화 기능이 일차적으로 중요하다. 교육의 과정에서 교사나 부모는 칭찬, 벌이나 상을 줌으로써 바람직한 행동을 권장하고 정상에서 벗어나는 일탈행동에 대하여는 제재를 가한다. 그러나 오늘날 가정의 교육적 기능은 전통사회에 비하여 매우 약화되어 가고 있으며, 학교교육에 있어서도 과거에 비하여 훈육적 통제기능이 점차 약화되어 가는 경향이 짙다.

3) 사회 충원의 역할

학교는 앞으로 사회의 일원으로서 학생을 적성과 능력에 따라 사회의 적재적소에 배치하는 사회 충원의 역할을 한다. 학교교육이 수행하는 기능 중 가장 현실적이고 구체적인 기능이 바로 선발 및 충원의 기능인 것이다. 이것은 인력의 선발·분류·배치의 기능을 말한다.

사회가 고도 산업화되면서 학교교육을 통한 인력 양성은 매우 중요한 역할로 부각되었다. 더욱이 산업구조와 사회구조의 급격한 변화는 인력 수급의 요구를 점차 심화시키고 있다. 학교 수준과 학력은 사회적 선발과 배치에서 매우 중요한 기준이 되고 있다.

학교교육의 사회적 선발과 충원의 기능은 보는 시각에 따라 상반된 견해가 제기된다. 기능주의 입장에서는 고학력자가 더 좋은 사회적 지위를 배분받는 것이 더 정당하다고 보는가 하면, 갈등론적 입장에서는 학교교육이 업적주의에 따른 사회정의 실현보다는 계층 재생산의 도구로 전락되었다고 보고 있다. 따라서 학교교육의 사회적 충원 기능을 보다 충실히 수행하기 위해서는 교육의 기회 균등, 학생의 선발 및 분류, 인력 수급, 산업구조와 고용문제 등에 대한 많은 연구와 개선이 수반되어야 한다.

4) 사회적 지위의 이동 통로

학교교육은 개인의 사회적 지위를 결정해 주는 데 가장 중요한 요인이 된다고 믿어 왔고, 현실적으로도 그 효과는 매우 크게 나타나고 있다. 학교교육은 개인의 지위를 상승시킬 수 있는 통로의 역할을 한다. 이에 대한 실증적 연구나 결과에 의하면 개인의 사회적 성취를 결정해 주는 요인으로 학교교육은 가정 배경이나 개인적 능력 요인에 비하여 개인의 사회적 성공이나 지위 획득에서 가장 중요한 것으로 밝혀졌다. 물론 학교는 학생의 능력과 소질에 따라 학생을 분류·선발하는 기능도 하지만, 장래의 직업적 정치(定置), 사회적 지위, 경제적 분배를 예언해 주거나 보장해 주는 역할을 하기도 한다.

우리 사회에서 자녀교육에 대해 과도한 열의를 보이는 이유도 이러한 문제와 무관하지 않다. 따라서 부모는 자신의 사회적 상승을 위한 노력도 하지만, 자녀에게 사회적 상승의 기회를 주려고 높은 수준의 교육을 강요하게 된다. 그런데 학교교육이 이러한 사회적 지위 이동의 통로 역할을 하는 것이다.

5) 사회개혁의 기능

학교는 전통의 문화를 계승·유지하는 기능도 하지만 그와 함께 현존 사회를 개혁하고 혁신하며 새로운 문화를 창조하는 기능도 함께 수행한다. 특히 미래사회에서 주인공이 될 학생을 교육하는 학교교육은 그들에게 변화와 혁신에 대한 가치와 신념을 길러 주어야 한다.

따라서 학교는 학생들에게 사회개혁을 할 수 있는 지식, 기술, 태도, 신념을 형성해 주는 기능을 수행해야 한다. 이것은 사회를 어떤 방향으로 변화·개혁시킬 수 있는 학교교육의 진보적인 기능을 강조하는 것이다.

이상과 같은 학교가 가지고 있는 일반적 기능과 역할이 제대로 수행되었다면, 청소년들이 지금과 같이 학교교육에 흥미를 잃고 방황하지는 않을 것이다.

2. 학교교육의 문제

1) 입시위주 교육의 문제

학교교육에서 가장 먼저 대두되는 문제는 학교교육이 대학입시 위주의 교육으로 흘러 오로지 교육의 목표가 좋은 대학에 입학하는 것으로 전도되었다는 것이다. 이와 같은 풍토에서 본래 교육이 가지고 있었던 전인적 인간 완성이 이루어질 수 없는 왜곡된 교육을 낳고 말았다. 따라서 학교교육에서 추구하는 모든 것은 대학입시와 관련된 지식의 주입으로 흘렀고, 전인적 발달을 추구하여야 할 청소년들은 학교교육에 점차 흥미를 잃고 그들만의 세계를 따로 추구하게 되었다.

특히 학교교육의 결과가 사회적 지위 이동의 통로로 지나치게 인식되고, 현실적으로 경제적 수입과 사회적 신분이 학력에 따라 결정됨으로써 학교교육은 일류대학 입학을 추구하는 입시학원으로 전락하게 되었다. 그리하여 청소년들이 일찍부터 친구와 사랑과 우정을 심기보다는 친구와의 경쟁에서 이겨야 더 좋은 대학에 입학하여 성공할 수 있다는 경쟁의식을 갖게 되었으며, 이로 인하여 건전한 심신을 발달시켜야 하는 시기에 부정적인 인간관계와 지나친 불안감으로 비행과 일탈행동이 발생하게 되었다.

입시 위주의 학교교육으로 인하여 발생하는 대표적인 문제는 시험체제의 병리현상이라고 할 수 있다. 입시위주 교육에서는 시험 점수가 결정적인 요인이므로 높은 시험 점수를 획득하기 위하여 학교에서 자주 시험을 치르게 되고 시험의 중요성을 강조하게 된다. 따라서 청소년들은 시험에 대한 중압감, 불안감으로 인하여 시험 강박 및 자살과 같은 병리 현상을 겪게 된다.

2) 학교교육의 일반적 문제

입시위주 교육으로 인한 학교교육의 문제 외에도 학교의 일반적 기능과 역할의 변화로 인한 교육의 문제를 찾아볼 수 있다. 먼저, 과거의 교육 이념이나 교육관이 현대사회에 맞게 변화되어야 함에도 불구하고 학교가 종래의 전통적인 교육방법으로 지도함으로써 교육의 효율성을 떨어뜨리고 학생들의 관심과 흥미를 멀어지게 하였다.

또한 사회의 선발기관으로서 학교의 역할은 단지 공부 못하고 잘하는 사람을 가려내는 것이 아니라 다음 세대에서 본인의 적성, 흥미, 직업관에 알맞은 지위와 활동 범위를 찾아 행복한 삶을 갖도록 도와주는 것이다. 그런데 지금 학교는 이와 같은 본래의 선발적 기능을 상실하고 졸업장을 남발하는 기관으로 전락하고 말았다. 따라서 청소년들은 자기의 적성과 능력, 관심과 흥미를 통한 교육을 받기보다는 단지 학교를 졸업해야 사회에서 제 역할을 할 수 있다는 자격을 얻기 위해 다니는 곳으로 생각하게 되었다.

또한 학교는 사회의 각 구성원들과 기관 및 조직들을 통합하는 기능을 가지고 있다. 그러나 오히려 학교에서의 교육이 사회의 통합을 저해하는 요인으로 작용하고 있다. 왜냐하면 오늘날 사회의 통합을 깨는 잔인한 행위, 공격성 등이 주로 학력(學歷)을 능력(能力)으로 생각하는 학교제도의 결과이며, 이미 학교는 배움에 대한 순수한 열정과 어떤 행동규범을 지켜야 하는 윤리적 의무감과 같은 교육 본질의 의미를 상실하였기 때문이다.

3. 학교교육의 방향

학교교육의 파행 결과로 나타나는 병리는 크게 병리적 교육과 교육적 병리로 구분할 수 있다. 이 중 병리적 교육은 교육 조건, 원인으로서의 병리이고, 교육적 병리는 교육에 의해 발생하는 병리라고 할 수 있다. 대외적·내부적인 구조적 측면에서의 지체(遲滯)와 교육 격차는 병리적 교육이며, 기능적 측면에서의 낭비와 갈등은 교육적 병리이다.

교육은 일생에 걸쳐서 이루어져야 하지만 가정교육 다음으로 중요한 것은 학교교육이다. 학교는 청소년교육을 사회로부터 위탁받은 유일한 기능집단이기 때문이다. 따라서 학교교육은 청소년들의 전인적 발달을 촉진하면서 바람직한 사회인으로 성장하게 하는 것을 교육목표로 하는 교육이어야 한다. 이에 따라 앞으로 나아가야 할 학교교육의 바람직한 방향을 제시하면 다음과 같다.

1) 교육 본질의 회복

학교교육이 졸업장을 받거나 대학 진학을 위한 도구로 여겨질 때, 학생들은 지식의 본질이나 졸업 후 실제 생활에서의 활용 정도에 관해서는 관심이 없다. 그들이 공부하는 유일한 목적은 취직시험이나 상급학교 입학시험에서 그동안 암기한 내용을 제대로 기억하여 합격하는 것이다. 다시 말하면, 학생들에게 있어서 공부는 그 자체로서의 의미는 없으며, 단지 목적을 위한 수단으로 전락했다고 해도 과언이 아니다.

또한 입시 중심 교육과 교과서 중심 교육은 학생 개발에 적지 않은 장애요인이 되고 있다. 학교에서 청소년교육은 인간의 전인교육에 도움이 되는 교육활동이어야 하는데, 오늘날 우리의 학교교육은 일방적이고 일사불란한 수업과 시간표에 따른 지식축적교육에 치중하고 있다. 뿐만 아니라 학생을 평가하는 데 있어서도 지식 중심의 평가가 이루어져서 지식에 따라 훌륭한 학생, 문제학생으로 평가하기 쉽다.

따라서 이제 학교교육은 교육의 본질을 회복하는 것이 매우 시급하다. 본래 교육이 지향하는 지 · 정 · 의가 조화된 전인교육으로 회복하는 것이 앞으로 건강한 청소년을 육성하는 학교교육이 감당해야 할 몫이다.

2) 학력사회의 지양

고학력사회 지향은 학생, 학부모, 교사 그리고 사회가 함께 만들어 낸 공동 작품이다. 학생들은 자신의 능력이나 적성에 관계없이 수단과 방법을 불문하고 고학력과 명문 학벌을 얻고자 하며, 이와 같은 생각은 그들 부모들의 영향이 매우 크다. 이미 부모들은 우리 사회에서 고학력과 명문 학벌이 있어야만 인간적으로 대접받고 출세할 수 있다는 경험을 가지고 있다. 그렇기 때문에 부모들은 자신들이 어떠한 희생을 감수해서라도 자녀들이 그들의 능력에 상관없이 일류대학에 들어가기만을 강요한다.

학력사회에서 문제로 지적될 수 있는 것은 부모들이 학교교육을 학력, 학벌을 획득하기 위한 수단, 즉 교육의 의미를 단순히 입신출세의 도구로 축소 · 왜곡하고 있는 경우가 많다는 것이다. 이러한 부모들의 인식은 학교교육 전반을 왜곡하는 주요 원인이라고 말해도 과언은 아닐 것이다.

교사나 학교 당국도 교육을 학생들의 전인교육을 위한 것이라기보다 학생들의 출세를 돕는 도구로 여기고 입시체제로 학교를 운영하고 있다. 소질과 적성을 무시한 진로지도, 학교의 명예를 높이기 위한 일류대학 진학 위주의 학교 운영 등은 비난의 대상이 되고 있다.

이에 고학력을 열망하는 교육 풍토에서 교육을 정상화시키기 위한 방향으로, 첫째, 학력이라는 획일적인 가치기준에 따른 출세관부터 고쳐야 할 것이며, 다원적 가치관이 형성될 수 있도록 다양한 능력에 따른 보상기준의 다원화가 이루어질 수 있는 제도적인 뒷받침이 따라야 할 것이다. 둘째, 진로지도의 활성화가 필요하다. 직업세계와 노동시장의 전망에 대한 정보가 부족한 가운데 진학지도가 유일한 진로지도의 방법이고, 대학이 유일한 진로목표로 설정되고 있다. 이러한 우리의 현실에서 개인의 취미, 적성 그리고 능력에 따른 다양한 진로 선택을 할 수 있도록 전문적인 진로지도가 필요하다. 셋째, 학교는 인간 형성과 정서 함양에 더욱 관심을 기울여야 할 것이며, 학력(學歷)과 학력(學力)이 일치될 수 있는 내실화를 기해야 할 것이다.

3) 교사와 학생 간의 인간관계 회복

입시체제 문제, 교육과정 문제, 과대·과밀학급 문제는 학교 내에서 교사와 학생 간의 신뢰관계를 깨뜨리고 말았다. 현재 교사와 학생 간의 관계는 가르치고, 이해하고, 상담하고, 만나서 인도하는 관계보다 철저하게 평가하고 또 평가받는 관계로 인식되고 있다. 오늘날 학교에서 교사와 학생 간에는 사회적 거리가 있고 마음과 마음의 교류, 인격과 인격의 교류가 거의 없는 실정이다.

또 하나의 문제는 학생지도상의 문제이다. 우리 청소년들은 가정이나 학교 그리고 사회에서 제시하는 금지사항이 너무 많아서 그들이 활동하는 세계가 꼭꼭 묶여 있으며, 사회환경이 성인 중심이어서 갈 곳이 없다. 그러므로 내적으로는 금지규율과, 외적으로는 출입금지 장소와 행동에 대한 제약 때문에 학생지도에 어려움이 너무 많이 산적해 있다. 우리의 학교교육은 금지사항의 많고 적음이 생활지도의 평가기준이 되기 때문에 문제가 된다는 것이다. 이를 종합하면, 오히려 엄격한 규제나 금지, 통제하에 교육받는 학생이 반항·반발 행위를 하고, 교내폭력, 학교병리와 사회병리를 일으킨다는 점을 인식하면서 인간관계 형성 및 학생 생활지도가 이루어져야 한다는 것이다. 바람직한 청소년 및 학생 생활지도가 이루어져야 하는데, 이를 위한 최선의 방법은 교사와 학생이 따뜻하고 인간적인 정을 나누는 것이다.

제3절 사회에서의 청소년교육

　현재 우리가 살고 있는 세상은 고도의 도시산업사회이자 대중사회이다. 이와 같은 사회는 우리 삶의 질을 높이기도 하지만, 그동안 경험하지 못한 여러 사회문제를 양산하였다. 특히 사회의 산업화, 도시화 현상은 청소년들에게도 많은 변화를 가져왔다.

1. 산업화 현상과 청소년기

　산업화는 기본적으로 기술의 발달에 기초한 생산체제와 산업구조의 변화를 뜻한다. 따라서 산업사회는 이러한 산업화가 생산 영역에서 보편화되고 기계화된 대량생산이 지배적인 생산방식으로 정착된 사회이다. 그러나 산업사회의 개념은 단순히 기계화된 대량생산 체제가 보편화된 사회라는 의미를 넘어, 이와 같은 기계기술의 발달 및 생산방식의 변화에 따라 새로운 사회 조직과 구조, 새로운 가치체계와 인간관계가 창출되고 정착된 사회라는 의미를 내포하고 있다.

　산업화의 특징으로 나타난 것은 도시화, 대중사회와 핵가족화이며, 이러한 사회변화는 현대사회에서 인간들의 욕구 충족은 물론 경제 성장과 생활 수준의 향상, 편리해진 일상생활, 교통과 통신의 발달, 정보의 신속하고 광범위한 유통, 사회전체의 민주주의 발전과 같은 많은 혜택을 주었다. 그러나 그에 수반되는 여러 가지 사회문제를 낳았으며, 특히 청소년과 관련되어 과거와는 다른 새로운 청소년문제를 양성하였다.

1) 사회의 급격한 변화

　사회의 급격한 변화는 전통사회에서 가정의 역할인 자녀 양육과 가족 구성원의 정서적 만족감, 편안한 휴식처뿐만 아니라 가정의 생산적인 경제활동과 교육활동의 기능을 빼앗아 버렸다. 산업화가 진행되고 공장이 가동됨에 따라 가정의 경제적 생산기능은 공장이나 직장으로 이전되고 가정은 소비기능만이 남아 있으며, 이로 인한 경제활동은 과거 부모에게 사회적 역할을 배우던 가정의 교육적 기능을 크게 약화시켰다. 결국 가정에서 교육의 역할은 전문적인 교육기관인 학교로 옮겨졌고, 학교의 파행적인 교육과정 운영은 청소년들에게 가정과 학교를 모두 잃어버리는 문제를 낳게 되었다.

2) 과도기로 인한 불안정

청소년기는 성인으로서 사회생활을 하는 데 필요한 것을 습득하고 심리적·사회적 독립을 추구하는 시기이다. 그러나 현실적으로 성인에 도달하지 못한 채 성인 역할을 훈련해야 하는 과도기적인 특성 때문에 청소년들은 많은 갈등과 문제에 부딪치게 마련이다. 청소년은 아동도 아니고 성인도 아닌 상태에 있으므로 아동과 같이 의존적일 수도 없고 그렇다고 독립적인 생활을 하는 처지에 있지도 않다. 이들은 부모로부터의 독립을 추구하면서도 부모나 성인들의 사랑과 관심을 기대하고 또 필요로 하는 존재이다. 청소년기 자체가 안고 있는 이와 같은 과도기적인 불안정에 더하여 산업화로 인한 급격한 사회 변화는 그전의 단순한 삶을 다양하게 변화시켰다. 또한 청소년의 생활 영역 또한 가정을 넘어 학교, 친구집단, 사회 등으로 확대되어, 서로 다른 집단 및 가치와 접촉하게 됨에 따라 오늘날의 청소년들은 과거보다 더 많은 갈등과 고민을 안고 살아가게 되었다.

3) 상반된 가치관에서의 갈등

가정이나 학교에서 가르치고 원하는 생활방식과 다르게, 친구는 대중매체에서 제시하고 조장하는 것과는 상반되는 경우가 많다. 또한 취업을 위한 교육 및 훈련 기간이 연장되고 좁은 직장 관문을 통과하기가 힘들게 되어 더욱 열띤 경쟁이 불가피해지면서, 일류학교에 가기 위한 치열한 학업 및 입시경쟁이 청소년들에게 이중, 삼중의 고통을 겪게 하였다.

2. 도시화 현상과 청소년문제

산업화로 인해 두드러지게 나타나는 특징이 도시의 인구집중 현상이다. 산업화가 진행됨에 따라 농업, 수산업 등 1차 산업의 비중이 약해지고, 2차 및 3차 산업이 증가함에 따라 산업 소재지인 도시로 인구가 집중하게 되었다. 많은 사람이 도시에 몰리자 도시화로 인한 부정적인 문제가 나타나게 되었다. 특히 과잉도시화 현상은 주택난을 심화시키고, 빈곤과 범죄, 교통, 불결한 환경, 심각한 교육 문제 등을 낳게 되었다. 특히 거대 도시는 익명성과 비인간화 현상을 심화시키기 때문에 청소년과 관련하여 심각한 문제를 유발시킨다.

임희섭(1991)에 따르면 농촌에서는 전통적인 공동체가 해체되면서 새로운 공동체가 재구조화되지 못하였고, 도시에서는 전입자들이 지역사회의 공동체를 형성하지 못하였다. 따라서 사회조직의 차원에서는 빈번한 인구 이동과 불균형한 인구구조로 인해 구조적 안정성이 결여되어 혈연, 지연, 학연 등 비공식적인 사회조직에 의존하고 있을 뿐, 공식적인 주민조직에 자발성을 보이지 않고 있다. 또한 심리적인 차원에서는 지역공동체에 대한 동일시 감정과 애착심이 낮고 공동체 문제에 대한 관심과 참여도가 낮은 수준에 있으며, 문화적인 차원에서는 공동체문화의 부재 또는 미비 때문에 대중매체에 주로 의존하는 것으로 나타난다.

이러한 도시화로 인한 공동체 해체 현상으로 이웃과의 유대나 친근감이 사라지고, 도시는 모르는 사람들이 모인 거대한 집단으로 변화하고 말았다. 도시화는 익명성이 증가되고 이기주의가 확산됨에 따라 사회의 통합을 저해하게 되었고, 결국 공동체생활을 통해 사회화를 이루어야 할 청소년들에게 공동체생활을 가르치는 사람이 없을 뿐만 아니라 훈계해 주는 이웃 어른과 같은 조심스러워할 대상도 사라지게 하였다.

3. 대중화 현상과 청소년기

대중사회는 산업화 · 도시화 과정에서 나타난 것으로, 전통적인 지역사회의 유대감, 친밀감, 소속감 등을 박탈시킨 거대한 현대의 정치적·사회적 단위이다. 이와 같은 대중사회의 특징은 대중행동과 대중문화로 대표된다. 대중사회란 흔히 매스미디어로부터 개인에게 미치는 일방적 교신, 소외, 고독, 익명성, 비인격적인 인간관계, 빈번한 이동, 관료체제, 획일적 가치, 모방성 혹은 극단적인 세분화 등을 강조한다.

1) 인간소외 현상

대중사회에서는 '나'라는 존재는 의미가 없고 조직원 또는 다수의 힘을 동원하는 엘리트의 힘이 지배할 뿐이며, 인간의 소외 현상이 일어난다. 현대사회가 인간의 뜻대로 움직여지는 것이 아니라 오히려 인간이 사회의 메커니즘 속에 말려들어 수동적으로 움직이게 된다. 즉, 인간이 생활의 향상을 위해 만든 기계 속에 얽매이고 생활의 능률을 위해 만든 조직에서 무력한 존재가 되는 것이다. 따라서 인간은 자기중심적인 생활을 포기하고 타인의 기대와 평가에 따라 행동하는 타인 지향적인 인간이 된다. 자기의 주체적인 삶을 포기함으로써 성취 의욕도 저하되고, 집단에의 참여가 생활의 풍요와 즐거움을 주기보다는 갈등과 소외의 원인이 되는 경향이 있다. 따라서 대중사회의 현대인은 극심한 소외감 속에서 살아가고 있다.

2) 소비와 여가의 상품화

자기를 잃고 휩쓸려 돌아가는 사회에서 재량권을 행사할 수 있는 것은 소비와 여가생활뿐일지 모른다. 그러나 이마저도 온갖 광고를 통한 은밀한 유혹과 호소로 소비를 유도하여 결국 자본에 의해 마음까지 지배당하는 결과를 초래하고 있다. 이러한 상품화가 문화생활에도 구석구석 침투함에 따라 오늘날에는 음악, 미술, 문학, 스포츠, 교양 등 무형의 문화생활도 영리 추구의 대상과 수단이 되었으며, 무형의 상품으로서 생산, 판매, 소비되고 있다.

3) 문화의 대중화

문화 상품도 값싸게 만들어 많은 사람에게 팔리도록 대량 생산되는 경향이 생기고, 문화생활도 여타의 소비생활과 마찬가지로 대중화되고 획일화되어 대중문화를 낳게 되었다. 뿐만 아니라 이러한 문화의 대중화 과정은 신문, 방송, 잡지, 컴퓨터 등 대중매체의 발달이 없이는 불가능했기에, 대중매체는 인간들의 의사소통을 대량적으로 이루어지게 하여서 상품이 기계에 의해 대량 생산되고, 대량 판매 및 소비되는 것처럼 문화도 대량화하게 하였다.

4) 대중사회에서의 청소년기

대중사회에서 나타나는 인간 소외와 획일화 경향, 대중매체를 통한 대중문화의 대량생산 등은 청소년의 건전한 성장이나 육성에도 지대한 영향을 미치게 된다. 사회 전체의 획일화 경향은 청소년들로 하여금 수동적인 인간으로 성장하게 하였고, 대중사회 속에서 자기의 정체감을 상실하고 창의성과 적극성이 부족한 청소년들을 양산하게 되었다. 또한 대중매체를 통한 상업주의와 선정적 광고, 저질적인 대중문화의 영향으로 사치와 낭비적인 소비생활과 성적 타락이 부추겨지고, 이를 얻기 위한 물질지상주의에 빠져들어 폭력과 범죄, 약물남용 등의 비행과 같은 사회적 일탈행동이 일어나게 되었다.

5) 사회교육의 중요성

청소년기는 아동기에서 성인으로 가는 중요한 시기로 사회생활을 하는 데 필요한 심리적 · 사회적 독립을 추구하는 시기이다. 아동기와는 다르게 사회적 활동이 많은 청소년기에 사회적 유해환경은 결국 청소년들의 건전한 인격 형성에 많은 문제를 낳고 있다.

사회가 청소년들의 삶의 질을 높이기도 하지만 그동안 경험하지 못한 여러 문제를 양산하므로, 사회의 역할과 기능은 성장하는 청소년에게 있어 매우 중요하다.

4. 바람직한 청소년을 위한 사회 교육방향

청소년 시기에 가정과 학교를 벗어나 사회적인 환경에서 크게 대두되는 것은 첫째, 유해환경 문제이다. 저속한 출판물, 폭력적이고 선정적인 대중매체, 인터넷을 통한 음란물, 사치와 낭비적인 소비환경, 음주와 약물 사용 등의 향락산업으로 둘러싸인 청소년 유해환경은 가정과 학교를 벗어난 청소년들의 비행과 일탈을 부추기며 방관하고 있다. 이와 같은 사회적 유해환경 속에서 청소년들의 건전한 인격형성은 많은 문제를 안고 있다. 따라서 먼저 사회는 청소년들을 위해 유해환경을 정화할 필요가 있다.

둘째, 청소년들이 여가를 건전하고 생산적으로 이용할 수 있는 방안을 모색하는 것이다. 건전한 여가문화가 아직 정착되지 못한 우리 사회에서 청소년들은 여가를 적절히 보낼 수 있는 방법을 찾지 못하고 있다. 따라서 사회는 청소년들이 그들의 여가시간을 건전하게 보낼 수 있도록 좋은 문화적 환경과 프로그램을 제공하여 청소년들을 유해환경으로부터 보호하여야 한다.

셋째, 대중매체 프로그램의 정화이다. 청소년들에게 있어서 대중매체의 영향은 매우 지대하다. 따라서 대중매체의 프로그램은 말초적이고 폭력적인 것에서 교육적인 성격을 강화하는 것으로 나아가야 한다. 또한 대중매체를 통한 퇴폐적인 광고, 선정적이고 음란한 성적 광고, 선동적이고 폭력적인 광고, 술 등 청소년을 유혹하는 광고를 전면 금지해야 한다.

넷째, 청소년에게 유해한 환경을 금지하기 전에 그것을 대체할 수 있는 교육 프로그램이 개발되어야 한다. 학교 및 사회단체에서는 건강, 오락, 여가선용, 개인의 취미 개발에 관한 프로그램과 함께 협동심 함양, 직업 윤리, 공공질서, 재산권 행사, 경제교육, 시민으로서의 권리와 의무 등 건전한 시민생활을 위한 프로그램의 개발을 강화해야 할 것이다.

소득과 생활 수준의 향상, 여가시간의 증대 등으로 학문, 예술, 미술, 음악, 도덕 등 주로 정신적ㆍ가치 지향적 활동, 문화 지향적 활동에 대한 욕구가 보편화되고 있다. 그리고 이것은 곧 문화의 대중화, 소비화 현상을 초래하고 있다. 교육기관이나 사회단체에서는 말할 것도 없고, 기업 등 직장에서도 문화 공간의 확보, 문화활동을 위한 프로그램 개발, 참여를 유도하는 분위기 형성 등에 세심한 배려를 해야 할 것이다.

다섯째, 비행 청소년에 대한 교정기능을 강화하여야 한다. 청소년비행은 예방이 더욱 중요하지만 비행에 빠진 청소년들을 치료하여 정상적인 사회생활로 되돌아 가게 하는 것도 매우 중요하다. 비행 청소년 중에서 가정이나 학교, 사회단체에서 교육적으로 치료하기 곤란한 경우도 있지만, 재산범이나 음주 · 흡연 · 가출 등의 비행은 가치관의 미정립이나 건전한 생활 유형의 미정착, 비교육적인 생활환경 등 에서 오는 경우가 많다.

이러한 비행 청소년들은 사법기관의 교정시설에서 교정하는 것보다는 가정, 학 교, 청소년 보호단체, 종교기관 등에서 심리학자, 정신분석학자, 교육학자, 청소년 전문가 등이 마련한 특수한 프로그램으로 교정하는 것이 필요하다. 가정이나 학교 를 비롯한 이러한 기관들은 청소년 비행의 예방적인 기능뿐만 아니라 치료적 · 교 정적 기능도 함께 담당하도록 해야 할 것이다(문영희, 이복희, 2005).

 연구문제

1. 바람직한 청소년상을 위한 건강한 가정의 방향에 대하여 논하시오.

2. 바람직한 청소년지도를 위한 학교교육에 대하여 토의하시오.

3. 청소년들의 건전한 인격 발달을 위한 사회적 역할에 대하여 토의하시오.

참고문헌

강병연(2006). 청소년육성제도론. 서울: 양서원.

강영배 외 역(2016). 청소년과 사회[*The Nature of Adolescence* (3rd ed.)]. Coleman, J. C., & Leo, B. H. 저. 서울: 성안당. (원저는 1999년에 출판).

계산여자고등학교(2002). 성교육 학습지도서.

교육부(2014). 2014년 1차 학교폭력 실태조사 분석 결과 발표. 한국교육개발원.

교육부, 국가평생교육진흥원(2013). 평생교육백서.

국가청소년위원회(2006). 청소년백서. 서울: 국가청소년위원회.

국가평생교육진흥원(2013). 2013년 성인문해교육 지원사업 운영 보고서. 서울: 국가평생교육진흥원.

권이종, 남정걸, 차경수, 최충옥, 최운실, 최윤진(1998). 청소년교육론. 서울: 양서원.

권일남, 정철상, 김진호, 김영철(2008). 청소년 활동지도론(2판). 서울: 학지사.

권준근, 김지수(2011). 청소년수련시설에서의 동아리활동 실태. 청소년동아리활동 실태 및 활성화 방안 전문가워크숍자료집.

권준수(2001). 나는 왜 나를 피곤하게 하는가. 서울: MARC.

김남선 외(2001). 청소년교육론. 서울: 형설출판사.

김동일(1993). 청소년 음주와 비행의 관계에 관한 연구. 서울: 한국형사정책연구원.

김두현(1997). 청소년 법과 행정. 서울: 삼영사.

김민(2006). 전략적 청소년자원개발 모형에 관한 연구. 청소년학연구, 13(2), 240-268.

김성경(1997). 가출소녀를 위한 사회복지서비스 연구. 서울: 한국여성개발원.

김성수, 권일남(1998). 청소년수련활동지도론. 서울: 서울대학교 출판부.

김성이(1993). 청소년복지의 개념과 의의. 청소년복지론. 서울: 한국청소년개발원.

김승보(2011). 단위학교의 진로교육 실천역량 강화 방안. 서울: 한국직업능력개발원.

김신일(1992). 청소년문화의 의의와 성격. 청소년문화론. 서울: 한국청소년개발원.

김영수(1998). 미래사회와 청소년문화의 방향. 청소년문화의 현실과 대안 모색. 한국청소년학회.

김영지, 김경준, 김지혜, 이민희(2013). 한국 아동·청소년 인권실태 연구 III. 서울: 한국청소년정책연구원.

김영모 외(1991). 청소년 정책연구. 서울: 한국복지정책연구소 출판부.

김은경, 홍영오(2006). 가정·학교에서의 청소년 문제행동 대책. 서울: 한국청소년개발원·한국형사정책연구원.

김용현, 김종표(2015). 평생교육론. 경기: 양서원.

김준호(1993). 청소년의 가출과 비행의 관계에 관한 연구. 서울: 한국형사정책연구원.

김지연, 정소연(2014). 가출청소년 보호지원 실태 및 정책과제 연구. 서울: 한국청소년정책연구원.

김진숙, 김현아(2008). 청소년의 가출경험과 가출충동에 향을 미치는 요인 연구. 인간발달연구, 15(1), 73-94.

김진숙, 유용식(2003). 북제주군 청소년 복지욕구에 관한 연구. 청소년지도학연구, 4.

김진화(2001). 평생교육 프로그램개발론. 서울: 교육과학사.

김진화, 정지웅(1997). 사회교육 프로그램개발의 이론과 실제. 서울: 교육과학사.

김향초(2001). 가출청소년의 이해와 개입방법. 서울: 나눔의 집.

김현수, 오치선 역(1994). 청소년지도의 히트[*He Hit Me Back First*]. Eva D. Fugift 저. 서울: 금강출판사.

김혜경(2013). 학교폭력에 대한 형사법적 접근의 제한. 형사정책연구, 24(4).

남미애(2014). 청소년쉼터 실태 개선방안. 2014 청소년쉼터 실태와 운영방향 세미나 & 2014 청소년쉼터 주간 기념식 자료집. 9-72.

남정선(2002). 학교폭력 따돌림의 원인과 특성. 학교폭력 예방 및 근절을 위한 토론회. 자녀안심하고 학교보내기 운동 국민재단.

노혁(1998). 청소년복지의 정체성 모색. 한국청소년연구, 9(1).

노혁(2009). 빈곤청소년의 사회적 배제와 청소년복지정책의 방향. 미래청소년학회.

도종수(1991). 청소년문제. 사회문화연구소 편. 현대사회문제. 서울: 사회문화연구소.

도종수(1992). 사회변동과 청소년문제. 한국청소년개발원 편. 청소년문제론(pp. 3-15). 서울: 한국청소년개발원.

류동훈, 이승재(2005). 청소년 수련활동. 서울: 양서원.

류종훈(2005). 가출청소년의 정신건강에 한 연구. 교정복지연구, 2, 1-19.

문영희, 이복희(2005). 학교사회사업론. 서울: 양서원.

문재우(2012). 우리나라 청소년의 가출충동과 가출경험에 영향을 미치는 요인. 대한 보건 연구, 38(1), 19-34.

문화관광부(1998). 청소년백서. 서울: 문화관광부.

문화관광부(2004). 청소년백서. 서울: 문화관광부.

미래창조과학부, 한국인터넷진흥원(2017). 인터넷 이용실태조사.

미래창조과학부, 한국정보화진흥원(2016). 2016년 인터넷중독 실태조사.

박명숙(2006). 청소년 가출의 잠재적 위험요인에 관한 연구. 청소년학연구, 13(1), 5-106.

박상기, 손동권, 이순래(1998). 형사정책. 서울: 한국형사정책연구원.

박성수, 김혜숙, 이숙영, 김창대, 유성경(1997). 청소년 상담원리. 서울: 한국청소년상담원.

박성희(1994). 청소년활동 프로그램 개발의 기초. 프로그램의 개발과 운영. 서울: 한국청소년개발원.

박선영(2013a). 청소년 주말활동 활성화 방안 모색. 청소년학연구, 20(2), 347-367.

박선영(2013b). 사회통합을 위한 청소년 정책: EU 청소년정책과 프로그램을 중심으로. 청소년문화포럼, 35, 141-169.

박선영 외(2013). 청소년활동론. 경기: 정민사.

박재황, 남상인, 김창대, 김택호(1993). 청소년상담교육과정 개발 연구. 서울: 청소년대화의 광장.

박진규(2010). 청소년문화. 서울: 학지사.

백지숙, 김혜원, 김영순, 방은령, 임형택(2011). 청소년상담. 서울: 신정.

백혜정, 방은령(2009). 청소년 가출 현황과 문제점 및 대책 연구(연구보고09-R08). 서울: 한국청소년정책연구원.

보건복지부(2017). 2017년 정신건강사업 안내. 세종: 보건복지부.

서울시청소년종합상담실(1998). 98 서울시 청소년 의식조사. 서울청소년 상담연구Ⅱ.

송병국(2005). 청소년 프로그램 평가. 한국청소년개발원 편. 청소년학총론. 서울: 양서원.

송정부(1991). 지역사회의 청소년복지 대책, 밝은사회 건전한 청소년. 서울: 체육청소년부.

여성가족부(2012). 제5차 청소년정책기본계획(2013~2017년) 비전, 목표 및 정책과제.

여성가족부(2014). 청소년백서. 서울: 여성가족부 · 한국청소년정책연구원 청소년정책분석 평가센터.

여성가족부(2015). 청소년백서. 서울: 여성가족부 · 한국청소년정책연구원 청소년정책분석 평가센터.

여성가족부(2016a). 2016년도 청소년사업안내.

여성가족부(2016b). 청소년백서. 서울: 여성가족부·한국청소년정책연구원 청소년정책분석 평가센터.

오세진, 임영식(1999). 인간행동과 심리학. 서울: 학지사.

오치선, 조영승, 곽형식, 김성수, 조용하, 함병수, 박진규, 이창식, 이승재, 남현우, 김영선, 전명기, 김민, 김진숙, 김진화(2000). 청소년지도방법론. 서울: 학지사.

오치선(1996). 청소년 사회교육관리자의 커뮤니케이션 연구. 사회교육연구논총 제2호. 서울: 명지대학교 사회교육연구소.

오치선(1997). 회의식 집단지도. 집단지도론. 서울: 인간과복지.

오치선(1998). 청소년의 종합유선방송 접촉실태 및 그 영향에 관한 연구. 한국인간관계학보, 3(1).

우범형사정책연구회 역(2000). 범죄학이론[*Theoretical Criminology*]. Vold, G B., Bernard, T. J., & Snipes, J. 저. 서울: 길안사.

유네스코청년원(1985). 청소년과 함께: 1985년도 한국청소년활동지도자 연수과정 연수교재. 서울: 유네스코한국위원회사무처.

원호택(1991). 청소년범죄행동 유발 요인에 대한 심리학적 연구. 서울: 한국형사정책연구원.

윤철경(2005). 영국, 독일, 프랑스의 청소년보호관련 법제와 정책자료집. 서울: 한국청소년개발원.

윤철경, 임연식(2002). 남자 청소년을 위한 위험한 성 예방프로그램 개발의 기초연구. 서울: 한국 청소년개발원.

윤철경, 정희욱(2001). 유럽의 청소년정책. 서울: 한국청소년개발원.

이규미, 이은경, 주영아, 지승희 역(2005). 아동 및 청소년 상담[*Counseling Adolescents and Children: Developing Your Clinical Style*]. Pledg, D. 저. 서울: 시그마프레스. (원저 는 2004년에 출판).

이복희, 문영희, 김종국(2005). 청소년복지론. 서울: 유풍출판사.

이성진(1996). 청소년상담 발전의 방향과 과제. 제3회 청소년상담학세미나(1996. 11. 29., 세종문화회관 대회의실).

이영선, 박정민, 최한나(2001). 사이버상담의 기법과 윤리. 서울: 한국청소년상담원.

이용교(1995). 한국청소년정책론. 서울: 인간과복지.

이용교(2004). 한국 청소년복지. 서울: 현학사.

이용교(2006). 디지털청소년복지. 서울: 인간과복지.

이형득(1993). 상담이론. 서울: 교육과학사.

이혜연, 조정문, 김아미(2006). 청소년 정보화 현황과 대응방안 II-국내외 청소년 정보화 정책연구. 서울: 한국청소년개발원.

임희섭(1991). 공동체의 해체 문제. 한국사회학회 편. 현대한국사회문제론. 서울: 한국사회복지정책연구소 출판부.

임형택, 권재환, 김경열, 김경태, 김민, 박병훈, 박찬원, 박희석, 오상봉, 오선아, 윤은종, 이
두휴, 이용교, 정민, 천정웅(2013). 청소년교육론. 경기: 공동체.

장병림 역(1974). 정신분석입문. Freud, A. 저. 서울: 박영사.

장인협, 오정수(1987). 사회복지시설 연장아동의 자립에 관한 연구. 서울: 한국복지재단.

정지웅, 김지자 역(1995). 자기 주도 학습의 길잡이[*Guideposts to Self-Directed Learning*].
George, A. A. 저. 서울: 교육과학사.

조성연, 유진이, 박은미, 정철상, 도미향, 길은배(2016). 청소년복지론. 서울: 창지사.

조영승(1998). 청소년 육성법론. 서울: 교육과학사.

조혜영(2007). 청소년학개론. 경기: 교육과학사.

조혜영(2016). 청소년문화 연구 동향 분석과 발전과제. 청소년문화포럼. 서울: 한국청소년문
화연구소.

조혜정(1996). 학교를 거부하는 아이 아이를 거부하는 사회. 서울: 또 하나의 문화.

진혜경(2012). 청소년정책론. 서울: 학지사.

청소년지도사학교(2005). 청소년지도사. 서울: 교육과학사.

청소년폭력예방재단(2006). 학교폭력화해·분쟁조정센터 안내. 청소년폭력예방재단홈페
이지(http://svmedi.net/sub/introduction2.php).

최윤진(1993). 청소년 청소년지도자 연수과정 개발연구. 서울: 한국청소년개발원.

최윤진 외(1990). 청소년문제행동진단을 위한 조사연구 I, II. 서울: 한국청소년연구원.

최인섭, 기광도(1997). 사회계층과 범죄발생에 관한 연구. 서울: 한국형사정책연구원.

최충옥(1999). 청소년학 정립의 기본방향. 한국청소년학회 편. 청소년학총론. 서울: 양서원.

최현, 이용교, 이춘차, 정병오(1991). 청소년 상담사업 활성화 방안 연구. 서울: 한국청소년연
구원.

통계청(2013). 2013 청소년통계.

통계청(2015). 2015 청소년통계.

통계청(2016). 2016 청소년통계.

통계청(2017). 2017 청소년통계.

한국국제협력단(2011). 선진 원조 집행방안 모색을 위한 국별 비교연구. KOICA.

한국청소년개발원(1993). 청소년 문화론. 서울: 양서원.

한국청소년개발원(1994a). 집단지도론. 서울: 한국청소년개발원.

한국청소년개발원(1994b). 청소년관계법과 행정. 서울: 한국청소년개발원.

한국청소년개발원(2004). 청소년학 용어집. 서울: 교육과학사.

한국청소년개발원(2006). 청소년육성제도론. 서울: 교육과학사.

한국청소년개발원 편(2003). 청소년수련활동론. 서울: 교육과학사.

한국청소년개발원 편(2003). 청소년교류론. 서울: 교육과학사.

한국청소년개발원 편(2004). 청소년상담론. 서울: 교육과학사.

한국청소년개발원 편(2005a). 청소년 프로그램개발 및 평가론. 서울: 교육과학사.

한국청소년개발원 편(2005b). 청소년문화론. 서울: 교육과학사.

한국청소년개발원 편(2006a). 청소년문제론. 서울: 교육과학사.

한국청소년개발원 편(2006b). 청소년육성제도론. 서울: 교육과학사.

한국청소년상담원(2002). 가출청소년 상담정책 연구. 서울: 한국청소년상담원.

한국청소년정책연구원(2007). 청소년학개론. 경기: 교육과학사.

한국청소년정책연구원(2016). 학교폭력 해결을 위한 회복적 정의모델 도입방안 연구. 세종: 한국청소년정책연구원.

한국청소년학회 편(1999). 청소년학 총론. 서울: 양서원.

한국청소년활동진흥원(2016). 청소년활동정보서비스. http://www.kywa.or.kr

한상길, 김응래, 박선환, 박숙희, 정미경, 조금주(2007). 교육학개론. 경기: 공동체.

한상철(1998). 청소년학개론. 서울: 중앙적성출판사.

한상철(2004). 청소년학: 청소년이해와 지도. 서울: 학지사.

한상철 외(1997). 청소년심리학. 서울: 양서원.

한준상(1990). 사회교육과 사회문제. 청아출판사.

한준상(1999). 청소년학 연구. 서울: 연세대학교 출판부.

홍봉선, 남미애(2001). 청소년복지론. 서울: 양서원.

Bandura, A. (1977). *Social learning theory*. Englewood Cliffs, NJ: Prentice-Hall.

Bukingham, D., Bragg, S., & Kehily, M. J. (2015). Rethinking youth cultures in the age of global media: A perspective from British youth studies. *Journal of Childhood and Adolescence Research Heft 3-2015*, 265-277.

Chi-Sun, O. (1998). *OK training program for youth*. Seoul: Ji-Young Books.

Corsini, R. J. (2008). Introduction. In R. J. Corsini & D. Wedding (Eds.), *Current psychotherapies* (8th ed.). Belmont, CA: Thomson Brooks/Cole.

Dacey, J., & Kenny, M. (1997). *Adolescent development* (2nd ed.). Madison, WI: Brown & Benchmark.

Douglah, M., & Moss G. M. (1969). Adult Education as a Field of Study and It's Implementation for the Preparation of Adult Education. *Adult Education* (Vol. XIX, p. 127).

Elkind, D. (1978). *The child's reality: Three developmental themes.* Hilsdale, NJ: Erlbaum.

Epstein, J. S. (1998). Introduction: Generation X, Youth Culture, and Identity. Jonathon S. Epstein (Ed.), *Youth Culture: Identity in a Postmodern World.* Blackwell Publishers.

Erikson, E. H. (1968). *Identity: Youth and crisis.* New York: W. W. Norton.

Evans, K., & Haffenden, I. G. (1991). *Cooperative Learning.* http://www.clcrc.com/pages/cl.html.

Fernandes-Alcantara, A. L. (2013). Runaway and homeless youth: Demographics and programs. *Congressional Research Service (CRS) report for Congress* (Vol. 7-5700).

Fremouw, W. J., De Perczel, M., & Ellis, T. E. (1990). *Suicide risk: Assessment and response guidelines.* New York: Pergamon Press.

Frost, N., & Stein, M. (1989). *The politics of Child welfareinequality: Power and Change.* New York: Harvester Wheatsheaf.

Hall, G. S. (1904). *Adolescence.* New York: Appleton.

Hart, R. A. (1997). *Children's Participation: The Theory and Practice of Involving Young Citizens in Community Development and Environmental Care.* New York: UNICEF.

Hammerman, D. R., Hammerman, W. M., & Hammerman, E. L. (1985). *Teaching in the Outdoors.* Illinois: The Interstate Printer & Pub.

Hawton, K. (1986). *Suicide and attempted suicide among children and adolescents.* Newbury Park, CA: Sage.

Homer, L. E. (1973). Community-Based Resource for Runaway Girls. *Social Casework, 54*(8).

Jeff, T. (1987). *Youth work.* McMillan Education LTD.

Kohler, M. C. (1982). Developing Responsible Youth Through Youth Participation. In Conard, D., & Hedin, D. (Eds.), *Youth participation and experiential education.* New York: The Haworth Press.

Konopka, G. (1972). *Social group work: A helping process.* New Jersey: Prentice-Hall, Inc.

Knowles, M. S. (1980). *The Modern practice of adult education: From pedagogy to andragody* (revised and updated). New York: Cambridge.

Lewin, K. (1935). *A dynamic theory of personality*. New York: McGraw Hill.

Long, H. B. (1987). *New Perspectives on the Education of Adults in the United States*. New York: Nichols Publishing Company.

Muuss, R. E. (1996). *Theories of Adolescence* (6th ed.). New York: McGraw Hill.

Nagorski, M. T. (1999). Youth as Resources. *New Designs for Youth Development, 15*(3), summer.

Patton, M. J., Meara, N. M., & Robbins, S. B. (1992). *Psychoanalytic counseling*. Oxford, England: John Wiley.

Petersen, A. C. (1988). Adolescent development. *Annual Review of Psychology, 39*, 583-607.

Piaget, J. (1952). *The origins of intelligence in children* (M. Cook Trans.). New York: International Press.

Pittman, K. J. (2000). Balancing the equation: Communities supporting youth, youth supporting communities. *Community Youth Development Journal, 1*, 33-36.

Pittman, K. J., Irby, M., Tolman, J., Yohalem, N., & Ferber, T. (2001). *Preventing Problems, Promoting Development, Encouraging Engagement Competing Priorities or Inseparable Goals?* Washington, DC: Forum.

Prentice Hall Regents. (1990). *The adult learner: A neglected species* (4th ed.). Houston: Gulf Publishing Company.

Rashbaum-Selig. (1976). Assetive Training for Young People. *The School Counselor, 24*(2).

United Nations Economic and Social Council. (2003). World Youth Report, Commission for Social Development Forty-first session, Advance Unedited Version-Not and Official Document.

Santrock, J. W. (1996). *Adolescence* (6th ed.). Madison, WI: Brown & Benchmark.

Smith, G. W., & Fogg, C. P. (1978). Psychological predicators of early use, late use and non-use of marijuana among teenage students. In D. Kandel (Ed.), *Longitudinal research on drug use: Empirical findings and methodological issues*. Washington, DC: Hemisphere Wiley.

van Linden, J. A., & Fertman, C. I. (1998). *Youth Leadership: A Guide to Understanding Development in Adolescents*. SanFrancisco: Jossey-Bass Publishers.

Vold, G. B., & Thomas J. B., Jeffrey, B. S. (1998). *Theoretical Criminology*. New York: Oxford University Press.

Volpi, E. (2002). Street Children: Promising Practices and Approaches. *WBI Working Papers* (No. 37196). Washington, DC: The World Bank.

Winter, M. D. (1997). *Children as fellow citizens: Participation and commitment.* Oxford: Radcliffe Medical Press.

Wison, G., & Ryland, F. (1949). *Social group work practice.* Cambridge, MA: Houghton Mifflin Co.

Yalom, I. D. (1985). *The theory and practice of group psychotherapy.* New York: Basic Books.

Zide, M. R., & Cherry, A. L. (1992). A typology of runaway youths: An empirically based definition. *Child and Adolescent Social Work Journal, 9*(2), 155-168.

찾아보기

인명

내용

저자 소개

이복희(李福姬, borkhee@bscu.ac.kr)
백석문화대학교 사회복지학부 교수
충북대학교 및 명지대학교 대학원 졸업(교육학 박사, 청소년지도 전공)
간행물윤리위원, 사단법인 '청소년과 함께' 자문교수
천안시태조산청소년수련관 운영위원
한국평생교육총연합회 이사

〈주요 저서〉
자기개발능력(공저, 양성원, 2017), NCS 기반 교수법(공저, 양서원, 2016), 청소년지도방법론
(공저, 양서원, 2015), 청소년복지론(공저, 학지사, 2010), 평생교육프로그램개발론(공저, 양서
원, 2010), 실전 명강의 교수법(개정판, 공저, 양서원, 2005)

김종표(金鍾杓, jp153@bu.ac.kr)
백석대학교 사범학부 교수
연세대학교 및 한양대학교 대학원 졸업(교육학 박사, 평생교육 전공)
백석대학교 평생교육원장, 평생교육HRD연구소 소장
한국평생교육총연합회 12대 회장
교육과정개발 · NCS 컨설턴트

〈주요 저서〉
대인관계(공저, 양성원, 2017), 자기개발능력(공저, 양성원, 2017), 평생교육방법론(양서원,
2016), NCS 기반 교수법(공저, 양서원, 2016), 평생교육론(공저, 양서원, 2015), 평생교육프로
그램개발론(공저, 양서원, 2010), 실전 명강의 교수법(개정판, 공저, 양서원, 2005)

김윤아(金潤兒, yakim07@bu.ac.kr)
백석문화대학교 외래교수
백석대학교 대학원 평생교육진로직업상담학과 석사과정 졸업
백석대학교 대학원 평생교육인적자원개발 박사과정
충청남도교육청 장애학생 위탁교육 운영(2015년)
백석대학교 평생교육HRD연구소 연구원

〈주요 저서〉
품격을 높이는 이미지메이킹(공저, 한경리크루트, 2015), 장애학생 직무교육 매뉴얼(충청남도
교육청, 2015)

청소년지도자와 평생교육사를 위한

청소년교육론
Youth Education

2018년 1월 5일 1판 1쇄 인쇄
2018년 1월 15일 1판 1쇄 발행

지은이 • 이복희 · 김종표 · 김윤아
펴낸이 • 김진환
펴낸곳 • (주) 학지사
　　　　04031 서울특별시 마포구 양화로 15길 20 마인드월드빌딩
대표전화 • 02)330-5114　　　팩스 • 02)324-2345
등록번호 • 제313-2006-000265호

홈페이지 • http://www.hakjisa.co.kr
페이스북 • https://www.facebook.com/hakjisa

ISBN 978-89-997-1423-8 93370

정가 18,000원

이 도서의 국립중앙도서관 출판시도서목록(CIP)은 서지정보유통지
원시스템 홈페이지(http://seoji.nl.go.kr)와 국가자료공동목록시스템
(http://www.nl.go.kr/kolisnet)에서 이용하실 수 있습니다.
(CIP 제어번호: CIP2017029690)

교육문화출판미디어그룹 학지사

심리검사연구소 인싸이트 www.inpsyt.co.kr
원격교육연수원 카운피아 www.counpia.com
학술논문서비스 뉴논문 www.newnonmun.com
간호보건의학출판 정담미디어 www.jdmpub.com